SIMONE SIGNORET, HISTOIRE D'UN AMOUR

DU MÊME AUTEUR

Othon ou l'Aurore immobile,
Les Belles Lettres, 2002 ; J'ai Lu, 2017
Les Orphelins du mal,
XO, 2007 ; Pocket, 2009
Les Derniers Jours de Paris,
XO, 2009 ; Pocket, 2011
Jacques Offenbach,
Actes Sud, 2010
Je pars à l'entracte,
NiL Éditions, coll. « Les Affranchis », 2011
L'Enfant du premier matin,
XO, 2011 ; Pocket, 2014
Les Fidélités successives,
Albin Michel, 2012 ; Le Livre de Poche, 2014
La Dévoration,
Albin Michel, 2014 ; Le Livre de Poche, 2016
Dictionnaire amoureux de Paris,
Plon, 2015 ; L'Abeille Plon, 2021
La Gloire des maudits,
Albin Michel, 2017 ; Le Livre de Poche, 2019
Petits Plaisirs que seul Paris procure,
J'ai Lu, 2017
Le Silence et la Fureur,
(en collaboration avec Natalie Carter), XO, 2018
Narcisse et moi,
Le Castor Astral, 2018
Marthe ou les Beaux Mensonges,
Calmann-Lévy, 2018 ; Points, 2021
Encyclopédie (très subjective) du mauvais goût,
Michel Lafon, 2019
Petit Éloge de la gourmandise,
Éditions Les Pérégrines, 2021
Ce que l'on sait de Max Toppard,
Albin Michel, 2022
Dictionnaire amoureux du mauvais goût,
Plon, 2023
Arletty, un cœur libre,
Calmann-Lévy, 2023
L'Île de l'orgueil,
Albin Michel, 2025

NICOLAS D'ESTIENNE D'ORVES

SIMONE SIGNORET, HISTOIRE D'UN AMOUR

CALMANN LEVY

Couverture
Conception graphique : Augustin Manaranche
Photographie : © Patrice Picot/ Gamma-Rapho via Getty Images

ISBN 978-2-7021-9131-6

Pour Micheline Brouda

J'ai toujours associé l'amour à la lumière. Quelque chose de doux mais d'aveuglant, comme la caresse du soleil qui peu à peu devient brûlure. On le regarde dans les yeux, croyant connaître l'infini – le vôtre et celui de l'autre –, mais l'on s'y ronge la cornée. Et l'on finit à tâtons, perdu dans ses propres fantômes, armé d'une canne blanche pour lutter contre des souvenirs qu'on s'en veut de chérir encore un instant, alors qu'on n'en garde que de l'amertume et de la tristesse.

Ce constat, je le fais aujourd'hui que les années ont passé et que je suis en paix avec moi-même. Disons que j'ai fait le tri de mes rages, de mes rancœurs, et que j'ai choisi mes guerres. On peut lutter contre la tyrannie, combattre l'injustice, affronter des foules hostiles, mais face au désamour on ne peut rien. Un régime peut s'abattre, un désir ne renaît pas. N'en déplaise aux curés, on ne ressuscite pas les morts. La politique est un combat, l'amour une défaite annoncée.

Ces considérations vous sembleront bien amères, mais elles ne sont que lucides. L'amertume est loin derrière moi. Des années durant je me suis forcée à avaler des couleuvres. Et puis j'ai compris. J'ai compris qu'il m'avait trahie. Pas par méchanceté, car il n'est pas pervers ; pas par malveillance, car il n'a rien d'un intrigant. Juste parce qu'il est ainsi : un homme qui plaît et vit de plaire. Mais ne sont-ils pas tous ainsi, ces êtres de scène, qui se nourrissent de leur propre public ? Au cinéma, la caméra vous sépare du monde réel. Au théâtre, au music-hall, vous vous incarnez le temps d'un concert, d'un récital. Pendant deux heures, vous existez de façon absolue, superlative, multiple. Vous appartenez aux autres et tout le monde vous veut. J'ai beau être femme de gauche, je n'aime pas partager. Un de mes nombreux défauts.

1

Il faisait beau, ce jour-là. Un de ces jours de la mi-août où l'on sent que l'été s'effiloche. Le ciel est moins cru, le soleil moins dru, et les nuages se chargent de colère. Dans l'air, les parfums de garrigue étaient moins écrasés par la chaleur et les cigales devenaient supportables.

J'avais passé la matinée allongée sur un matelas, près de la piscine.

— N'oublie pas de mettre de la crème, Simone, me disait Gilles, presque tous les quarts d'heure, avant de sauter dans l'eau.

Ce gamin était déjà comme son père : un protecteur. À treize ans il ressemblait d'ailleurs à Allégret : une tête carrée malgré sa bouille de gosse, et un regard sérieux.

— Occupe-toi plutôt de ta sœur et mets-lui un chapeau.

Parfois Gilles corrigeait « ma *demi*-sœur », par souci de précision, sans penser à mal. Du haut de ses trois ans, Catherine s'étonnait : « Ça veut dire quoi demi ? » puis pensait à autre chose, car à cet âge les enfants ont des angoisses de phalène. Gilles ne se donnait pas la peine d'expliquer et continuait à s'occuper de celle qu'il considérait vraiment comme sa sœur.

Voilà bientôt sept ans que je vivais avec son père et j'avais vu grandir ce petit, en m'efforçant d'être toujours là sans pourtant m'imposer. Je n'étais pas taraudée par le sentiment maternel. J'avais trop à vivre, trop à découvrir, trop à prouver pour jouer les mères au foyer.

Dans la France de l'immédiat après-guerre, les femmes prenaient enfin leur envol et je comptais en profiter. Est-ce pour cela que tous mes premiers succès ont été des rôles de garce, de femme fatale, de poule de luxe ? Je ne pense pas. C'était juste les personnages que mon physique inspirait aux cinéastes. Et j'aurais tort de leur en vouloir, car ces catins ont construit ma notoriété. Mais je n'étais pute qu'à l'écran, menant une vie bourgeoise et posée avec Yves Allégret, mon mari à la ville, mon premier admirateur, et l'homme qui m'avait offert mes premiers succès.

Me faire un enfant était-il, à ses yeux, comme faire de moi une vedette ? La naissance de Catherine, en 1946, était-elle la suite logique de *Dédée d'Anvers* – ce rôle qui avait lancé ma carrière ? Dans l'esprit d'Yves Allégret, sans doute. J'étais tout pour lui et il voulait être tout pour moi : un mari, un père, un confident, un pygmalion. Et je m'étais conformée à cette vie très confortable, très rassurante, faite de succès artistiques et de bonheur conjugal. Je sortais du tournage de *Manèges* dont Yves suivait le montage, à Paris, et je profitais d'un repos mérité dans la merveilleuse *Colombe d'Or*, fameuse auberge de Saint-Paul-de-Vence.

Juché sur les hauteurs de Nice, cet écrin était une charmante maison de village, perdue dans des ruelles médiévales, comme un balcon posé, en nid d'aigle, sur la Méditerranée. Voilà presque deux ans que je n'avais cessé de tourner, et ces quelques semaines de vacances étaient nécessaires.

— Je vous rejoins dès demain, m'annonçait Yves, presque chaque soir, lors de l'appel rituel où l'on se succédait – Gilles, Catherine et moi – à l'unique téléphone de l'hôtel.

Paul Roux, le patron, imposait même le silence à la salle, lors de cette routine, ce qui était plus embarrassant qu'autre chose, car les convives du restaurant nous observaient, un peu gênés, tandis que je faisais le récit de mes journées toutes pareilles. Et il fallait que j'aie murmuré un « je t'aime » engoncé, puis reposé le combiné, pour que reprennent les bruits de couverts et les conversations. Devant un tel public, on joue forcément faux, et c'est peut-être pour cela que je ne me suis pas posée trop de questions. Avec le recul, je pense que nos échanges auraient été tout aussi factices sans le public de l'hôtel. En un sens, les clients estompaient une réalité toute simple : je n'avais rien à dire à mon mari et je n'attendais plus ses appels le cœur battant. Voilà même des années que nous vivions en bonne entente, en parfait équilibre, n'ayant jamais été des amoureux passionnés.

Nous nous étions connus au cœur du Paris occupé et c'est l'atmosphère même de l'époque qui nous avait tenu lieu de romance. Sous la botte allemande, tout était décuplé, exacerbé. On avançait à vue et l'aventure – ou le drame – surgissait au moindre coin de rue. Sans doute est-ce pour cela que mon idylle avec Allégret a si bien pris : née dans des temps troublés, elle s'est enracinée dans une réalité dense, tourmentée, déteignant sur nos propres sentiments au point de leur conférer une intensité qu'ils n'ont jamais vraiment eue. Et maintenant que la guerre était finie, maintenant que je n'étais plus une jeune figurante en quête du moindre rôle, maintenant que la petite Simone Kaminker était devenue la belle Simone Signoret, j'étais sans doute mûre pour autre chose. Et cet autre chose s'est présenté, tout à trac, sous un ciel chargé d'orage, le 19 août 1949.

Dieu qu'on l'a racontée, cette journée ! Dieu qu'elle a été décryptée, analysée, sublimée, déformée… Qui a regardé qui ? Qui a fait le premier pas ? La presse, les amis, la radio, la télévision, tout le monde en a fait un jour ou l'autre le récit, à tel point que je ne sais plus ce qui ressortit à la réalité ou à la légende.

Une seule chose est sûre : un regard a suffi pour que l'amour m'écrase, me détruise, me ressuscite.

Est-ce à dire que j'étais morte, jusqu'alors ? Je l'ai dit : ma vie était plaisante, acceptable, confortable : tout autant d'épithètes que j'allais balayer d'un coup de griffes, car ma nouvelle vie avançait devant moi, avec une désinvolture de séducteur et un sourire cannibale. Une vie de passion et de souffrance ; une vie qui ne me laisserait plus un instant de répit ; une vie qui me plongerait au plus profond du désespoir, de l'humiliation, mais me donnerait mes plus grandes joies et me ferait goûter à ce poison incurable qu'on nomme le bonheur ; une vie qui portait le même prénom que mon mari, si bien qu'il me serait toujours impossible de l'appeler autrement que Montand.

Tout a commencé de façon très simple.

J'ai dit à Gilles :

— Je peux te laisser Catherine une petite heure ?

— Tu vas où ? a fait la petite, le visage soudain désemparé.

— Prendre une douche fraîche, ma chérie. Et m'allonger un peu dans la chambre. Si vous avez soif, allez boire une grenadine au bar de l'hôtel…

— Oui chef! a répliqué Gilles, vaillant soldat.

La petite a aussitôt répété « oui chef », de sa voix de crécelle, avant de faire le même geste que son frère : un salut militaire. Plantés dans l'eau tiède jusqu'au nombril, ils ont agité les mains et mimé des baisers, Catherine voulant sans doute que je revienne l'embrasser.

— Soyez sages, les enfants, ai-je répondu avec un sourire vague, déjà toute à ma sieste.

Catherine méritait sans doute mieux, mais j'avais envie d'être seule et j'en avais le droit. En tournage, en famille, avec les amis : je vivais toujours en bande. Pour une fois que je pouvais être en tête à tête avec moi-même. Mais c'était déjà trop demander.

— Oh ! Simone !

Est-ce qu'on allait un jour me foutre la paix ?

J'ai d'abord fait mine de ne pas entendre, croyant qu'il s'agissait d'un client de l'hôtel qui pensait que notre commun séjour à *La Colombe d'Or* l'autorisait à m'appeler par mon prénom (si vous saviez le nombre de « Oh ! Dédée ! » que j'entendais, dans les rues de Paris). Mais j'étais trop fatiguée pour m'énerver. Une fois traversée la grande cour ombragée, je serais hors d'atteinte.

Le type a pourtant insisté.

— Tu es devenue sourde, ma parole ?!

Alors j'ai reconnu la voix.

— Henri ?

— Tu m'as fait peur ! Maintenant que tu es une vedette tu me snobes ?

Pour toute réponse, j'ai éclaté de rire en le rejoignant d'un pas joyeux pour tomber dans ses bras.

— J'aime mieux ça, a-t-il dit en posant des baisers bien épais sur mes joues.

Puis il a fait une grimace :

— Avec vos crèmes solaires : vous avez un goût de savon.

— C'est pour mieux vous séduire, messeigneurs !

Je l'ai embrassé de nouveau, oubliant mes rêves de sieste.

Depuis combien de temps n'avais-je pas vu Henri Crolla ? À peine si on s'était croisés depuis la Libération. Je ne le voyais plus que sur scène, lorsqu'il accompagnait des musiciens et des chanteurs. Dieu sait si on avait passé du temps ensemble, pendant la guerre. Crolla faisait partie de cette « bande du *Flore* », que j'avais connue en 1941. Je jouais alors avec le feu en travaillant aux *Nouveaux Temps*, un des plus grands journaux collabos. Jean Luchaire, son directeur, m'y avait engagée parce que j'étais une amie de lycée de sa fille. Je crois surtout qu'il était content d'avoir pour secrétaire une jolie poupée de vingt ans, et que son goût du paradoxe bichait la présence d'une demi-Juive au sein même de sa rédaction. J'étais si heureuse d'avoir un métier, un salaire, d'être indépendante et protégée que je ne pensais pas plus loin que le bout de mon nez. On n'est pas sérieuse, quand on a vingt ans. Surtout dans une ville occupée où tout est remis en cause chaque matin. Mais la bande du *Flore* a changé ma vision des choses.

Introduite auprès d'eux par mon flirt (très bref) Claude Jaeger, j'avais rencontré dans le célèbre café de Saint-Germain-des-Prés toute une faune bohème, potache, dissidente, joyeuse et créative, qui m'a ouvert les yeux.

— Tu ne peux pas continuer à bosser avec ces assassins, m'ont-ils bientôt dit, alors que j'avais moi-même tapé, sous la dictée de Jean Luchaire, des articles annonçant avec joie des victoires allemandes ou de nouvelles mesures antisémites.

— Ton père est juif, Simone !

— Moi pas.

— Ça ne change rien, pour eux.

— Mon père est athée…

— Tu crois que la Gestapo s'embarrasse de ces raffinements ? Un jour tu ne seras pas accueillie par Luchaire mais par des SS…

Cette simple idée m'avait fait frémir mais j'avais objecté qu'il me fallait un métier, un salaire.

— T'inquiète, on s'en occupe…

C'est comme ça que je suis venue au cinéma. Dans notre bande, Loris, Mouloudji, Blin, Baquet, avaient tous plus ou moins tâté du cinéma, avant-guerre. Et ce sont eux qui m'ont trouvé mes premiers emplois de figurante (car, en tant que demi-Juive, je n'avais pas le droit à des rôles plus importants).

Tout cela pour dire que parmi ces merveilleux empêcheurs de tourner en rond, il y avait le guitariste Henri Crolla… Un Henri qui n'avait pas changé : sa petite tête de gamin dissipé, son visage en triangle et ses yeux si charmeurs. Un charme auquel je n'ai jamais cédé (bien qu'il ait parfois tenté, ce qui était de bonne guerre), et puis nous étions restés bons camarades.

— Qu'est-ce que tu fais ici ? lui ai-je demandé, étonnée de le croiser à *La Colombe d'Or*.

— On est venus bosser un peu.

J'étais si surprise de retrouver Henri que je n'avais même pas remarqué ses compagnons. Les deux types ne nous prêtaient d'ailleurs aucune attention. Assis à la petite table de zinc, dans la partie ombragée de la cour, ils étaient penchés sur un épais cahier, avec des mines de conspirateurs. Ils trempaient par à-coups leurs lèvres dans des verres de pastis, mais ne semblaient y prendre aucun plaisir.

— Vous préparez un attentat ? ai-je plaisanté.

— En un sens, ça a tout d'une bombe, a répondu Crolla, avant de poser un regard affectueux sur ses deux camarades.

Ils restaient concentrés, comme si nous n'existions pas.

— Vous ne voulez pas commencer par *Dans les plaines du Far West*? a demandé le plus petit, d'une voix timide, en pointant une ligne sur le cahier.

Cette question a provoqué la colère du second, qui s'est redressé: il est devenu très grand, les yeux incendiaires, et s'est mis à engueuler le petit avec une bouche aux lèvres immenses:

— Tu ne comprends jamais rien, toi! On la garde pour la fin. Il faut toujours tout te répéter.

Cette colère était si théâtrale – et avec un accent du Midi si prononcé – que je n'ai pu retenir un éclat de rire.

— Vous répétez une pièce de Pagnol ou quoi?

Henri Crolla a lui-même gloussé avant de retrouver son sérieux, car les deux autres restaient mécontents, toujours aussi indifférents à notre présence.

— Yves fait un récital demain soir à Nice et il y a encore beaucoup à verrouiller.

— Yves? ai-je répété, comme toujours surprise quand quelqu'un portait le même prénom que mon mari.

À ce mot, le grand escogriffe s'est raidi, agacé. Il nous avait enfin remarqués.

— Quoi? Qu'est-ce qu'il y a?

Alors il m'a vue.

Il est toujours fascinant de voir un visage changer du tout au tout; cet instant où l'effroi, le bonheur, le chagrin, ourlent des traits. Et si la figure est expressive, rodée à l'exercice, comme celle d'un comédien, le spectacle est encore plus marquant. Et c'est bien ce qui s'est passé, devant moi, sur ce visage dont je ne savais encore rien. Avec un naturel déconcertant, l'agacement de Montand a fait place à une candeur charmeuse et enfantine. Ses yeux se sont mis à pétiller et sa bouche, si large, s'est muée en sourire. Puis ses mains ont pris le relais, voletant dans l'air comme des mésanges.

Moi, immobile, je me suis simplement dit : Nom de Dieu ce qu'il est beau !

— Eh bé, Henri ! Tu ne nous présentes pas ? a fait Montand.

— Tu avais l'air si occupé, a répliqué Crolla, intrigué par l'attitude du chanteur.

Bob Castella, le troisième larron, pianiste de son état, était aussi troublé. Les deux musiciens avaient rarement vu leur vedette si fébrile.

Lorsqu'ils m'en reparleraient, des années plus tard, ils auraient tous les deux le même mot : « C'est bien simple : il était foudroyé ».

— On se connaît ? a demandé Montand, avec son accent méridional, avant de prendre ma main pour y poser un baiser maladroit.

Je ne me souviens pas du contact de ses lèvres sur mes doigts. Ni de l'odeur de la pierre chauffée par le soleil. Ni des sons qui devaient pourtant provenir de la piscine, du restaurant, ou des rues alentour. En cet instant, on faisait la nuit, ne gardant qu'un projecteur sur deux inconnus. J'ai juste le souvenir de voir flou, d'avoir les oreilles qui bourdonnent et que mon ventre se nouait à me faire hurler.

— Oui, on se connaît, un peu…, suis-je parvenue à articuler, sans le quitter des yeux.

Mais j'étais incapable de dire plus, ma bouche aussi sèche qu'un désert.

Comme toute la France, je connaissais Yves Montand. La radio diffusait ses chansons à longueur de journée, dont les fameuses *Plaines du Far-West*. Allégret et moi étions même allés le voir à l'ABC, le célèbre music-hall parisien, au printemps précédent, et j'avais été impressionnée par sa présence sur scène : ce type chantait, dansait, se contorsionnait, tenait son public à bout de bras. Et puis sa vie sentimentale faisait le miel des gazettes : ancien amant en titre d'Édith Piaf, il comptait au nombre des cœurs brisés par la Môme. Enfin, il avait tâté du cinéma, pour Carné et Prévert, dans les très ratées *Portes de la nuit*, trois ans plus tôt.

Voilà qui était Yves Montand.

Mais ce Montand-là, je m'en foutais. Les ragots, les anecdotes, les succès me semblaient si loin de cette cour d'auberge, sous le ciel de la mi-août. Ce que je savais, de façon presque suffocante, comme une douche de lumière, c'est que cet homme était là devant moi, et qu'il n'avait toujours pas lâché ma main. Une aura animale, presque bestiale, à laquelle j'ai paraît-il répondu par une fébrilité féline.

« Vous alliez vous dévorer », me diraient encore Crolla et Castella, toujours prompts à entretenir la légende. Mais pour l'heure, les deux musiciens n'osaient plus parler, avec le sentiment de plus en plus corrosif qu'ils étaient de trop. La scène semblait figée dans le temps. Un homme et une femme venaient de passer de l'autre côté du miroir…

C'est pourtant Crolla qui nous a fait retoucher terre. Brisant le charme, il s'est raclé la gorge et a proposé d'une voix hésitante :

— Yves, tu ne veux pas nous chanter quelque chose ?

Retrouvant forme humaine, Montand a cligné des yeux et secoué sa tête aux cheveux anarchiques. Puis il a lâché ma main et j'ai cru que j'allais hurler de ne plus sentir ses doigts dans les miens.

— Chanter ?

Sa voix semblait venir d'outre-tombe.

— Bonne idée, a fait Castella en désignant un piano, de l'autre côté de la cour, sous un auvent, près d'un grand canapé alourdi de coussins provençaux.

Avant même que Montand ne réagisse, Castella est allé s'asseoir devant le vieux demi-queue. Le tabouret a émis une plainte d'arthritique. Après avoir soufflé pour ôter la poussière du couvercle, Bob a éternué, ce qui a détendu l'atmosphère.

— Évidemment ce n'est pas un Steinway, a-t-il plaisanté en laissant ses doigts courir sur le clavier.

La musique a eu sur Montand un effet immédiat. Les notes lui redonnant vie, il a bondi jusqu'au piano avec une grâce de danseur.

— Nom de Dieu ce qu'il est beau…

Je ne me suis même pas cachée pour le dire cette fois tout haut, mais les musiciens ne m'écoutaient plus, occupés à préparer leur petit numéro. Castella pianotait, Crolla avait sorti sa guitare qu'il accordait moins par besoin que par réflexe. Quant à Montand, il était comme un sportif avant la course.

Je ne pouvais pas le quitter des yeux. Je ne savais d'ailleurs pas quoi regarder, quoi admirer en premier : son agilité, sa fraîcheur, la puissance virile de son regard ou ce corps si souple, qui conservait son élégance jusque dans les positions les plus improbables.

Et puis, tout à coup, sa *voix*.

Voir un chanteur sur scène est une chose ; être face à lui, qui vous sourit tandis que commence la sérénade : comment résister ?

Car c'est pour moi qu'il chantait, pour moi seule. J'étais son public ; une salle entière était rassemblée dans mes yeux qui le regardaient avec une fascination gourmande. Il s'était adossé au piano, affectant une allure désinvolte, merveilleusement naturelle, mais je savais que chacun de ses gestes était millimétré ;

tant de talent ne doit rien au hasard. Ce Montand était une bête de scène, toutes les critiques le disaient. Mais l'avoir pour soi, pour moi, était une morsure de l'éternité.

Quel refrain Montand a-t-il donc chanté, par ce début d'après-midi du 19 août 1949 ? Ni lui ni moi n'avons jamais pu nous en souvenir. L'instant était trop absolu, trop *définitif*, pour que nous nous attachions aux détails. Peut-être n'a-t-il pas chanté, après tout ? Peut-être nous sommes-nous juste regardés et compris ? Peut-être savions-nous déjà, sans chanson, sans musique, dans le silence assourdissant de la passion, que notre vie commençait enfin ?

2

Les vingt-quatre heures suivantes ont été une torture. J'étais sur des charbons ardents. Dans ma tête, ça se bousculait ; les soixante minutes passées avec Montand envoyaient tout bouler. Ce n'était pourtant pas le moment de vriller ! Après des années de galère et de vache enragée, ma vie était en place : un mari brillant, une adorable petite fille, une carrière dont les débuts caracolaient, des projets de films pour les six années à venir, en France comme à Hollywood... Que me fallait-il de plus ?

Je le savais bien, ce qu'il me fallait : ressentir de nouveau l'étouffement, la suffocation de la veille. Cet écrasant sentiment d'évidence, comme lorsqu'il faut se soumettre, ne plus argumenter. Une journée s'était bientôt passée mais je ne cessais de revivre chaque instant de mon heure avec Montand.

— Maman, tu viens te baigner ?

Pauvre Catherine, qui m'avait vue si lointaine, si muette, la veille, au dîner. Et maintenant que nous étions de nouveau au bord de la piscine, je ne lui accordais plus un regard. Sans tourner les yeux vers eux, j'ai entendu la voix de Gilles, qui comme toujours rassurait sa demi-sœur :

— Ta maman doit penser à un nouveau rôle. Allez viens, je t'emmène au toboggan…

C'est ça, allez ailleurs, ai-je dû songer, comme si on m'ôtait un poids. Je me savais injuste mais c'était plus fort que moi. Tout ce qui pouvait m'éloigner de mes souvenirs était un obstacle. Je ne pensais qu'à Montand. Sa puissance, son regard carnassier, sa belle gueule de prédateur. Et puis sa voix, bon Dieu : un timbre à damner les anges. Elles devaient être nombreuses à visiter les enfers, me suis-je dit, aussitôt piquée par l'aiguillon de la jalousie. Ce sentiment m'a surprise : j'avais passé une heure à bavarder avec ce type et me voilà déjà possessive. Cela n'augurait rien de bon.

— À quoi bon s'amouracher d'un coureur patenté ? ai-je dit à voix haute, comme pour me forcer à entendre la phrase.

Puis je me suis rallongée sur le matelas, croyant que j'allais pouvoir continuer un roman dont je me bornais, depuis hier, à regarder les mots.

— Tu as une drôle de voix…

— Je suis fatiguée…

— C'est pour ça que je t'ai envoyée à *La Colombe d'Or*. Les enfants te laissent te reposer ?

— Oui, oui. C'est très calme, ici…

La gentillesse d'Allégret me faisait l'effet d'un acide. Sa voix, la veille au téléphone, était inquiète. Il devinait mon malaise. Tout comme les regards de la salle, plus clairsemée que d'habitude, se tournaient çà et là vers moi, et me semblaient inquisiteurs. Je me suis d'ailleurs recroquevillée contre le coin du bar, tournant le dos au restaurant. Mais je ne pouvais pas non plus être hostile envers Gilles et Catherine, qui faisaient le pied de grue, grenadine à la main, pour dire « bonne nuit papa ».

— Tu as vu des gens quand même ?

À cette simple question, j'ai senti mon cœur s'emballer.

— Je… Je… Je suis tombée sur Crolla, ai-je balbutié, rendant ambiguë une réponse qui n'avait aucune raison de l'être.

Mais Yves n'a rien remarqué, du moins rien relevé.

— Henri ? Le guitariste ?

— Oui…

De nouveau je me suis sentie geler sur place ; le comptoir du bar était une tranche de banquise. Allait-il en demander plus ? Devinait-il ce que notre vieux pote du *Flore* faisait sur la côte ? Mais non, c'est déjà moi qui pensais trop.

— J'arrive dans cinq jours. J'espère que tu iras mieux, mon amour.

— Ça, c'est certain, ai-je dit d'un ton trop lapidaire.

— Tu me passes les enfants ?

Tendant le récepteur à Catherine, j'ai cru qu'on me tirait la tête de l'eau.

Montand avait-il prévu de revenir le lendemain, pour déjeuner à *La Colombe d'Or* ? Était-ce un hasard ? Sa nuit avait-elle été aussi enfiévrée que pour moi, qui n'avais pas fermé l'œil ?

Je venais de finir mon propre déjeuner, en famille, et j'avais renvoyé les enfants – comme toujours – à la piscine.

— Tu ne restes pas avec nous ?

— Je suis fatiguée…

— Tu es *toujours* fatiguée !

Je pensais vraiment m'allonger dans ma chambre, car le temps était de plus en plus orageux. Mais je les ai vus.

Mon cœur s'est aussitôt mis à battre, une vraie gamine.

La petite bande était assise à la même table, mais ils ne se contentaient plus de boire un verre. De grandes pissaladières et une bouteille de bellet avaient remplacé le pastis. Surtout, ils s'étaient adjoint un quatrième larron, qui m'a aussitôt repérée.

— Simone ! Toi-z-ici ?

J'étais si troublée par la scène que j'ai mis plusieurs secondes avant de reconnaître Jacques Prévert. Ses cheveux grisonnants et son inévitable clope au bec étaient pourtant au rendez-vous. Le poète avait une maison dans le coin et venait souvent en voisin ; et puis ses *Feuilles mortes* faisaient partie des plus grands succès de Montand.

— Ça fait une paye, dis donc, a-t-il dit en se levant pour m'offrir sa chaise et en demander une cinquième. Allez, on va se serrer, les copains !

Comme la première fois, tout est devenu ouaté. Je me suis assise sans bruit, la chaise de métal ne produisant aucun son sur les dalles de la cour. Je me suis sentie rougir et, sans demander la permission, j'ai vidé le verre de vin rouge que Prévert avait laissé devant moi.

J'étais terrorisée. Lever mes yeux vers Montand pouvait provoquer l'irréparable. Et je reste persuadée qu'il était tout aussi troublé.

— Je crois que vous vous connaissez, a dit Prévert, d'un ton de sphinx, en scrutant les deux musiciens.

De l'autre côté de la table, Crolla et Castella suivaient la scène avec une attention amusée mais inquiète. Surtout : les quatre convives semblaient attendre ma réponse.

Prenant mon courage à deux mains, j'ai relevé la tête et planté mes yeux dans ceux du chanteur. Il m'a semblé qu'il venait de pâlir.

— Tout le monde connaît Montand, ai-je plaisanté, d'un rire engorgé, en lui tendant une main de bon camarade.

Concentrant toute son énergie, il a rétorqué, d'une voix théâtrale :

— Tout le monde connaît *Dédée d'Anvers.*

Puis il a secoué mon bras à me faire mal.

Cela sonnait joyeusement faux. Mais comment être naturelle lorsqu'on a espéré un moment à en perdre le sommeil ? Montand semblait épuisé, lui aussi. Et je dois dire que cette fatigue m'a fait chaud au cœur, car elle était la conséquence *nécessaire* de notre première rencontre.

Cherchant à retrouver ma contenance, j'ai attaqué l'assiette de Prévert en mentant : « J'ai une faim de loup ! » Et je me suis forcée à dévorer la pissaladière, alors que je sortais à peine de table.

Si elle m'a remplie jusqu'à l'écœurement, cette attitude a détendu l'atmosphère. Le repas est même devenu charmant ! Bien sûr, tout le monde cabotinait un peu, mais l'embarras a fait place à une camaraderie canaille où redoublaient les sous-entendus.

— Elle ne s'est pas ennuyée, la petite Simone, sous l'Occupation, grasseyait Crolla, qui adorait évoquer les souvenirs de l'époque du *Flore*. D'abord Jaeger, puis Daniel Gélin, puis Allégret : ça dépotait.

— Et tu oublies Duhamel, a complété Prévert, l'œil malicieux.

Et moi de – faussement – m'offusquer :

— Oh ! mais je vous en prie, les gars ! Dites que je ressemble à mes rôles de marie-couche-toi-là !

— Tu aimes la vie, ma chérie, a corrigé le poète en caressant ma joue d'un geste paternel. Et la vie, il n'y a que ça de vrai.

— Je suis bien d'accord, ai-je répondu, d'une voix lointaine, en arrêtant mes yeux sur le visage de Montand.

Le chanteur ne disait rien et souriait. Il me souriait à moi, il souriait à Prévert, il souriait à ses musiciens, il souriait à cette vie que nous célébrions en ne cessant de commander des bouteilles de bellet. J'aimais le savoir silencieux : il écoutait nos souvenirs de l'Occupation, nos anecdotes des tournages des *Visiteurs du soir* ou d'*Adieu Léonard*. Nous soulevions le voile sur un monde fascinant. Et cette curiosité admirative me flattait et m'excitait. S'arrogeant le rôle de chambellan de notre idylle, Prévert couvait cela d'un regard affectueux, ponctuant la conversation de bons mots et de répliques incongrues, à l'image de ses poèmes.

Tout était léger, si léger…

Une fois les cafés bus, la fatigue s'est abattue sur la table en même temps que le soleil. Alors qu'on n'avait cessé de causer, le silence s'est étiré et la gêne est remontée.

— Dites donc les amis, a fait Crolla en s'étirant, ça serait-y pas l'heure de la sieste ?

Malgré leur discrétion, j'ai remarqué le clin d'œil du guitariste au pianiste. Les deux musiciens se sont aussitôt levés, vite suivis de Prévert.

— Moi je rentre dormir à la maison, à moins que quelqu'un veuille venir prendre le pousse-café chez moi ?

— Bonne idée ! ont répondu les instrumentistes, d'une même voix, telle une réplique de théâtre.

Puis, sous mes yeux un peu interloqués, ils ont quitté l'hôtel.

Alors, le silence. Un silence interminable. Interminable mais si doux.

Montand ne disait toujours rien mais me regardait avec une intensité croissante. Et ses yeux criaient tant de choses ! Chacun pouvait absorber le visage de l'autre. À quoi bon parler, d'ailleurs ? Et pour dire quoi ? Maintenant que le philtre était bu, il n'y avait plus qu'à le laisser agir.

Nous ne songions bien sûr à rien de tout cela. Plus tard, méditant sur ces premiers instants, nous nous verrions comme deux amants emportés par la fatalité d'une passion. Excuse si classique des amoureux drapés derrière l'implacable, qui pensent justifier la souffrance infligée aux autres.

Mais il n'y avait rien à expliquer, rien à justifier. Il n'y avait pas de morale, ici, grand Dieu ! Ni ordre ni logique. Juste la sensation renversante de s'être trouvés. Et cela avant même de s'être touchés.

Montand a laissé échapper un bâillement prosaïque. Un instant, je me suis raidie : sous la comédienne vénéneuse se nichait parfois la bourgeoise de Neuilly. Mais chez Montand c'était si naturel, si beau, que j'étais prête à le remercier de cet aveu de faiblesse. Son bâillement était une confidence.

— Vous êtes fatigué ?

— Nuit courte, a-t-il grommelé en s'ébrouant. On est venus déjeuner à *La Colombe d'Or* parce que ça nous sort de la ville, mais je dois être en forme pour mon récital, à Nice, ce soir.

C'était à moi de jouer. Je l'ai su tout de suite. Surtout, je savais que, maintenant plus que jamais, ma vie était au bord du précipice.

— Vous voulez venir vous reposer dans ma chambre ?

Jamais je ne m'étais sentie si intimidée, si enfantine, si vulnérable.

Sans même me répondre, Montand s'est levé d'un mouvement brusque. Il ne souriait plus mais m'a tendu la main.

— Elle est où, cette chambre ?

3

— Tu viens m'écouter, à Nice, ce soir ? m'a demandé Montand, alors qu'il se rhabillait avec une efficacité qui devait autant au séducteur qu'à l'homme de scène.

Moi, j'étais encore sur le lit, nue et tiède, lovée dans des draps trempés. Je ne cherchais pas à comprendre, même plus à parler. Je laissais le vent caresser mon corps depuis les persiennes entrouvertes.

— À Nice ? ai-je fini par dire, répétant ce nom qui ne me disait plus rien.

— Je chante à vingt heures. Tu nous accompagnes ?

Ce n'était pas une question. Pas non plus un ordre. Juste une nouvelle évidence. Aussi évidente que les deux heures que nous venions de passer ensemble. À se demander si ma vie, mes choix, mes emportements, mes doutes, devaient aboutir à cet après-midi, dans ma chambre de *La Colombe d'Or*, sous le ciel orageux de la mi-août.

Je n'ai jamais aimé les confidences grivoises ni les détails physiques, mais ce qui venait d'avoir lieu était sidérant. J'étais saoulée de plaisir. Ce type savait tout et devinait le reste. Il devançait mes désirs comme s'il était moi. Sa part féminine prenait les rênes et le guidait là où je voulais qu'il aille. Depuis dix ans, j'avais connu beaucoup d'hommes, mais jamais un tel ouragan. Et je sais aujourd'hui que je me drapais dans cette pamoison avec un déni commode : nous ne sortions pas d'une simple partie de jambes en l'air, nous venions de nous découvrir, de nous aimer pour la première fois. Mais pour rien au monde je n'aurais utilisé le mot « amour ». Mon esprit possédait encore ces garde-fous qui empêchent de commettre l'irréparable. Pour combien de temps ?

— Bien sûr que je viens !

Et Montand a chanté. Comme un dieu… D'ailleurs *c'est* un dieu ; du moins ça l'était, à l'époque. Un dieu de la scène, dont tous les critiques saluaient la prodigieuse nature : tour à tour chanteur, danseur, contorsionniste, imitateur, clown. Il réglait le moindre détail de ses *« shows »* avec un perfectionnisme redoutable, ce qui valait de fières engueulades à Crolla et Castella, qu'il rudoyait tels des Sancho Pança. Mais le résultat était là, éclatant, et le public ne s'y trompait pas, fasciné par l'extraordinaire performance d'un chanteur qui donnait tout.

Mais ce soir, à Nice, il y avait quelque chose en plus. Dans la salle, un visage estompait le public. Dès son entrée en scène, son regard s'est planté dans le mien. S'il m'avait ne serait-ce qu'effleurée, à cet instant précis, je crois que j'aurais pu jouir. Un sentiment fugace mais si violent, si pur ! Encore une goutte d'éternité entre lui et moi. Et puis Montand est redevenu Montand, car il a toujours eu l'enthousiasme partageur. En chantant pour moi, il chantait pour tous. Et son bonheur rejaillissait sur l'ensemble d'un public qui l'avait toujours adoré. Bien qu'il soit de Marseille, les Niçois le célébraient comme un enfant du pays. Un vrai fils du Midi, ce rejeton d'immigrés italiens arrivés au milieu des années vingt, fuyant la misère et les chemises noires. C'est aussi pour ça qu'il imposait le respect : un enfant du ruisseau monté à la première place à force de talent et de volonté. Je ne le savais pas encore – on se connaissait depuis deux jours… – mais ce trajet, cette identité, feraient souvent fondre mes colères, lorsque Montand me pousserait à bout, ce qui arriverait si souvent. Il y avait entre nous une différence de principe, presque une dette sociale. Alors que j'étais née dans le confort d'une vie bourgeoise, Montand avait grandi dans la gadoue. À l'heure où la petite Simone Kaminker partait en voyage linguistique dans le Sussex, le rital Ivo Livi charriait de la merde dans les bas-fonds de Marseille et chantait sur des cageots renversés. À chacun son vert paradis…

Pendant trois jours, on ne s'est plus quittés. Montand voulait toute la place et je la lui accordais volontiers. Sa présence était si forte, si écrasante, que je devais me soumettre. Après avoir toujours mené les hommes à la baguette, voilà que j'étais aux ordres et enchantée de l'être. C'était bien sûr un jeu de rôle, beaucoup de cinéma, mais je bichais de me sentir comme une gamine amourachée qui oubliait le reste du monde pour les beaux yeux de son matador.

Le reste du monde était pourtant là, et je ne pouvais totalement l'abandonner. Du moins dans le principe. Ce qu'ont fait Catherine et Gilles, pendant ces trois jours ? À la vérité (et je n'en suis pas fière) je n'en ai aucune idée. Sans doute étaient-ils sous la férule de la duègne que me fournissait *La Colombe d'Or* lorsque je voulais sortir dîner, mais je n'ai pas le souvenir de l'avoir appelée, ni même croisée. Je n'ai aucun autre souvenir que Montand : ses yeux, sa voix, ses mains, sa bouche, sa sueur, son rire et l'odeur qui flottait dans ma chambre lorsqu'il s'endormait contre moi. À côté de ça, la vie réelle ne faisait pas le poids.

Il restait pourtant un détail : j'étais mariée. Je n'étais certes plus amoureuse de mon mari depuis longtemps, mais Yves Allégret ne méritait pas d'être un cocu de vaudeville. Voilà pourtant trois jours que tout l'hôtel nous observait, un peu intrigué, un peu gêné, un peu excité. Nous ne cherchions pas à nous cacher, puisque les autres n'étaient que des toiles peintes.

Il me semblait même que j'avais toujours connu cet homme, le reste de ma vie n'étant qu'une éclipse du temps.

— Comment tu m'expliques ça ? lui ai-je demandé, tandis que je me remaquillais, pour l'accompagner un dernier soir à Nice.

— Ces choses-là ne s'expliquent pas. C'est comme ça.

Ce bon sens populaire mâtiné de fatalité ne me suffisait pas. Je l'apprendrais avec le temps : Montand était souvent trop court. Il pensait vite mais jamais loin. Il analysait peu, préférant mordre la vie. Une de nos – nombreuses – différences, mais à l'époque je m'en moquais, trouvant cela exotique. Moi, j'aime creuser les choses ; sans doute est-ce ma façon de maîtriser les éléments ; d'en avoir l'illusion, du moins.

Être honnête avec Yves Allégret participait de cette maîtrise. Et puis je détestais le mensonge. Il fallait donc être claire, car plus j'attendrais, plus la peine serait violente.

Une heure plus tôt, mon mari m'avait téléphoné pour me rappeler qu'il arrivait le lendemain, en fin de matinée.

L'avais-je oublié ? Non, juste occulté. Comme une photo qu'on couvre d'un linge, sur une console. Un mouchoir de deuil ou d'embarras.

— Je prends mon train de nuit dans deux heures. Tout va bien ?

— Tout va merveilleusement.

— Tu as une bonne voix, ma chérie. Ça me fait plaisir. Ces vacances t'ont fait du bien : j'ai eu raison d'insister.

— Oui, tu as eu bien raison, ai-je répondu, sans même songer à l'ironie insultante de ma réponse.

C'est sans doute pour cela, pour cette impunité, que je me suis décidée à lui parler dès son arrivée, le lendemain matin.

— J'irai l'attendre à l'entrée du village, sur le chemin emprunté par les taxis depuis la gare de Nice. Inutile que tout l'hôtel soit témoin de la scène.

— Tu es sûre ?

— Moi, oui. Et toi, j'espère que tu l'es aussi ?

Montand n'osait rien me répondre. Il était impressionné par ma détermination et je pense même que ça l'excitait. Avec le recul, j'ai compris qu'une partie de lui devait se demander si ça n'allait pas trop vite. Il en avait tant connu, des maîtresses qui abandonnaient tout pour lui et qu'il finissait par lâcher, après trois semaines. Mais moi, c'était différent. Nous étions du même sang : des artistes, des vrais. Il avait vu *Dédée d'Anvers*, il avait vu *Macadam*, l'autre grand succès, je sais qu'il m'admirait comme il avait admiré Piaf. Une Piaf qui l'avait laissé tomber comme une merde, si bien qu'il se méfiait des transports amoureux. Mais peut-on lutter contre ce qui nous terrasse ? Et puis, au fond de lui, Montand devait sentir que je serais pour lui encore plus importante, encore plus définitive que la Môme.

— Oui, mon amour : je suis sûr, a-t-il fini par répondre, d'une voix timide, en me serrant contre lui.

Dès sept heures du matin, je me suis levée dans ma jolie chambre de *La Colombe d'Or*, la boule au ventre. Par réflexe, j'ai regardé à côté de moi, posant un œil chagrin sur l'oreiller vide : après le concert de la veille, Montand était rentré dormir à son hôtel niçois, car il partait au matin poursuivre sa tournée dans le Sud-Ouest. C'était la première fois que nous étions séparés depuis qu'il avait passé la porte de ma chambre et j'en avais à peine dormi. Mais c'est surtout ce qui m'attendait qui me nouait l'estomac.

Je me suis habillée sans conviction, évitant de paraître trop pimpante, trop apprêtée, pour ce que j'allais devoir annoncer. Dans le miroir de la salle de bains, mon visage était la frontière de deux mondes, de deux vies : sous la fatigue de cette nuit d'inquiétude se lisait un bonheur profond, tapi derrière l'insomnie.

J'ai traversé le village encore silencieux, croisant juste un petit vieux, assis sur un banc au pied de l'église, qui m'a lancé un « Bonjour Dédée ! », croyant que je m'appelais ainsi.

Je lui ai à peine répondu, de plus en plus nerveuse.

Je suis allée me poser à l'entrée du village, au faîte de cette jolie route en lacets qui grimpe jusqu'à Saint-Paul-de-Vence.

Il faisait un temps magnifique. L'air était si limpide qu'on aurait cru voir jusqu'à l'Afrique, par-delà la mer. Et le soleil gardait sa timidité de l'aurore, un peu dorée, presque rose. De rares voitures passaient sur la route, en contrebas. Et un vigneron inspectait ses raisins, qu'il faudrait bientôt vendanger.

Un tableau doux, apaisant, qui contrastait avec mon cœur de plus en plus rapide.

Mes mains tremblaient et ma bouche était sèche. Ce sont des scènes toujours douloureuses, aussi désagréables pour leurs instigateurs que pour leurs victimes. Je ne m'étais pas facilité la tâche en venant si tôt. Pourquoi ne pas être restée dans mon lit ?

Je me suis tournée vers le village, pour consulter l'heure au clocher de l'église, qui dépassait des toits : sept heures et demie…

Allégret ne serait pas là avant une heure, ce qui me laissait le temps de méditer et d'angoisser. Non que j'aie douté, bien entendu. Au contraire, je m'étais rarement sentie aussi sûre de moi. Et c'est sans doute ça qui me peinait et me faisait peur :

Allégret était battu d'avance. Ce n'était pas un rendez-vous, c'était une mise à mort. J'étais le bourreau qui attend le condamné, au pied de l'échafaud. À la seule différence qu'Allégret ne connaissait pas encore la sentence. Mais c'était plus fort que moi, plus fort que tout : on ne peut pas lutter contre la passion. Seule la mort sépare les amoureux. Et voilà déjà que je pensais à ma mort, à celle de Montand, au martyre d'Allégret… Pourquoi tant d'idées noires ? Au contraire, j'étais convaincue que notre passion serait vouée au bonheur. Avec Montand, la vie serait dense mais douce, car sa simplicité m'apaisait. Contrairement à Allégret, à Duhamel, à beaucoup d'hommes qui avaient traversé ma vie, Montand n'était pas un cérébral, c'était un instinctif, un sensuel. Il y avait en lui un naturel désarmant qui me rassurait : jusqu'à sa façon de me sourire dans le miroir de la salle de bains, quand il se brossait les dents. Qui pourrait se targuer d'une telle intimité, après quatre jours ?

Et me voilà qui tricotais, avec un plaisir doucereux, notre avenir commun, le regard perdu vers la Méditerranée. Des yeux partis si loin que je ne voyais plus l'immédiat.

— Simone ?

J'ai sursauté.

Mon mari était là, incrédule et inquiet, penché à la fenêtre du taxi.

— Yves ? ai-je fini par dire en clignant des yeux, comme si on m'arrachait à un rêve.

Ce n'est pourtant pas Yves que je distinguai d'abord (une partie de moi refusait sa présence et ce qu'elle impliquait) mais le chauffeur, au volant de son taxi, garé sur le bas-côté.

— Ça va aller, monsieur ?

— Oui, je pense, a répondu Allégret en sortant de la voiture pour marcher jusqu'à moi, toujours assise sur le muret qui bordait la route.

Étrange impression d'un chasseur qui a posé son arme et avance vers sa proie, les mains nues.

— Tout va bien, ma chérie ?

Lorsqu'il a effleuré ma joue, je me suis reculée d'un bloc. C'était plus fort que moi.

Il a commencé à comprendre.

— Il s'est passé quelque chose ?

Le mot a mis un temps infini à se frayer un chemin jusqu'à mes lèvres :

— Oui…

Ses yeux se sont froncés, prenant une mine de censeur.

— Ce sont les enfants ? a-t-il demandé, sans y croire.

J'ai secoué la tête de gauche à droite, incapable de parler.

— Alors quoi ?

Prenant une profonde inspiration, je suis parvenue à articuler, d'une voix étranglée :

— C'est moi…

— Toi quoi ? s'est énervé Allégret.

Qu'il était difficile, cet aveu ! Combien il semblait simple, dix minutes plus tôt. Mais maintenant que j'étais au pied du mur, ma volonté s'effritait, mes résolutions se fissuraient. C'est l'instant terrible où mille souvenirs vous remontent en mémoire ; et j'en avais tant, avec Yves. À vingt-huit ans j'avais vécu un quart de ma vie à ses côtés. Et voilà qu'affluaient les images du passé : notre rencontre, au *Flore* ; nos folles années de guerre, de tournage en galetas ; la libération de la France, que nous avions vécue dans sa propriété de la Marne ; la naissance de Catherine, après plusieurs fausses couches ; et puis ces films, *nos* films, qui avaient fait de moi une vedette. Tout ça, c'était Yves. Grâce à Yves. Yves : mon découvreur, mon éveilleur. Celui par qui Simone Kaminker était devenue Signoret. Je lui devais tant. Plus : je lui devais *tout*.

Mais on ne reste pas par culpabilité, encore moins par dette morale. On n'est jamais débiteur d'un amour envolé. Je voulais vivre et aimer dans le présent. Et celui que j'aimais désormais se nommait…

— … Yves.

— Oui, quoi ?

— C'est son nom.

— Le nom de qui ? De quoi tu me parles ?

— Montand. Yves Montand.

Alors j'ai raconté. Tout. Sans omettre le moindre détail.

À mesure que je déroulais mes aveux, je voyais mon mari perdre ses couleurs, prenant la teinte même de son élégant costume crème.

Dieu qu'il faisait son âge, tout à coup ! Les seize années qui nous séparaient devenaient un gouffre infranchissable. Et qu'il était terrible de le constater de façon si aveuglante.

— Voilà, tu sais tout…

J'étais à bout de souffle, à bout de mots. Mon corps tremblait et la sueur inondait jusqu'à mes os.

Yves ne disait rien. Il ne cillait même plus et me fixait, inexpressif. Il avait juste, au plus profond du regard, l'image d'un homme qui se voit tomber et cherche une dernière branche où se raccrocher. Mais il savait que c'était trop tard.

Alors il m'a giflée. Pas une rouste, mais la gifle d'un père déçu par sa fille.

Puis il est remonté dans son taxi.

— Je prends les enfants et je rentre à Paris.

4

Malgré le bonheur suffocant, je me prenais à douter. J'étais traversée de questions, d'interrogations, de cas de conscience. J'étais heureuse comme je ne l'avais jamais été, mais j'avais quand même une fille… Depuis sa naissance, Catherine était ballottée, passait de nurse en jeune fille au pair, dormait sur des lits de fortune dans les coulisses de nos tournages. Vous me direz qu'elle était toute petite, qu'elle ne s'en souviendrait pas, que les enfants s'adaptent plus vite qu'on ne croit, qu'une fillette veut avant tout le bonheur de sa mère. Mais ce serait pour me rassurer moi, pas elle. La culpabilité d'une mère n'est rien à côté de la tristesse d'un enfant. Et n'était-ce pas donner le coup de grâce que de partir au bras de Montand ?

— Mais tu ne l'abandonnes pas, voyons, objectait le chanteur, qui plaidait ici sa cause, *notre* cause, et non celle de Catherine.

Voilà trois jours que lui et moi étions pendus au téléphone, incapables de ne pas nous parler pendant plus de quelques heures. Il faut dire que je m'étais retrouvée si seule. Alors qu'Allégret, sans même poser sa valise, embarquait les enfants et sautait dans le premier Nice-Paris, Montand était déjà en route pour Dax, où l'attendait son tour de chant.

J'aurais bien sûr pu le rejoindre, une fois les choses « réglées » avec Allégret. Mais je ne pensais pas que les explications seraient si rapides et le départ de mon mari si précipité.

Et puis j'avais besoin de réfléchir, de laisser mon esprit s'apaiser, pour regarder les choses froidement.

— Regarder quoi, froidement ? s'énervait Montand, à en faire grésiller le téléphone de l'hôtel.

Il devenait bien délicat de lui parler, car les clients avaient compris ce qui se tramait et ne m'en scrutaient qu'avec plus d'acuité. Ils avaient vu le passage éclair d'Allégret, son visage fermé, blafard, tandis qu'il tirait les enfants par les mains et les traînait jusqu'au taxi. Ils avaient entendu le « et maman ? » déchirant de Catherine, au moment où son père la poussait sur la banquette arrière. Pas la peine de leur faire un dessin.

Et tandis que je bloquais la ligne plusieurs fois par jour, bien trop longtemps au goût du personnel de l'hôtel, j'avais le sentiment que tous les doigts du monde pointaient la femme adultère.

Mais c'était trop tard, j'avais sauté le pas. J'étais passée de l'autre côté du miroir et, au plus profond de moi, je savais que j'avais raison. Une seule certitude dans cet océan de doutes : Yves Montand était l'homme de ma vie, le vrai, le bon. Pour tous ceux qui nous avaient croisés depuis près d'une semaine, l'évidence était aveuglante. Même pour les bourgeois grisâtres de l'hôtel, qui me toisaient quand je pleurnichais au téléphone, alors qu'ils auraient tout donné pour ressentir ce que je traversais : la vie, la passion, le tumulte de sentiments.

Mais, je me répète, il y avait Catherine. Je lui avais donné la vie et ne pouvais pas la laisser à la consigne, comme une valise oubliée dans une gare.

— Je pense que je vais composer, ai-je fini par dire à Montand, après trois nuits sans sommeil.

Il était plus de minuit, il revenait de son concert, et les clients de *La Colombe d'Or* étaient tous au lit. Le bar était plongé dans l'obscurité, n'était un rayon de lune qui se posait sur les étiquettes de Byrrh et de Lillet. Malgré les six cents kilomètres qui nous séparaient, c'était notre premier moment d'intimité.

— Tu fais de la musique, maintenant ? s'est étonné Montand, sans plaisanter.

De quoi me parlait-il ?

— Ça veut dire quoi, composer ? a-t-il repris, provoquant chez moi un rire de surprise un peu cruel.

Mais ce n'était pas le moment de me moquer. La situation était trop grave.

— Cela veut dire essayer de tout mener de front, ai-je expliqué. Du moins au début…

Panique de l'autre côté de la ligne.

— Tu vas retourner chez ton mari ?!

— C'est aussi chez moi, me suis-je efforcée de répondre d'un ton sec, même si je n'en menais pas large. Et c'est chez ma fille.

— Ta fille… Toujours ta fille.

Montand se savait injuste mais c'était plus fort que lui. Et puis comment lui en vouloir ? Lors de tels débats, chacun joue sa partie. Il n'y a plus d'adultes, plus d'enfants, juste des êtres humains poussés au bord du gouffre.

J'étais pourtant décidée à tenter l'impossible. Pour cela, j'ai emprunté le ton d'une maîtresse d'école qui s'arme de patience afin d'expliquer un exercice à un élève buté.

— Quand je te parle de composer, je veux dire n'abandonner personne : ni toi, ni Catherine.

Après un silence, le téléphone a laissé filtrer une petite toux méfiante.

— Et tu comptes faire comment ?

— Je partagerai mon temps entre ma fille et toi.

L'idée faisait son chemin dans la tête du chanteur :

— C'est-à-dire vivre à moitié chez moi et à moitié chez ton mari ?

— Qui ne le sera plus…

— Mais qui dormira quand même avec toi.

— On a une chambre d'amis…

— Mais ton mari te verra tous les jours.

— Autant que toi tu me verras…

Impression épuisante d'être dans un tribunal ou un duel sportif. Et ma voix qui résonnait dans ce bar endormi, prête à faire vibrer les verres qui attendaient, sur l'étal, les premiers pastis du lendemain.

Montand avait beau contrer mes arguments, il comprenait que je ne ploierais pas : la seule issue à notre situation était cette double vie officielle et *acceptée*.

— C'est absurde.

— C'est… *moderne*.

Le mot l'a fait ricaner tristement.

— Et si ça ne fonctionne pas ?

— Eh bien j'arrête.

Nouveau coup de sang du chanteur, qui a glapi comme un gamin.

— Tu arrêtes quoi ?! Nous ?!

Malgré l'égoïsme de sa réaction, son effroi m'a touchée au cœur. Et j'en oubliais déjà Catherine et mes belles résolutions.

— Mais non, banane : j'arrête tout le reste, ai-je avoué, me retenant d'ajouter que la seule chose qui comptait, désormais, c'était lui et moi.

*

La rentrée 1949 a eu un goût de lait caillé. Il fallait s'en douter, la greffe n'a pas pris. Ce n'est pourtant pas faute d'avoir essayé ! Durant plusieurs semaines, avec une bonne volonté générale, nous avons tenté un « ménage moderne » : affectant une abnégation souriante, je passais une nuit chez Montand, une nuit chez Allégret. Mais nous avions beau nous draper dans nos belles intentions, tout le monde était malheureux : Catherine me reprochait de rentrer puis de repartir, Allégret me regardait comme le condamné scrute le bourreau, et Montand était dévoré de jalousie.

— Personne ne s'y retrouve, m'a-t-il reproché au bout d'un mois, alors qu'il préparait une valise, dans son joli petit appartement de Neuilly.

Ses vêtements étaient entassés sur le lit et il achevait de plier la fameuse tenue noire qu'il portait sur scène.

Comme un soir sur deux, je venais de le rejoindre dans son cocon de joyeux célibataire. J'étais si heureuse de le retrouver que j'avais oublié ce départ pour plusieurs semaines, qui allait me laisser seule avec mon ancienne vie.

— Ah oui... c'est vrai... tu pars...

— Trois petites semaines.

Autant dire une éternité !

— Ça va être long, ai-je murmuré en pliant par réflexe ses chemises pour les poser dans la valise, comme je le faisais pour Allégret.

— Raison de plus pour prendre une décision, Simone.

— Laisse-moi encore un peu de temps...

Au fond, j'étais convaincue de l'ineptie de notre système, mais ma fierté restait la plus forte. Je tenais à cet équilibre, fût-il stérile. Si la passion était une science exacte, cela se saurait. Et les nuits sinistres passées à côté d'Allégret, dans notre lit conjugal – j'avais menti à Montand, nous n'avions *pas* de chambre d'amis –, offraient une piteuse illustration de cette double vie au grand jour.

— Personne ne mérite ça, mon amour, a repris Montand en comptant ses paires de chaussettes comme un épicier dresse son inventaire. Ni toi, ni moi, ni lui…

— Facile à dire : tu n'as pas de famille, pas d'enfants.

— Tu me ressors toujours cet argument : mais c'est *toi*, ma famille, bon Dieu ! On est ensemble depuis deux mois et jamais je ne me suis senti autant *en famille* avec quelqu'un.

Souvent répété, cet aveu faisait fondre ma colère et mon agacement. Mais je me sentais usée par ces débats constants. Les jambes coupées, je me suis assise sur le coin du lit, posant machinalement les chaussettes dans la valise ouverte.

— C'est pourtant toi qui pars, demain matin.

Montand a levé les yeux au ciel, crispant les doigts avant d'enfoncer ses poings dans ses poches.

— Cette tournée en Afrique du Nord est prévue depuis un an. Il y a quatorze dates bloquées. Je ne peux pas annuler…

Avec ce ton sentencieux qui ressemblait à celui de ma bourgeoise de mère, lorsqu'elle me reprenait sur ma tenue, le rythme de mes pas, une note pas assez convaincante, j'ai objecté que j'avais, *moi*, annulé les États-Unis.

— Ça aussi tu me le ressors tous les jours.

— Parce que c'est vrai !

Et c'était vrai : à l'initiative de plusieurs producteurs américains, j'avais été invitée à parler de mon avenir international, à Hollywood. Le triomphe de *Dédée d'Anvers* avait séduit les États-Unis, et ma maîtrise de la langue anglaise pouvait faire de moi la nouvelle *« French girl »* des studios californiens. À leur grande surprise (ces magnats n'avaient pas l'habitude qu'on leur pose des lapins), j'avais remis mon voyage *sine die*, prétextant l'état de santé de ma fille.

— Tu te rends compte du sacrifice?

— L'amour est une chose, a répondu Montand, la carrière en est une autre.

Son visage était désormais aussi fermé que cette valise qu'il venait de poser dans un coin de la chambre, prête au départ.

— En l'occurrence, c'est toi que j'ai choisi, ai-je répliqué.

— C'est là que tu te trompes, Simone! Tu n'as rien choisi du tout. Et si à mon retour tu n'as pas pris de *vraie* décision, c'est moi qui ferai mon choix.

La dureté de son regard m'a glacée jusqu'à la moelle.

*

Pour lui comme pour moi, le vide a été atroce.

D'Alger à Oran, de Casa à Tunis, Montand broyait du noir, tournait en rond, giflé par la vacuité de sa vie sans moi. Dès qu'il n'était pas sur scène, il se sentait vaciller.

En France, j'étais encore plus perdue. Je me sentais coupée en deux, presque amputée! Ayant gardé ce fameux trimestre libre pour mon voyage américain, j'étais prisonnière de ma décision et traînais ma solitude dans les rues de Paris. Montand pouvait au moins se concentrer sur ses concerts; moi, j'étais en tête à tête avec son absence et le vivais douloureusement.

— Simone, tu n'es plus toi-même, me disaient mes amis.

Je me forçais pourtant à occuper mon désœuvrement en allant saluer Daniel Gélin sur un tournage, ou en passant prendre le thé chez ma mère, pour embrasser mes petits frères, que je voyais si rarement, et tous faisaient le même constat inquiet:

— Tu as perdu ta lumière…

Le pire, c'était ma pauvre Catherine… Alors qu'elle pouvait profiter d'une mère enfin libre, elle était face à un fantôme.

Pour la première fois depuis sa naissance, j'avais du temps pour elle, mais ça m'était insupportable.

Et la petite, plus surprise que peinée, était toujours à secouer ma main, à tirer sur ma robe lorsque nous jouions ensemble, sur le tapis du salon ou dans le petit square à deux pas de l'appartement familial.

— Maman ? tu dors ?

Oui, je dormais. D'un sommeil éveillé et sans rêves. Un sommeil épuisant !

— Ça n'est pas une vie, nom de Dieu…, disais-je entre mes dents lorsqu'il fallait ramasser pour la vingtième fois cette poupée que Catherine avait jetée au loin, croyant m'amuser.

— Ça n'est pas quoi, maman ?

Réponse sèche :

— Rien, mon amour. Tout va très bien. Je t'aime.

— Moi aussi je t'aime.

Pour ma fille, cette assertion suffisait à son bonheur. Rassurée, elle me souriait avec sa bouille joyeuse, m'offrant un visage dans lequel je ne lisais que des entraves. Sensation terrible, mais en est-il autrement des amours implacables ? La passion détruit tout sur son passage, car sans l'autre on ne respire plus.

Heureusement, il restait le téléphone. Chaque jour, Montand et moi parvenions à nous parler, mais c'était aux forceps ; tout concourait à nous empêcher de communiquer. En 1949, dans un monde qui se remettait à peine de la guerre, les communications restaient difficiles. Et lorsque Rabat, Alger ou Tunis acceptait de me rappeler, il fallait que le moment fût bon pour « la métropole ». Comme par un fait exprès, la seule heure où Montand était disponible était celle où Allégret rentrait à la maison, après une nouvelle journée passée au montage de *Manèges*.

Autant dire qu'avec Yves dans la pièce, qui semblait se faire un malin plaisir à s'installer dans son fauteuil pour déplier *Le Monde*, ou bien jouait bruyamment avec Catherine, nos conversations devenaient empruntées et factices. Et puis un reliquat de compassion me poussait à ménager l'orgueil de mon mari. Sa vie était un calvaire humiliant, depuis la mi-août : je ne pouvais pas l'attaquer alors même qu'il était chez lui. Raison pour laquelle je parlais à mon amant avec une voix de comédienne, comme dans le bar de *La Colombe d'Or*. Et celle dont on vantait le naturel n'avait jamais sonné aussi faux.

Puis, quelques soirs avant son retour, Montand a joué le tout pour le tout :

— J'ai bien réfléchi et je ne peux plus attendre.

— Plus attendre quoi ? ai-je chuchoté, car Yves lisait le dernier roman de Louis Guilloux, allongé sur le canapé.

— T'attendre toi, a répliqué Montand.

Devinant que je devais être seule, Allégret a poussé un grand bâillement et regagné la chambre conjugale, après avoir corné la page de son livre.

Déjà je respirais mieux. Mais ce n'était pas le moment de baisser la garde.

— Mais c'est toi qui es parti, ai-je rétorqué à Montand, qui semblait avoir envie d'en découdre. Et tu reviens dans trois jours. Le calvaire prend fin !

— Pour toi peut-être…

Je ne comprenais pas.

— Je ne veux pas qu'on recommence comme en septembre, Simone. Cette demi-vie, ce temps coupé en deux. Je te veux…

—… pour toi tout seul, c'est ça ?

— Oui…

Long silence au bout du fil. Nous étions à la croisée des chemins et personne n'osait enchaîner.

Vérifiant qu'Allégret avait fermé la porte, j'ai demandé d'une voix étouffée :

— Tu sais ce que ça implique, Montand ?

Malgré la distance et les grésillements du récepteur, le ton du chanteur s'est fait implorant :

— Tu es toute ma vie, Simone. Et je veux être la tienne. Je veux vivre avec toi. Je veux devenir le second père de ta fille. Et je veux que nous ayons des enfants, toi et moi…

À mesure qu'il m'exposait ses arguments, je me suis sentie raidir. En même temps, j'étais gagnée par un profond soulagement. Depuis bientôt trois mois que nous nous connaissions, je n'avais jamais entendu Montand aussi déterminé, aussi sûr de lui. Son talent, je dirais même sa force, était de toujours rebondir, de faire joyeusement diversion, surtout lorsqu'il était question de notre avenir commun. Mais là, ce soir, dans ce téléphone qui déformait sa jolie voix, Yves Montand mettait son cœur à nu.

— Je vais être clair, mon amour : soit tu fais tes paquets et tu viens vivre avec moi, soit ce n'est plus la peine de me téléphoner.

Puis, sans attendre ma réponse, il a raccroché.

Trois jours plus tard, alors qu'il arrivait sur le palier de son appartement de Neuilly et allait mettre la clé dans sa serrure, la porte s'est ouverte en grand.

C'était moi :

— Ça y est, j'ai choisi…

5

Jamais je ne m'étais sentie aussi heureuse, aussi cohérente avec moi-même. Et je remercierai toujours Montand de m'avoir posé cet ultimatum. Depuis trop d'années mon corset bourgeois me ligotait à des principes surannés ; alors que, pour dispenser le bonheur, il faut soi-même être heureuse, non ?

— Tu irradies ! m'ont dit tous mes amis, aux premiers froids de l'automne 1949.

Et cette joie rejaillissait sur ma petite Catherine, qui n'en revenait pas de voir sa mère si joyeuse, si détendue, si spontanée.

— T'es drôle, maman ! me disait-elle lorsqu'on piquait un de ces fous rires que personne d'autre ne pouvait comprendre.

Puis elle se lovait dans mes bras et chuchotait « je t'aime » comme un secret que l'on ne saurait partager.

Pour les premiers temps de cette nouvelle vie, et afin de ne pas trop la perturber, il avait été décidé que Catherine vivrait chez son père. Mais je la voyais quand je le voulais et cela changeait tout, puisque ma fille n'était plus un devoir ! Viendrait ensuite le temps d'une organisation plus équitable, d'une garde partagée ; il fallait juste trouver un toit propre à accueillir la petite.

La garçonnière de Montand n'était pas un endroit pour cela. Outre l'exiguïté du lieu, cet appartement de Neuilly-sur-Seine empestait les poules qui s'y étaient succédées.

— Tu ne vas quand même pas me faire le procès de ma vie passée, riait Montand lorsque je m'étonnais d'une nuisette trouvée dans un placard, ou d'un rouge à lèvres oublié au fond d'un tiroir.

— Il faut juste que je m'habitue…

— Eh bien, oui : j'aime les femmes et les femmes m'aiment.

Puis, m'enserrant dans ses grands bras de contorsionniste, il corrigeait avec un ton théâtral cette phrase qui, désormais, serait dite au singulier.

— Ça te rassure, mon amour ?

Et cela me rassurait. Disons que cela m'apaisait jusqu'au moment où le téléphone sonnait. Par réflexe, je m'apprêtais à répondre, mais Montand happait mon bras et désignait Maria, la petite bonne qui venait chaque jour épousseter sa garçonnière.

— Allô ?… Ah ! bonjour mademoiselle Jacqueline… Non M. Yves n'est pas là… d'ailleurs il ne sera plus jamais là… pour personne…

Et lorsque Maria reposait le combiné, elle avait pour moi le regard penaud d'une mère qui veut excuser son fils.

— Je suis désolée mademoiselle Simone, mais vous savez ce que c'est…

— Oui, je sais, disais-je, les dents serrées.

Montand ne relevait pas mais ne pouvait masquer un grand sourire, car sa fierté de mâle était lustrée par ces constants appels.

— Je pourrais le supporter si ça n'était pas huit fois par jour ! ai-je fini par m'énerver au bout de quelques semaines, en brandissant un petit béret turquoise trouvé sous un meuble. Tu en as eu combien, en fait ?

Yves a agité ses mains d'illusionniste, jouant les charmeurs.

— Ça ne se compte pas, ces choses-là…

— Ah ! bravo, parce que ce sont des *choses* !

Nouvelle grimace de clown.

— Tu déformes tout, Simone. Je te demande combien tu as eu d'hommes, toi ?

En jetant le béret dans la poubelle, j'ai répliqué que j'étais mariée, m'en voulant aussitôt de cette réponse si bourgeoise.

— Tu es mariée mais tu vis chez ton amant. À chacun sa croix…

Sa réplique m'a sans doute arraché un sourire acide et j'ai scruté l'appartement en grommelant que, fantômes ou pas fantômes, il allait falloir partir d'ici. Je n'avais pas quitté le Neuilly de mes parents pour vivre dans celui de ses groupies.

— Et puis c'est trop petit, ici, ai-je dit d'une voix presque penaude, en m'asseyant sur le coin de ce lit immense, qui occupait la moitié de la pièce.

À la taille du matelas, on devinait les priorités de l'« artiste »…

Devant un désarroi qu'il savait sincère, Montand a plié ses grandes cannes et s'est agenouillé face à moi.

— Bien sûr qu'on va bouger, mon amour. Je le veux autant que toi, tu sais ? Maintenant, ma vie, c'est toi.

Je n'ai pu masquer un sourire dégoulinant de passion.

— C'est vrai ? N'est-ce pas ?

Montand a retrouvé un visage sérieux et désigné une pile de feuilles volantes, sur la petite console qui lui tenait lieu de bureau.

— Laisse-moi chanter mes deux mois à l'Étoile. Les cinquante représentations sont déjà presque complètes. Après ça, je t'offre un château !

*

Dans sa carrière, Montand connaîtra beaucoup de triomphes, mais la série de concerts au Théâtre de l'Étoile, du 18 novembre au 31 décembre 1949, est à marquer d'une pierre blanche. C'était un spectacle total, imité des *« one-man shows »* à l'américaine. Et chaque soir, depuis les coulisses, j'étais sidérée par ce que mon homme était capable de faire : un tel degré de concentration, une telle maîtrise de son corps, de ses mouvements, de sa voix. En vingt-cinq chansons, Montand parvenait à incarner vingt-cinq personnages, vingt-cinq univers. Il y a toujours eu du surhomme chez ce type qui arrivait sur scène en faisant la roue et enchaînait aussitôt avec une chanson langoureuse. C'est bien simple : il pouvait *tout* faire.

Et moi, dans le recoin du rideau, le cœur battant, je me disais : « Il est à moi, il est à moi, il est à moi ! »

Hélas, il y avait les admiratrices…

Tous les soirs, elles venaient tambouriner à la porte de sa loge, certaines n'hésitant pas à entrer alors même que j'étais assise sur les genoux de mon homme et le démaquillais.

— Mais vous allez me foutre le camp ?! aboyais-je en fermant la loge à double tour.

Montand éclatait d'un bon rire satisfait puis me tendait son visage, adorant que je lui ôte son fond de teint avant que nous n'allions dîner, le plus souvent à deux.

— Je m'en fous tellement de ces filles, me disait-il, une fois que nous étions au calme d'un petit bistro près du parc Monceau, où nous sirotions une coupe de champagne.

— Tu en es bien sûr ? demandais-je pourtant, exaspérée par son effet sur les femmes, mais comblée par nos tête-à-tête.

— Évidemment que je suis sûr.

Et c'était vrai : Montand ne me mentait pas, du moins à l'époque…

Il était à moi, pour moi, ne bougeant pas le petit doigt. Un homme soumis à sa femelle comme elle était dévouée à son mâle. Le duo Montand-Signoret était le couple le plus animal qui soit, ce qui amusait aussi bien notre entourage que la presse, toujours avide de potins. Plus jaloux que des tigres, nous ne cessions de nous surveiller, avec une forme de joie coupable.

Car oui, Montand, malgré sa désinvolture, se découvrait lui aussi jaloux.

Il m'avait jusqu'à présent connue entre deux films et il allait devoir composer avec mes tournages.

— Mais qu'est-ce que tu fais ?

— Si tu crois que je vais te laisser seule avec tous ces types, m'a-t-il lancé en se glissant à côté de moi dans le taxi qui devait me conduire aux studios de Saint-Maurice.

Nous étions en février 1950 et je reprenais enfin le chemin du cinéma, après huit mois sans tourner. Je dois dire que cela m'avait manqué. Je peux l'avouer maintenant : Montand avait pris tant de place que j'en avais oublié ce qui m'animait depuis des années. Voilà pourquoi j'avais le sentiment de me réconcilier avec moi-même, en arrivant sur le plateau de *La Ronde*, cet étrange film à sketchs que Max Ophüls avait tiré d'un roman d'Arthur Schnitzler.

— Simone, te revoilà ! me disait tout le monde, certains techniciens me tombant dans les bras et me serrant comme une copine de classe.

Chaque fois, Montand s'imposait, assez pataud, et serrait les mains, se retenant de préciser « je suis le mari ». Nous n'étions pas mariés mais c'était tout comme : j'étais sa propriété entière. Et je me montrais toute aussi tendue, chuchotant « attention, toi... » dès qu'il bavardait avec les figurantes ou les maquilleuses... Un vrai couple de vaudeville !

Simone Signoret

Montand et moi étions doués, beaux, célèbres et comptions bien le rester. La seule chose qui nous manquait était un foyer digne de notre amour.

6

C'est Henri Crolla qui m'avait parlé de l'endroit. Il était lui-même intéressé par cette ancienne librairie de l'île de la Cité, dont l'arrière-boutique était un véritable appartement, mais n'avait pas les garanties suffisantes…

— Alors j'ai pensé à vous deux. Je me suis souvenu que tu rêvais de ce quartier, pendant la guerre…

Henri avait bonne mémoire : sept ans plus tôt, lorsque la jeune figurante se promenait sur les bords de Seine avec ses copains du *Flore*, elle aimait longer l'île de la Cité depuis la rive gauche. J'ai toujours trouvé élégante la pointe fuselée du Vert-Galant, dont les arbres éclataient de santé, au printemps. Et puis, en marge des austères bâtiments du Palais de Justice et de la préfecture de police, les immeubles de la place Dauphine formaient une enclave de poésie à l'ombre de l'ordre et de la loi.

— Un jour, j'habiterai là, disais-je sans vraiment y croire, mais avec cette certitude étrange que la vie n'avait pas fini de me réserver des surprises.

Aussi, lorsque le guitariste de Montand était venu nous parler de ce petit appartement, à l'endroit même qui avait fait rêver mes jeunes années, je me suis dit que le destin continuait de me sourire.

Car cet endroit était un rêve ! Une petite tanière sombre et chaleureuse, biscornue et accueillante. On pouvait y accéder par le quai, côté boutique, mais aussi par la place Dauphine, côté appartement.

— Idéal pour fuir les emmerdeurs…, a plaisanté Montand en passant sa main sur les murs qui demandaient à être repeints.

— Ou bien les maîtresses envahissantes, ai-je rétorqué avec une douce cruauté, avant de me pendre au cou de mon homme.

Depuis vingt minutes que l'on parcourait ce petit boyau presque médiéval, au cœur du Paris le plus ancien, l'agent immobilier nous observait sans trop oser parler, craignant que la moindre intervention ruine une bonne affaire. Ce type au physique aussi neutre que celui d'un huissier – sa tenue, ses cheveux, son visage, même ses yeux, étaient gris – avait compris que la visite de cet endroit était une danse du ventre, un défi que Montand et moi nous lancions l'un à l'autre. Ces gens du spectacle sont des êtres bien étranges, il faut les laisser agir. Aussi restait-il adossé à l'ancienne vitrine de la librairie, tandis que le soleil venait caresser ses épaules.

Il a pourtant fini par se gratter la gorge, non sans avoir consulté une petite montre de gousset, sortie de son veston.

Montand et moi avons sursauté. J'avais déjà oublié la présence de ce type. Dans ma tête, toutes les étapes étaient brûlées depuis longtemps. Il y avait déjà des canapés neufs, des petits tableaux sur les murs, des voilages côté quai, pour nous garder des curieux, et Yves penché sur la cheminée pour y installer des bûchettes.

— C'est bien, non ? ai-je fini par articuler, sans oser croiser Montand du regard, de peur que sa réaction ne soit pas celle que j'espérais.

Mais j'ai senti son corps se lover contre le mien, par-derrière, et ses bras enserrer mon ventre.

— C'est mieux que bien, a fait sa bouche, avant de m'embrasser la nuque. C'est chez nous…

Une décharge de bonheur m'a traversé le corps et j'ai senti un désir brut me monter au ventre. Pour un peu j'aurais viré l'agent immobilier et me serais jetée sur mon homme, là, tout de suite, à même le sol nu de cette pièce vide.

— *Chez nous…*, me suis-je contentée de répéter, un peu abasourdie, sans oser croire à ce qui m'arrivait.

Car tout était si rapide, si incroyable ! Huit mois plus tôt, je partais me reposer à *La Colombe d'Or* avec ma fille et mon beau-fils. Et voilà que j'emménageais avec l'homme de ma vie : le vrai, le bon. C'était à en hurler de bonheur. La vie réserve des surprises parfois terribles, parfois miraculeuses. Car il y avait bien du miracle dans le visage fou d'amour que cet homme tournait vers moi, avant de confirmer à l'agent immobilier :

— C'est bon, on le prend.

De nouveau le désir m'a envoyé une salve qui est montée jusqu'à ma gorge. L'agent a sorti quelques papiers pour acter le début de la procédure d'achat, en marmonnant que nous ne serions pas déçus, que nous faisions une bonne affaire.

— Il y a des clients à qui vous dites le contraire ? a demandé Montand, ironique, en jetant un œil acide sur les feuilles volantes.

Le petit bonhomme s'est recroquevillé sur lui-même, craignant d'avoir surjoué son rôle, mais déjà Montand commençait à signer.

— On peut remercier mes deux mois à l'Étoile…

— On peut surtout remercier ton talent, ai-je corrigé.

Je n'osais plus toucher les murs, les deux chaises laissées par l'ancien propriétaire, de peur que l'apparition ne s'évapore.

Mais c'était bien réel, bien tangible, comme cette eau rougeâtre qui s'écoulait en toussotant du lavabo.

— Évidemment il y a pas mal de travaux, a murmuré l'agent immobilier, se sentant obligé de faire une remarque.

Montand a exécuté un petit pas.

— C'est très bien, les travaux. On sait faire, nous, les Italiens. Vous verriez dans quoi j'ai grandi…

Encore une fois, l'agent ne savait sur quel pied danser : devait-il rire ou s'apitoyer ? Il s'est contenté de hocher du chef, cauteleux, en tendant un nouveau document à contresigner.

Moi, je savais qu'il disait vrai : deux mois plus tôt, pendant l'hiver, Montand m'avait emmenée rencontrer ses parents, à la Cabucelle. C'est le nom de ce taudis de Marseille où le petit Ivo avait grandi. Et j'avais eu le sentiment de changer de monde. Nous étions pourtant en France, en 1950, mais il me semblait que ces ruelles sinistres, ces maisonnettes branlantes étaient une survivance du Moyen Âge au cœur même du XXe siècle. J'avais eu honte de penser cela, mais c'était plus fort que moi. On était loin des rues de Neuilly et des tables du *Flore*. J'avais beau être gorgée d'idées généreuses et d'amour pour le peuple, il était difficile de masquer mon dégoût, du moins ma compassion. Et il y aurait toujours entre Montand et moi ce fossé social qui sépare l'empathie bourgeoise de la vraie misère.

Les damnés de la terre, ai-je songé en voyant ces gens si accueillants, si dignes malgré leur pauvreté, qui m'ont tous serrée dans leurs bras avec des cris joyeux. Sa mère m'a assise de force, dans leur cuisine exiguë, engueulant déjà son fils de me laisser si maigre.

— Maman, s'il te plaît !

— Tu oses répondre à ta mère ? Allez mange, ma petite…

Et me voilà devant une assiette de pâtes, un peu forcée de les trouver délicieuses, devant cette famille qui m'observait avec un mélange d'affection et de curiosité, car Ivo ramenait une bourgeoise. La mère semblait compter mes bouchées, les sœurs admiraient mes cheveux, le père jaugeait l'acuité de mon regard ; seul le frère restait distant, ayant toujours vécu dans l'ombre parfois encombrante de son cadet artiste. Mais tous avaient, au fond des yeux, une bienveillance sincère. Et tout en avalant mes spaghettis, devant l'allégresse grandissante de cette tribu, je songeais à ma propre famille, si raide, si convenable, mais si plate. À l'inverse, la dignité de ces Italiens arrivés comme des misérables et élevés à la seule force de leur volonté était une vraie leçon de vie. Et je savais qu'en mêlant mon destin à celui de Montand je serais une femme encore plus lucide, encore plus juste.

— La famille, c'est tout, pour moi, m'avait dit Montand, dans le train qui nous ramenait de Marseille à Paris. Sans l'énergie de mon père, sans l'amour de ma mère, sans celui de mon frère et de mes sœurs, je n'en serais pas où j'en suis. Ils ont toujours été là pour moi, et je serai toujours là pour eux.

Et la Roulotte – surnom vite donné à notre maison du quai des Orfèvres, en clin d'œil à l'appartement des *Parents terribles* de Cocteau – était pour Montand la revanche sur ses années de misère. Cette Roulotte est même essentielle à la « mythologie » Montand-Signoret. J'utilise ce mot sans emphase, consciente de notre aura sur le public. C'était alors l'apothéose de la radio, les vrais débuts de la télévision et les premiers feux de ce qu'on n'appelait pas encore la presse *people*. Il y avait eu beaucoup de couples de cinéma. Mais il semble que nous étions encore plus que cela. Les vedettes de l'avant-guerre avaient vieilli et nous étions venus donner un coup de jeune à l'image que l'on se faisait de la célébrité. Montand et moi étions des gens simples, accessibles, pas des stars éthérées aux cheveux passés à la brillantine. Et cette simplicité nous rendait encore plus beaux, encore plus désirables. Ajoutez à cela que nous étions modernes : jusque-là, personne n'avait chanté comme Montand, et les critiques ne cessaient de saluer mon jeu si naturel, si instinctif. Les années cinquante naissaient et nous étions leurs plus beaux enfants.

7

La célébrité est comme une fleur fragile : si on ne l'entretient pas, elle dépérit. Je n'en étais pas à guetter le moindre article à notre sujet mais ne pouvais m'empêcher de remarquer une ironie larvée dans certaines tournures de phrases. À feuilleter les journaux de potins de l'année 1950, je n'étais plus la vénéneuse Signoret mais la fière Mme Montand. Comme si, en m'établissant avec le célèbre chanteur, je rentrais dans le rang, je redevenais figurante.

J'avais beau jouir sans entraves de mon bonheur, bichant d'aller chaque jour chez des antiquaires guigner une nouvelle babiole pour la Roulotte – une Roulotte où nous ne cessions de recevoir les copains, à qui j'étais si heureuse de présenter notre maison –, quelque chose manquait à mon bonheur. À mesure que les semaines passaient, j'avais même dans la bouche un goût d'inachevé. Et j'ai fini par m'en ouvrir à Montand.

— Tu crois que je suis malade ? que je suis une insatisfaite chronique ?

Nous étions assis dans notre joli petit salon, que je ne cessais d'améliorer, comme si l'équilibre de notre couple reposait sur la perfection de son décor. Montand faisait un nouveau tour de chant au Baccarat et j'étais comme toujours sa première admiratrice, sa vestale. Pas un soir que je ne sois dans les coulisses pour le saluer et le bichonner, avec une jalousie de mère louve.

Ma question a semblé le surprendre car la réponse relevait de l'évidence.

— Tu me demandes ce qui te manque? s'est-il étonné, un brin cassant, en mordant dans une pomme.

Il était deux heures du matin, nous avions dîné avec des amis dans un restaurant près du music-hall, mais Montand avait toujours faim au moment de se coucher.

— Je me sens bizarre mais je n'ai pas envie d'en parler à quelqu'un d'autre, voilà tout…

Montand a secoué la tête de gauche à droite.

— Ta carrière, Simone…

— Quoi, ma carrière?

— Tu en es vraiment satisfaite?

Cette question m'a sidérée! De quoi se mêlait-il? Pour le public j'étais *Dédée d'Anvers* et, quelques mois plus tôt, la critique avait salué ma performance dans *Manèges*.

— Je ne te dis pas le contraire, a objecté Montand en jetant le trognon de pomme dans la cheminée vide – un geste qui m'horripilait –, mais qu'est-ce qui vient ensuite?

De nouveau je suis restée sans voix. Les idées s'entrechoquaient si vite dans ma tête que je me suis dressée sur le canapé pour saisir machinalement une ravissante tabatière dénichée aux puces la semaine précédente.

— Tu me fais marrer, toi, ai-je répliqué d'un ton aigre, tu crois que j'ai le temps de tout faire?

Montand m'a considérée avec une vraie surprise, car il comprenait que j'étais sérieuse.

— Bien sûr que tu as le temps. On a tous le temps. Et si besoin est: le temps, ça se trouve.

Je savais que Montand avait raison. Je pense même que j'attendais cette réponse depuis des mois. Raison pour laquelle je lui en avais parlé : pour le forcer à me remonter les bretelles. Lui et moi savions que je délaissais ma carrière. Bien sûr je l'aidais pour ses shows, redoublant de bons avis, mais ce n'est pas pour ça qu'il était tombé amoureux de moi. Il n'avait pas besoin d'une assistante mais d'une compagne, d'une partenaire de vie. C'est même mon indépendance qui l'avait séduit en premier.

— Il faut que tu recommences à lire des scénarios, Simone, a-t-il fini par dire, avec douceur, craignant de me brusquer.

J'ai grimacé mais me suis retenue de toute réplique désagréable. Montand pointait le nœud du problème : nos regards se sont tournés vers une petite console, près de la cheminée, où s'entassaient une vingtaine de manuscrits.

Puis, non sans une certaine appréhension, Montand s'est levé pour en prendre un au hasard.

— Celui-là, par exemple, il n'est pas bon ?

J'ai fait mine de plisser les yeux avant de mentir :

— Bof, ça ne m'a pas convaincue.

J'étais de plus en plus myope et n'avais même pas pu lire le titre.

Montand a haussé les épaules, désinvolte, avant d'en prendre un deuxième :

— Et celui-ci ?

— Franchement pas terrible.

Lui comme moi savions que je n'en avais lu aucun. Et au cinquième essai Montand a perdu son calme.

— Tu cherches quoi, Simone ?

— Je ne cherche rien du tout…

Réponse de gamine à bout d'arguments !

Puis, après un long moment, car cet aveu me coûtait, j'ai ajouté que ça ne m'amusait plus.

— Quoi donc ? Le cinéma ?

J'ai opiné, les yeux vissés aux motifs du tapis.

— Mais qu'est-ce qui t'amuse, alors ?

Relevant les yeux vers Montand, je lui ai offert un sourire désarmant d'amour.

— Toi. Rien ne m'amuse d'autre que toi…

Ma réponse lui a fait l'effet d'une gifle. D'un geste furieux, il a fait tomber la pile des scénarios, qui se sont étalés sur le sol.

— Je ne suis pas un jouet, Simone !

Par réflexe, j'ai fait un geste vers le plafond : Catherine dormait juste au-dessus. Depuis notre installation, elle vivait ici, et Allégret avait accepté ce changement avec beaucoup de patience. Mais de patience, c'est Montand qui en manquait.

— Un jouet ! a-t-il grogné en se laissant retomber dans un fauteuil acheté quelques jours plus tôt. Un jouet, on s'en lasse…

Puis, d'un ton sinistre, il a ajouté : « Ou alors on le casse. »

Son timbre m'a fait frissonner.

— Je ne veux pas qu'un beau jour tu comprennes que tu t'es perdue à ne plus penser qu'à moi. C'est Simone Signoret que j'ai aimée, c'est Simone Signoret que j'admire, et c'est son nom que je veux voir en haut de l'affiche… Pour moi, tu es une créature de cinéma.

8

Montand avait raison : je ne pouvais plus tourner le dos à ma carrière. Il en allait de mon couple aussi bien que de ma santé mentale. C'est pourquoi je me suis replongée dans la lecture des scénarios. Mais si le cinéma revenait enfin dans ma vie, il allait également s'imposer dans celle du chanteur.

Nous étions à la fin mars 1951 et mon homme triomphait de nouveau à l'Étoile. La soirée s'était bien passée et nous étions soulagés qu'aucun ami n'ait demandé à dîner avec nous.

— Pour une fois qu'on peut rentrer se coucher tôt, ai-je avoué en rangeant mes affaires dans un petit sac de toile.

— On a de quoi manger à la maison, au moins ? a demandé Montand, qui achevait d'ôter le fond de teint, dans son cou.

— Il reste du poulet de dimanche. Il y a aussi des pâtes cuisinées par ton frère, avant-hier.

— Des pâtes, parfait ! J'ai une faim de loup !

— Ah, ces couples d'artistes : quel sens du dialogue…

Montand et moi avons sursauté. Sans frapper, un homme était entré dans la loge et nous regardait avec un sourire matois, en tirant sur une grosse pipe. J'étais prête à le foutre dehors mais j'ai reconnu Henri-Georges Clouzot.

Nous avions plusieurs fois dîné avec le réalisateur du *Corbeau*, qui ne se déplaçait pas sans son ombre : une Brésilienne aux airs de vierge noire. Véra Clouzot est d'ailleurs apparue derrière son époux et m'a lancé un « bonjour Simone » timide, car elle semblait embarrassée par leur présence dans notre loge.

— Véra voulait que je frappe avant d'entrer, mais j'ai un vieux côté voyeur, que voulez-vous ?

Puis il a éclaté d'un rire acide, exhibant des dents noircies par le tabac.

Montand ne disait rien, plutôt amusé par la scène. Et puis Véra était une très jolie femme, ce qui excusait toutes les intrusions.

Après les compliments d'usage, d'ailleurs fort joliment tournés – Clouzot était l'un des hommes les plus brillants que je connaisse, d'une culture et d'une intelligence intimidantes –, le réalisateur a pris une pose pensive et demandé à Montand :

— Toujours fâché avec le cinéma ?

Montand s'est figé un instant puis je l'ai senti qui forçait son rire.

— Si vous saviez le nombre de fois qu'on me demande ça.

— Presque tous les jours, ai-je complété, pensant que mon homme avait besoin d'un rempart.

Depuis bientôt deux ans que nous étions ensemble, je savais combien le sujet était sensible. Pour l'heure, Montand et le cinéma étaient un rendez-vous manqué. Imposé par Piaf dans le médiocre *Étoile sans lumière*, en 1946, il avait tourné la même année les toutes aussi ratées *Portes de la nuit*, de Carné et Prévert, que la presse avait surnommées « Les Portes de l'ennui ». Le chanteur en avait été vacciné pour un moment.

— Le cinéma n'est pas fait pour moi, avouait-il volontiers. Sur scène, le chanteur contrôle tout. À l'écran, il devient de la matière : et je suis bien plus que ça.

Déclaration arrogante, mais qui masquait mal une vraie blessure narcissique, car Montand détestait les échecs. Aussi avait-il préféré tracer une croix commode sur le cinéma, qu'il réservait à sa femme. Raison de plus pour me pousser sur le chemin des studios, car je vengeais ainsi ses humiliations d'acteur raté.

Tout cela, Clouzot le savait : ils en avaient parlé quelques mois plus tôt, lors d'un dîner. Mais il était pourtant là, ce soir, dans cette loge de l'Étoile, avec une idée derrière la tête.

— Au lieu de jouer à cache-cache, pourquoi ne pas me dire ce que vous mijotez ?

Les sourcils noirs de Clouzot se perdaient dans la fumée de sa pipe, puis il s'est tourné vers sa femme.

— Livre !

Aussitôt Véra a tressailli puis cherché un objet dans son sac.

— Un million d'exemplaires, a dit le cinéaste en tendant le roman à Montand.

Ni lui ni moi n'avions lu *Le Salaire de la peur*, que de nombreux amis nous avaient conseillé. Montand lisait peu et j'étais encline à lire des classiques ou des romans sérieux. Mes goûts me poussaient plus vers Malraux, Sartre ou Martin du Gard que Georges Arnaud…

— J'ai acheté les droits d'adaptation, a précisé Clouzot, tandis que Montand feuilletait le bouquin, attendant de voir où le cinéaste voulait en venir. Il y a deux personnages principaux, deux aventuriers : un homme mûr et puis un type plus jeune…

Clouzot scrutait Montand avec tant d'insistance que le chanteur en était mal à l'aise. Le réalisateur avait le don de créer des ambiances poisseuses, et c'est ainsi qu'il tirait le meilleur de ses comédiens.

Un instant, Montand a croisé mon regard. Il y avait chez mon homme un frémissement inédit. Quelque chose de nouveau.

Et quelque chose qui me plaisait ! C'est d'ailleurs moi qui ai pris la parole.

— Vous nous le laissez, le bouquin ?

Clouzot a esquissé un sourire satisfait, puis tiré une nouvelle bouffée sur sa pipe.

— Appelez-moi demain après-midi : mon numéro est écrit sur la dernière page.

— Demain après-midi ? s'est étonné Montand. Mais je n'aurai pas eu le temps de…

— Mais si, mais si, vous verrez, a fait Clouzot, en quittant la loge sans même nous saluer.

Au petit jour, Montand avait dévoré le roman. À midi pétante il téléphonait à Clouzot :

— Je crois que vous allez me réconcilier avec le cinéma.

9

1951 reste l'année de tous mes bonheurs. Rarement je me suis sentie plus heureuse. Tout se conjuguait avec une fluidité et une douceur que je ne retrouverais à aucun autre moment de ma vie. J'avais surtout rétabli un véritable équilibre avec Montand. *Exit*, cette rancœur larvée, jamais formulée, qui gâtait jusqu'à notre intimité. Lui et moi prenions enfin nos ambitions à bras-le-corps et notre amour en sortait grandi, raffermi.

— Je me sens tellement mieux, m'a-t-il confié, alors que nous venions de nous asseoir dans le train qui nous conduirait en Camargue, où se déroulait le tournage du *Salaire de la peur*.

Puis il a saisi ma main et l'a serrée à la broyer, cherchant à happer mon énergie.

— Il n'y a que toi qui me donnes cette force, Simone, tu sais ?

J'ai ri et, ôtant mes doigts endoloris, j'ai avoué qu'aucun adversaire ne lui résisterait au bras de fer. Puis j'ai posé un baiser dans son cou en ajoutant que sans lui, sans son sérieux coup de pied au cul, je serais encore à tricoter dans le salon de la Roulotte. Alors que dans six semaines je reprendrai moi aussi le chemin des caméras.

— Quand je pense que j'étais prête à renoncer à mes rêves...

— Tu avais juste peur que notre bonheur ne s'évapore trop vite, a corrigé Montand, alors que le train commençait à s'ébrouer, dans une grande plainte stridente.

Sur le quai, quelques voyageurs sautaient encore dans les voitures, tandis que des silhouettes couraient le long de la voie, pour les derniers adieux.

— Au revoir Paris..., ai-je fredonné en me pelotonnant contre mon homme.

L'été triomphait, le train était rempli de vacanciers qui partaient au soleil, les porte-bagages étaient lourds d'épuisettes, de cannes à pêche, de boules de pétanque ou de grosses valises mal fermées, qui parfois s'ouvraient dans une pluie de nuisettes. Notre compartiment a d'ailleurs été envahi par une famille qui ne nous a prêté aucune attention. La mère était occupée à dépiauter un déjeuner qui a plongé l'habitacle dans un fumet de poulet froid et d'œuf dur. Le père était happé par un guide touristique de la Camargue, lu comme un missel. Quant aux enfants, ils ne cessaient de se chamailler en s'envoyant des boulettes au jaune d'œuf.

Tout à coup, Catherine m'a manqué. À la vision de cette famille si banale, si affairée, je me suis demandé si j'avais fait le bon choix. Était-ce normal de laisser ma fille à son père, puis de l'envoyer au vert, alors que moi-même je partais au soleil ? Bien sûr elle nous rejoindrait début août, quelques jours, mais je songeais à cette perspective sans vraie joie.

Je peux l'avouer maintenant, ma fille a souvent été un obstacle entre Montand et moi. Yves et Catherine avaient beau s'adorer, je vivais mal qu'on vienne s'interposer, s'imposer, dans ma vie. Mes mots sembleront terribles, indignes d'une mère, du moins ai-je l'honnêteté de dire tout haut ce que tant de femmes pensent tout bas. C'est aussi pour ça que j'avais décidé de reprendre le chemin du cinéma : pour que ma vie ne se limite plus à un quotidien certes apaisant, mais qui faisait de moi une femme au foyer et une mère attentive. Sûrement pas ! Simone Signoret était une des meilleures comédiennes de sa génération, ce que la presse ne cessait de dire, depuis des années. Et lorsque les journaux avaient annoncé que j'allais jouer dans le prochain film de Jacques Becker, la nouvelle avait été accueillie avec enthousiasme. « Signoret fait son retour au cinéma ! », « Simone reine des apaches de Belleville », « L'amour et le cinéma : alors qu'Yves Montand tourne pour H.-G. Clouzot dans l'adaptation du *Salaire de la peur*, sa fiancée va incarner Casque d'Or, la célèbre prostituée des années 1900 ».

Ce rôle, je l'attendais depuis des années. Peut-être est-ce pour cela que j'avais tant fait la fine bouche, ces derniers temps. Tous ces scénarios interchangeables, inertes, me laissaient le cœur froid. Je n'allais pas choisir un rôle comme ça, juste pour tourner un film. J'avais une trop haute idée de mon métier pour piocher le premier script venu. Je pensais même que Montand et moi avions des devoirs envers notre public. Nous étions plus qu'un couple de cinéma : en deux ans, nous étions devenus des icônes, et je m'en serais voulu de décevoir des spectateurs qui attendaient tant de nous.

Aussi, lorsque Jacques Becker m'avait proposé *Casque d'Or*, trois mois plus tôt, j'avais tout de suite accepté. Il était l'un des plus fins cinéastes de la nouvelle génération et son scénario était magnifique ! Les amours tumultueuses de cette catin de Belleville avaient défrayé la chronique, en 1900, et je voyais là une sorte de couronnement – et de synthèse – de toutes ces garces que j'avais pu interpréter.

Et puis je dois avouer que l'organisation se combinait de façon insolente : après six semaines sous le soleil de la Camargue à admirer, encourager, rassurer – et surveiller – mon homme, je rentrerai à Paris pour tourner un film magnifique.

À cette époque encore, ma vie était une boîte aux trésors.

— Autant de bonheur, ça devient presque suspect…, ai-je fini par confier à Véra Clouzot, tandis que nous palpions des tissus, sur le marché d'Arles.

Voilà bientôt trois semaines que le tournage du *Salaire* avait commencé et j'avais de vraies journées de vacancière. Alors que Montand et Charles Vanel suaient sous le soleil camarguais – le roman se passait en Amérique du Sud, mais les bambouseraies de Nîmes valent bien celles de Bogotá ! –, je jouissais d'une oisiveté d'autant plus assumée que le tournage de *Casque d'Or* s'approchait.

— Prends le bonheur quand il est là, a rétorqué Véra, d'un regard sombre.

Son ton sinistre m'a fait frissonner.

— Tu vas nous porter la poisse, Véra…

Prise d'un réflexe étrange, j'ai regardé autour de moi, craignant qu'on nous épie. Il n'y avait rien d'autre que ces étals bigarrés, aux tissus si vifs, que des femmes convoitaient, dans un grand parfum de lavande.

Véra avait elle-même sorti une grande nappe rouge sang pour la juger à la lumière de soleil.

— Très bon choix, madame, a fait la vendeuse, avec son accent chantant.

Puis elle a tourné son visage vers moi.

— Vous êtes pas un peu connue, vous ?

En remontant mes lunettes de soleil sur le haut de mon nez, j'ai répondu que j'étais connue de mon mari et de mes enfants, formule passe-partout que je sortais bien souvent.

Ma réplique a même fait sourire Véra Clouzot, illuminant un instant son visage si soucieux.

— Toi aussi le bonheur te va bien, Véra.

— Oh, moi…, a-t-elle murmuré en haussant les épaules, le regard aussitôt assombri.

La femme du cinéaste semblait engoncée dans un étrange mal-être, même lorsqu'elle se déridait. Était-ce l'influence de Clouzot, qu'on disait aussi pervers que ses films ? Ou bien sa simple nature ? Je l'aimais bien, pourtant, Véra. J'éprouvais cette affection protectrice que l'on ressent envers une cousine malade ou une amie souffreteuse. Et dès que je le pouvais, je nous arrachais au tournage du *Salaire* pour aller faire des courses ou nous baigner dans la mer.

Je mentirais en disant que je n'étais pas gagnée par le *spleen*. Disons qu'à mesure qu'approchait la fin du mois d'août ma légèreté s'effilochait et je perdais ma joie.

— Qu'est-ce que tu as ? s'inquiétait Montand, le soir, lorsqu'il me voyait soucieuse, au moment de nous coucher.

— Tout va bien, rétorquais-je.

Cela suffisait à l'apaiser ; il était surtout trop épuisé par ce tournage très physique pour insister. Alors je le regardais s'endormir d'un bloc, en lui souriant avec nostalgie…

Comment lui avouer qu'il était la raison de mon désarroi ?

Ce qui n'allait pas ? Je peine à l'écrire aujourd'hui, mais je ne voulais pas partir… Avec le recul, cette raison semble enfantine, puérile, un caprice. Mais en ce bel été 1951, je me serais damnée pour ne pas regagner Paris. À côté d'une simple nuit contre son torse, *Casque d'Or*, le cinéma, ma carrière tout entière me semblait fade et médiocre. J'avais beau savoir que l'amour aveuglait, qu'il pouvait rendre sot, je m'en foutais. Il est des pulsions contre lesquelles on ne peut lutter, des affections qui vous terrassent. Mon amour pour Montand était une maladie de l'âme dont je n'avais aucune envie de guérir. Car toute guérison était déjà une petite mort et pour rien au monde je n'aurais renoncé à cette intensité, à ce perpétuel remous qui agitait mon ventre dès qu'il entrait dans une pièce. Alors je songeais « il est à moi, à moi seule » et cette fierté estompait tout autre orgueil, fût-ce celui de la comédienne.

Mais j'avais beau l'aimer à en crever, Montand n'entendait pas me laisser me consumer. Il avait bien compris que quelque chose ne tournait pas rond et, la veille de mon retour à Paris, me sentant au bord du gouffre, j'ai fini par avouer.

— Oh bon Dieu ! a-t-il beuglé, sans se soucier du voisinage.

Sa colère était à la hauteur de mes sentiments pour lui. Je le revois encore marcher comme un lion en cage dans notre petite chambre d'hôtel camarguaise en faisant des grands gestes incohérents, pour chasser des insectes imaginaires.

— Tu ne vas pas recommencer, Simone ?! On croirait une gamine !

Moi, je restais sans voix, sachant que tous mes arguments seraient contrés, car devant lui je perdais mes moyens, ma logique.

Je me contentais de pleurnicher que c'était plus fort que moi, tout en rassemblant d'une main fébrile les vêtements pour le départ du lendemain. Un départ dont la seule idée augmentait mes larmes.

— Elle est jolie, Dédée d'Anvers…, a grommelé Montand, qui a fini par me serrer dans ses bras. Ça ne sera pas long, tu sais ? a-t-il dit en m'allongeant sur le lit.

Puis il s'est mis à me caresser le front, comme je le faisais à Catherine lorsqu'elle se réveillait d'un cauchemar.

— Pas… long ? ai-je hoqueté.

— Mais oui : l'affaire de quelques semaines… *Le Salaire* finit quinze jours après le début de *Casque d'Or*, mon amour. Ensuite on se retrouve et on ne se quitte plus…

— C'est vrai, hein ?

Montand était attendri par ma fragilité. Je voyais bien qu'il lisait dans mes yeux la passion absolue que j'avais pour lui. Une passion terrible, implacable, mais qui ne devait compromettre ni ma carrière ni la sienne.

— De nous deux, c'est toi la *vraie* comédienne…

Mon homme avait raison et il savait flatter mon amour et mon orgueil !

— Ce train pour Paris, demain matin, tu le prends, n'est-ce pas ? a-t-il demandé en se redressant sur l'oreiller.

Je me sentais si petite, si frêle, devant lui.

— Bien sûr, ai-je répondu dans un hoquet, en me relevant pour achever de remplir ma valise.

Montand me couvait d'un air satisfait et soulagé : son tournage était trop harassant pour qu'il passe ses nuits à éponger mes états d'âme.

Un instant je lui ai souri, encore persuadée que le lendemain matin je monterais vraiment dans ce train. Mais une femme amoureuse ne ment jamais mieux qu'à elle-même.

10

Montand était furieux. Furieux et incrédule. Ce n'était pas possible ! Je ne pouvais pas avoir fait une chose aussi bête ! La colère bouillait en lui, le rendant encore plus rouge, plus souillé, plus crasseux que son personnage du *Salaire*. Il était là, devant moi, suant dans son maillot de corps, et me dévisageait.

— Mais qu'est-ce que tu fous là ?!

À quoi m'attendais-je ? À ce qu'il se jette dans mes bras ? me félicite pour mon courage ? Jusqu'à la dernière seconde j'étais persuadée que je resterais dans ce compartiment de première classe. J'avais laissé Montand m'y accompagner, installant bien toutes mes affaires, comme pour être sûr que je n'en bougerais pas. Il avait d'ailleurs été étonné par ma froideur lorsque je lui avais dit de filer pour ne pas être en retard sur le tournage.

— Tu m'embrasses quand même ? avait-il demandé en me serrant contre lui.

J'avais affecté une certaine désinvolture, parvenant même à rire.

— Hier soir c'est moi qui pleurais, et ce matin c'est toi qui as l'air en deuil…

Pour toute réponse, Montand m'avait serrée avec passion, murmurant des « je t'aime » vibrants. C'est sans doute là que j'ai flanché. L'idée de ces baisers impossibles, de ces nuits d'insomnie au téléphone, m'était apparue impensable, contre nature. Je l'avais pourtant laissé partir, comme si de rien n'était. Mais dès qu'il avait quitté la gare, j'étais moi-même descendue du train, avec un soulagement embarrassé.

Et maintenant que nous étions face à face, devant toute l'équipe du *Salaire de la peur* qui se croyait au spectacle, le soulagement avait disparu. Ne restait qu'une honte piteuse, qui rendait la scène encore plus navrante.

— Vive l'amour ! a pourtant lancé Clouzot, pour détendre l'atmosphère.

Sans doute était-il touché par le romantisme de la scène, mais il voulait surtout que chacun reprenne le boulot. Sur un tournage, le temps, c'est de l'argent.

Montand restait tétanisé, immobile devant moi, ne sachant plus quel rôle il devait jouer. Les frontières entre cinéma et réalité s'estompaient et il avait le sentiment qu'on lui imposait son texte.

J'ai fini par briser ses réticences en me jetant dans ses bras.

— Oh ! je t'aime, je t'aime !

— Vive l'amour ! a renchéri Charles Vanel en brandissant une clé à molette comme on le ferait d'une coupe de champagne.

Tout le plateau a éclaté de rire et j'ai senti que Montand, prisonnier de mes bras, s'apaisait. Il a fini par me sourire et s'est dégagé pour me prendre la main.

— Tu es folle, vraiment folle…

Mais déjà il souriait.

Se redressant, il a lancé à la cantonade : « Vous me laissez régler ça un petit quart d'heure ? », provoquant un mouvement satisfait de toute l'équipe vers les brocs d'eau et de café installés sur des tables à tréteaux, en décalé des caméras. Clouzot a resserré ses dents sur sa pipe et froncé ses sourcils en broussaille, en grommelant : « Un *petit* quart d'heure ! » puis Montand m'a poussée – sans ménagement – jusqu'à sa loge...

Une fois dans cette petite cahute déjà surchauffée, il s'est laissé retomber sur un canapé de fortune, sans me quitter des yeux.

— Je n'en reviens pas que tu aies fait ça, Simone.

Dans sa voix, je lisais moins de reproche, de colère, que cette surprise amusée et arrogante du mâle pour qui on sacrifie tout.

— C'est plus fort que moi. Je t'aime trop...

— Tu as prévenu Becker ?

À cette question j'ai rougi et détourné les yeux : je n'y avais même pas pensé.

Montand gardait son calme et a poursuivi d'un ton neutre :

— Tu *dois* le faire.

— Oui oui.

— Tout de suite !

J'ai tressailli. C'est pour lui que j'étais restée, ce n'était plus le moment de le contrarier.

Tandis que Montand regagnait le plateau (sous les rires goguenards et grivois des techniciens, qui lui lançaient du « alors l'étalon, ça va mieux ? »), j'ai marché jusqu'à la gargote où nous déjeunions si souvent, à quelques encablures du tournage.

Le patron était derrière son comptoir et lavait des verres, qu'il posait devant lui, retournés sur un torchon. La salle était vide, déjà dressée pour nous accueillir à la pause du déjeuner. Seule une vieille femme était assise de l'autre côté de la pièce, le regard perdu, son visage tourné vers la fenêtre avec une expression de tristesse profonde. Avait-elle, elle aussi, renoncé à ses rêves, pour les beaux yeux d'un homme ? Cette idée m'a fait frissonner.

Le patron m'a aperçue.

— Madame Simone ! Vous n'êtes pas partie, finalement ?

— J'ai besoin de téléphoner.

Mine soupçonneuse du taulier, qui a levé un sourcil en faisant des calculs dans sa tête.

— Pour Paris ?

— Ça ne sera pas long.

Il m'a désigné le petit renfoncement dans le mur de la salle.

Imaginez combien j'étais mal à l'aise ! J'avais agi sur un coup de tête, comme une sotte, ne pensant qu'à mon bonheur. Depuis deux ans la moindre absence de Montand brouillait ma vue, ma conscience. Et j'avais rangé les conséquences de mes actes dans un recoin de ma cervelle. Il fallait pourtant assumer…

Entendant le franc « Allô » de Jacques Becker, j'ai manqué lâcher le combiné.

— Jacques ? C'est Simone…

Inquiétude subite du cinéaste, à l'autre bout du fil : j'étais déjà à la gare ? J'avais pris le train d'avant ?

— Non non, ce n'est pas ça.

— Ah ?

N'ayant plus le choix, je me suis expliquée. Sans trembler ni bafouiller. J'ai même pris soin d'être précise ; faire le récit de la situation la mettait à distance, me permettait de la considérer la tête froide.

Jamais Becker n'a cherché à m'interrompre, mais j'entendais sa respiration dans l'écouteur. Son silence n'en était que plus glaçant. Tout comme était glaçante la fausse indifférence du patron, qui avait ralenti ses mouvements et ne perdait rien de notre conversation. Quant à la vieille femme, elle a fini par tourner son visage vers moi et je me suis crue épiée par une aveugle…

Mais le pire ça a été l'épais silence qui a suivi mon « voilà, Jacques : tu sais tout… ». Un silence atroce, qui mettait en valeur tous les bruits alentour : l'éponge du taulier sur les verres, le souffle rauque de la vieillarde, dans son coin de salle, jusqu'aux cigales, dans les garrigues…

— Jacques ?

Becker a inspiré profondément, avant de me dire :

— Écoute, je crois que tu as raison.

Si je m'attendais à cette réaction ! Le cinéaste ne semblait ni vexé, ni même surpris. Au contraire, d'une voix bienveillante il m'a avoué qu'il me comprenait : tant de comédiennes passaient à côté de leur vie pour un rôle, alors que je faisais le choix de vivre, de préférer mon couple à ma carrière, d'élire l'amour plutôt que le cinéma.

— Et ça, Simone, cela force le respect…

J'étais pour le moins décontenancée.

— Tu… Tu crois ?

— Des films, il y en aura d'autres. Un amour comme le vôtre, cela arrive une fois dans une vie. Franchement, je serais malhonnête de t'en vouloir. Je serais même injuste et égoïste.

Fallait-il le remercier ou bien m'offusquer de sa désinvolture ? L'actrice principale d'un film plantait le réalisateur à quelques jours du tournage, et l'autre jouait les philosophes ! C'est même moi qui m'inquiétais, désormais :

— Tu vas t'en sortir ? Tu es sûr ?

— Pour *Casque d'Or* ?

— Oui…

Éclat de rire joyeux de Becker : mais bien entendu ! J'étais son premier choix, mais ça allait se bousculer au portillon. Il y avait plein d'excellentes actrices qui vendraient père et mère pour jouer Casque d'Or.

Cette première remarque m'a noué le ventre et j'ai senti mes doigts se crisper sur le combiné.

— Dès qu'on aura raccroché, je vais appeler Anne Vernon, ou Brigitte Auber, ou Nicole Courcel, ou Dany Robin, ou bien pourquoi pas Micheline Presles.

Chaque nom était un petit clou que Jacques Becker plantait dans mon orgueil. Il était fort, le bougre !

— J'ai même rencontré la petite Gréco, l'autre jour. Avec des cheveux blonds, elle aurait vraiment du chien, tu ne penses pas ?

Un filet de glace a traversé ma nuque. L'an dernier, cette garce de Gréco était venue faire la roue devant Montand, sous prétexte de recevoir des leçons de chant. Je peux vous dire que cela n'avait pas duré !

— Écoute, Jacques, j'ai peut-être agi sur un coup de sang…

— Ah oui ? Explique-moi ?

De l'orgueil ou de l'amour, qui est le plus implacable ? Disons que dans ma vie, le cinéma a souvent eu gain de cause, que les raisons en fussent nobles ou mesquines. La seule chose qui compte c'est un bon film, non ? Et *Casque d'Or* allait être un chef-d'œuvre.

11

Le tournage de *Casque d'Or* est l'un de mes plus beaux souvenirs de cinéma. Lorsque le film serait fusillé par la critique, je resterais accrochée aux souvenirs d'un pur moment de grâce.

J'étais heureuse et apaisée, car tout le monde était aux petits soins. Becker avait raconté l'histoire du train nîmois et l'équipe savait combien Montand me manquerait ; c'est pourquoi chacun se montrait doux et compréhensif. Jacques le premier, qui donnait au plateau une ambiance de grandes vacances. Sa phrase traditionnelle, au début d'une journée de travail, était : « Aujourd'hui, on va bien s'amuser ! » Et c'était vrai. Tout se passait dans une atmosphère ludique et amicale, sous le joli automne d'Île-de-France.

Bien sûr, je n'en finissais pas de penser à mon homme, là-bas, en Camargue, englué dans un tournage qui virait au calvaire (des pluies diluviennes avaient transformé le village latino-américain en torrent de boue), mais c'est sur *Casque d'Or* – et grâce à l'absence de Montand – que j'ai appris une des clés de mon métier. Pour ne pas être obsédée par le manque, pour ne pas chercher mon amoureux après chaque « coupez ! », j'étais parvenue à une forme de dédoublement. J'ai toujours rechigné à théoriser sur le jeu d'acteur, à donner des leçons, mais je ne cesserai d'expliquer que, pour moi, jouer c'est vivre, c'est devenir mon personnage, au point qu'il s'installe en moi de façon presque encombrante et qu'il me sera parfois difficile de me départir de cette seconde peau. Mais sur *Casque d'Or*, cette technique a été mon salut.

Dès les premiers jours du tournage, je n'étais plus Simone, mais Marie. Et mon amant ne s'appelait plus Montand mais Manda, joué par mon vieux pote Reggiani. L'astuce vous semblera peut-être artificielle et hypocrite, mais elle était efficace. Et à dater de ce film, tous mes grands rôles seraient interprétés à l'aune de cette méthode. Mes personnages sont des mondes clos dans lesquels je pénètre pour quelques semaines, faisant abstraction de mon quotidien, de mes proches, de mes soucis du moment. À l'époque de *Casque d'Or*, c'était une question de survie mentale. Ensuite, cela deviendrait à la fois un refuge, une fuite et un piège, car on ne s'abstrait pas impunément de sa propre vie. Les années passant, Catherine en concevrait du dépit et Montand y trouverait matière à sa propre liberté, mais ainsi ai-je toujours été bâtie : trop entière, trop impliquée, trop engagée pour incarner mes rôles à moitié. Je n'y pouvais rien : j'étais droguée de passion.

Je l'ai dit, si le tournage de *Casque d'Or* était un rêve éveillé, celui du *Salaire* a peu à peu viré au cauchemar. Tandis qu'ils bâtissaient un pont pour les besoins d'une scène, deux soldats du 7e régiment du génie d'Avignon, réquisitionné pour la tâche, sont tombés et se sont tués ! Première catastrophe d'une série qui n'a cessé de s'enchaîner, jusqu'au jour où le producteur a déclaré que la fête était finie…

— Comment ça « finie » ? ai-je tressailli, alors que Montand m'annonçait la nouvelle par téléphone.

Depuis le début de mon tournage, j'évitais de trop communiquer avec lui, pour ne pas remuer le couteau dans la plaie du manque, mais le combiné venait de sonner quatre fois de suite.

— Le tournage est interrompu…, m'a annoncé le chanteur d'une voix sépulcrale.

Je ne pouvais y croire.

— Tu veux dire que le film s'arrête? qu'il ne se fera pas?

Silence au bout de la ligne.

— Personne ne sait rien.

— Et Clouzot? Il dit quoi, Clouzot?

Ricanement saumâtre.

— Clouzot, il a giflé sa femme et s'est enfermé dans sa loge. Et il ne veut plus parler à personne. Même pas à Véra.

Je ne savais quoi répondre. Je n'osais même plus lui dire que mon tournage à moi était presque achevé et que je nageais dans le bonheur. Une partie de moi avait le cœur battant à l'idée de le voir revenir plus tôt, l'autre craignait que les retrouvailles soient un peu aigres. Je l'avais tant poussé à retourner devant les caméras et voilà qu'il quittait un film avorté.

— Une chose est sûre: *ton* cinéma n'est décidément pas fait pour moi.

Je n'en ai pas dormi de la nuit. Toutes les angoisses que j'avais réussi à museler depuis des semaines me bloquaient la gorge à m'étouffer. Je me sentais presque coupable d'aimer mon métier.

J'avais beau dompter mes émotions, le lendemain matin, sur le tournage, mes vrais amis l'ont tout de suite remarqué.

— Tu as une drôle de tête, m'a dit Reggiani, alors que nous buvions un café entre deux prises.

Nous étions assis côte à côte, sur un petit banc installé dans ce terrain vague de Belleville où Becker avait planté son décor.

Il faisait un temps d'été indien. D'ici, on apercevait tout Paris, dans une brume d'automne. Autour de nous, les maisonnettes de Ménilmontant semblaient un vrai décor de cinéma : avec leurs toits de guingois, leurs fenêtres brisées, elles étaient pourtant bien réelles. Aussi réelles que ces curieux qui observaient le tournage, depuis les quelques barrières que la production avait installées, nous isolant du reste de la rue.

« Regarde, c'est Signoret ! »

« Tu es sûre ? Elle n'a pas les cheveux bruns, normalement ? »

« En tous les cas, elle est belle ! »

Ces murmures nous parvenaient de loin mais je ne pouvais même pas en sourire. Seul m'importait le dépit de Montand, car j'étais dépendante de ses humeurs comme de son désir. Lorsqu'il se levait du pied gauche, ma journée était assombrie. S'il sortait de scène heureux, je l'étais encore plus que lui. Et son trac me contaminait comme un virus...

— Alors, a insisté Reggiani, qu'est-ce qui ne va pas ?

Comment expliquer à Serge que ce n'étaient que des angoisses de femme amoureuse ? C'était pourtant le sujet même de *Casque d'Or*, mais nous n'étions plus au cinéma.

— La fatigue, sans doute, ai-je répondu, presque au hasard.

Reggiani me scrutait, pas dupe. Il m'a même pris la main et j'ai dû retenir un mouvement de recul, car ce simple geste m'était interdit. Je croyais voir le visage réprobateur de Montand, qui avait toujours été jaloux de mes vieux copains. Je connaissais Serge depuis l'Occupation et Montand restait persuadé que nous avions eu une aventure. J'avais eu beau lui crier que non, le doute restait là. Mais ne surjouait-il pas l'homme jaloux pour jeter un écran de fumée sur ses propres incartades ? Allez savoir... D'ailleurs je ne savais plus rien, j'étais perdue, sans repères, et c'est cela qui me minait.

— C'est Montand qui te manque ? a repris Reggiani.

J'ai poussé un profond soupir et senti que mes yeux s'ourlaient de rouge.

— Montand me manque toujours. C'est presque insupportable.

Après un long silence, Serge m'a demandé :

— Mais il te rend heureuse, au moins ?

J'ai haussé les épaules.

— Ça n'est même plus une question de bonheur. Sans lui, j'ai l'impression de ne plus exister…

Reggiani a grimacé.

— Et tu crois que c'est encore de l'amour ?

J'aurais pu mal le prendre, être blessée par ses questions, mais le visage de Serge exprimait une inquiétude sincère.

— L'amour est le seul mot qui me vienne à l'esprit, ai-je répondu, avant de corriger : le seul mot *supportable*…

— Supportable ?

— On ne s'est pas choisis, Montand et moi. On s'est trouvés. Et je pense qu'on n'a pas eu le choix.

Sur un ton un peu sentencieux, Serge a rétorqué qu'on avait toujours le choix. Je sentais que son inquiétude pour moi grandissait. Il s'est même levé pour faire des petits pas circulaires, devant le banc. Dans la foule des curieux, une femme a couiné : « Ah mais c'est Reggiani, là-bas. »

— Le seul choix serait de le quitter, ai-je dit d'une voix blanche.

— Tu t'en sens capable ?

— Jamais. Même s'il me traîne dans la boue.

12

On ne renonce pas si facilement au grand amour. Et puis c'étaient là des inquiétudes passagères. Maintenant que Montand était rentré je retrouvais mon équilibre. Je pouvais prendre mes angoisses à bras-le-corps et les museler. Dans la vie, il y avait des priorités, et les miennes passaient désormais par la famille.

Voilà déjà plusieurs mois qu'Yves Allégret avait accepté de signer les papiers du divorce et rien ne s'opposait plus à ce que j'épouse Montand.

— Un mariage? Tu es sûre?

Combien de fois l'ai-je entendue, cette remarque, sitôt que j'annonçais nos noces. En quoi était-ce si surprenant? Certains amis m'ont répondu qu'on n'épousait pas par amour mais par raison, par esprit pratique. Ainsi, Allégret était le père de ma fille et avait fait un bon époux. Mais on ne passe pas une alliance à un être qu'on aime passionnément.

— C'est comme vouloir mettre un collier à un lion.

Raisonnement étrange, spécieux, dont je comprenais le bien-fondé mais qui me semblait aux antipodes de mon histoire.

— Je fais surtout ça pour Catherine. Cette petite a besoin d'un cadre, d'une structure. J'ai quitté son père pour Montand, autant régulariser la situation.

C'était donc décidé : Yves Montand allait épouser Simone Signoret parce que tout le monde y trouverait son compte.

À bien y regarder, il n'y a pas grand-chose à dire de ce mariage. Nous l'avons improvisé ; il venait valider ce que nous savions depuis longtemps : nous étions faits l'un pour l'autre. Et puis c'était un mariage en petit comité, dicté par nos emplois du temps, la date du 22 décembre 1951 nous protégeant des curieux et des fâcheux.

— Au fin fond du Midi ? À trois jours de Noël ? Mais vous n'aurez personne !

— Parce qu'on ne veut personne, répondions-nous chaque fois, enchantés d'agacer des interlocuteurs qui ne comprenaient pas qu'on puisse aspirer à des noces provinciales et discrètes.

Quelle image ces gens avaient-ils donc de nous ? Assommés de mondanités toute l'année, nous voulions des noces intimes, simples et chaleureuses, placées sous le signe de la famille. Et nous voilà donc à *La Colombe d'Or*, entourés de nos proches et de nos confidents. J'avais choisi pour témoin Jacques Prévert, et Montand Paul Roux, et hop, nous voilà mari et femme !

Sans doute me trouverez-vous bien distante devant cette journée que certaines voient comme la plus belle de leur vie. Disons qu'il m'est désormais impossible de la considérer en faisant abstraction de ce qui se passerait ensuite, surtout aux États-Unis. La vraie nature de Montand m'était encore inconnue – d'aucuns diront que je me voilais déjà la face – et j'étais heureuse de lui offrir ma main. Mon second mari était d'ailleurs bien plus sensible au symbole que je l'étais moi-même. Il s'agissait pour lui d'un premier mariage et les Livi – en bons

Italiens – restaient sensibles aux traditions. Il me semblait donc loyal de leur faire ce cadeau, car j'étais devenue bien plus proche d'eux que de ma propre famille.

Alors que j'avais rompu tout contact avec mon père, et que je voyais ma mère et mes frères de loin en loin, je m'étais laissé envahir par les Livi. Je dis cela sans acrimonie, bien au contraire. Sans la présence constante de la famille de Montand, jamais Catherine n'aurait eu une enfance si heureuse. C'était un vrai petit bout d'Italie qui s'était installé au cœur de l'île de la Cité. Place Dauphine, tout se passait dans la cage d'escalier, comme dans un film de De Sica !

Il faut dire que trois mois après notre installation à la Roulotte, nous avions été rejoints par Julien, le frère aîné de Montand. Il occupait jusqu'alors un poste de responsabilité à la CGT de Marseille et venait d'être muté en région parisienne.

— Tu sais que l'appartement du cinquième se libère ? avais-je dit à mon homme.

— Eh bien ?

— Ce serait parfait pour Julien, sa femme et leur fils, non ?

Nous étions en train d'installer notre petit nid, Montand était en équilibre entre une bibliothèque et un fauteuil, et je l'ai senti traversé de sentiments mitigés.

— J'adore mon frère, a-t-il dit en descendant de l'escabeau pour prendre des clous dans un petit cendrier, mais tu sais combien il est… *compliqué*…

Non, je ne le savais pas. Du moins pas vraiment. Je n'avais jamais assisté aux fameuses prises de bec politiques de la famille Livi.

— Vous avez le sang chaud, ai-je tempéré en m'allumant une cigarette.

Montand restait circonspect.

— Crois-moi : Julien peut devenir fanatique.

Songeant à toutes les crapules rencontrées dans le Paris occupé, j'ai rétorqué qu'un fanatique communiste ne me ferait jamais peur. Puis, pour le plaisir d'avoir le dernier mot, j'ai conclu avec fermeté que je serais enchantée de l'avoir pour voisin.

— Julien, c'est ta famille, donc la mienne.

Dont acte : deux semaines plus tard, « les Julien » s'installaient au cinquième, et j'ai vite compris les réticences de mon homme.

C'est bien simple : le Parti communiste était la raison d'être de Julien. Une raison que nous respections, en ce début des années cinquante, car la rhétorique du cégétiste était souvent implacable. Avec le recul, je peux même dire qu'il a forgé notre conscience politique, poussant Montand à exprimer des opinions qui faisaient souvent grincer les dents de son public.

Je dois d'ailleurs corriger ici un malentendu : jamais Montand et moi n'avons été membres du PC. Beaucoup l'ont prétendu, nous l'avons même parfois laissé entendre – par coquetterie de l'ambiguïté –, mais c'était faux. Et Dieu sait si Julien tentait de nous convaincre, chaque dimanche, lors de nos rituelles assiettes de *carbonara*, à la Roulotte.

— Vous devez prendre votre carte, lançait-il, le regard figé.

— On a besoin de notre liberté, tu comprends ? répondait Montand, toujours mesuré lorsqu'il parlait à son aîné.

— De quelle liberté parles-tu ?! Celle des États-Unis et de leur bombe ?!

— La liberté de notre choix, répondais-je à mon tour, pour faire front avec Montand. La liberté de n'appartenir à personne.

À cette réplique, Julien se redressait d'un bloc, cognant du poing sur la table.

— Votre choix est de ne pas en faire ! assenait-il. Aujourd'hui le seul choix possible, c'est l'engagement. Et la seule cause juste : celle de l'Union soviétique.

— Un pays qui interdit le jazz ? On peut détester Truman et défendre Louis Armstrong !

Généralement le débat s'arrêtait ici, car les deux frères craignaient que leur caractère sanguin ne les pousse à l'empoignade. Personne ne voulait en arriver là. Il était si commode d'être voisins. Catherine passait son temps là-haut, nous laissant toute liberté de mouvement ; quant à Julien, il était bien content de vivre dans notre « quartier bourgeois ». Grâce à ses succès sur scène, Ivo n'avait-il pas acheté, à Marseille, un pavillon pour ses parents et un autre pour sa sœur ? Il avait beau dire, l'argent a du bon.

*

Julien Livi a-t-il été notre initiateur politique ? N'a-t-il pas plutôt réveillé ce qui sommeillait au plus profond de nous ? Disons que les combats, la passion des idées, la défense des faibles et des opprimés, les pétitions, les marches silencieuses allaient devenir notre pain quotidien. J'admets d'ailleurs volontiers que nous ayons pu en exaspérer certains, tant nous étions prompts à réagir à la moindre actualité. Alors que beaucoup de nos confrères ou amis, comédiens, chanteurs ou cinéastes, restaient prudents dès qu'il s'agissait de prendre parti, Montand et moi nous faisions les porte-étendards de causes qui nous semblaient justes, parfois jusqu'à l'aveuglement. Cette complicité idéologique était la sœur de notre intimité physique ; une sœur bien plus durable, car elle n'était soumise à d'autres désirs que ceux de la liberté et de la justice. Les idées allaient même dicter nos carrières respectives, chaque choix artistique étant désormais placé sous l'égide de nos convictions politiques.

Il faut dire que l'époque était tendue comme un arc. La mort de Staline, le 5 mars 1953, avait fait l'effet d'un séisme et la moitié du globe se voilait de noir parce que le sauveur du monde libre filait au paradis des Grands Hommes.

Dans toutes les officines du PC, c'était le branle-bas de combat puisque l'équilibre du monde avait longtemps reposé sur la moustache du petit père des peuples. Maintenant qu'il était mort, qui allait lui succéder ? Comment se passerait la transition ? Surtout : allait-on apprendre des choses terribles jusqu'alors étouffées ?

Dans ce climat délétère, une droite en sommeil depuis la Libération se sentait repousser des ailes ; et Montand lui offrait une cible parfaite : si beau, si populaire, si riche et si – prétendument – communiste ! Avec son cachet du *Salaire de la peur* (dont le tournage avait finalement repris), ce marxiste de salon ne venait-il pas de s'acheter une petite maison à Saint-Paul-de-Vence ? Voilà le genre de détail dont la presse réactionnaire faisait son miel. Mais il n'était pas le seul à être attaqué : au mois d'avril, *Le Canard enchaîné* avait déclaré que j'envoyais ma femme de chambre vendre *L'Humanité dimanche* sur les marchés, le matin, une fois mon petit déjeuner servi. Quelle farce !

D'ailleurs ça m'a fait marrer. Mais j'étais la seule, car Montand en est devenu hystérique ! Je le revois encore, furieux, se ruer hors de la Roulotte pour faire des grands pas sous les marronniers de la place Dauphine, comme un soldat en faction.

— Ces ordures n'ont pas le droit d'écrire des choses pareilles, fulminait-il en enfonçant ses poings dans les poches de son pantalon. Il faut porter plainte !

Moi j'étais sortie sur la place, calmement, et je le suivais maintenant du regard, adossée au tronc d'un arbre, en m'allumant une cigarette. En un sens, j'étais presque au spectacle.

— Qu'ils me traînent dans la boue, ça me regarde. Mais qu'ils s'attaquent à toi…

Il m'a pointée d'un doigt accusateur. Ses yeux étaient incendiaires et j'ai aimé cette colère. La colère d'un homme furieux qu'on insulte sa femme. Une colère d'homme amoureux et de propriétaire bafoué. Sa réaction épidermique me permettait de jouer l'apaisement, car au fond je me moquais des crachats de ces journaleux.

— Mais on s'en fout, ai-je dit en soufflant ma fumée vers le ciel. Ces merdeux sont juste jaloux…

C'était le printemps et les marronniers étaient les premiers à feuiller. J'ai regardé la fumée de ma clope se perdre dans les feuilles vert tendre.

Montand ne décolérait pas.

— Qu'est-ce qu'on leur a fait, bon Dieu ?!

Il a même fait mine de donner un coup de poing à un arbre et s'est arrêté au dernier moment, mimant la douleur d'un homme qui venait de se briser les doigts. Quel comédien !

— On est beaux, on est jeunes, on s'aime, ai-je répondu. Tout nous réussit et ça les horripile, car en plus on pense aux autres.

Montand a ralenti son pas et marché vers moi. J'ai vu un peu de lumière revenir sur son visage. Le coup de sang commençait à passer.

— Ce qu'ils ne supportent pas, ai-je repris en le recoiffant par réflexe, c'est qu'on soit généreux.

— Généreux ?

— À leurs yeux, gagner du fric veut dire oublier le monde. Ils ne comprennent pas qu'on puisse vouloir le bonheur des autres, la justice sociale. Alors nous sommes des traîtres à la seule cause qu'ils défendent : l'égoïsme…

Montand a haussé les épaules devant cette théorie. Il a toujours été moins analytique que moi, prenant les critiques en pleine face, incapable de les relativiser, d'y voir plus qu'une attaque personnelle. Devant une diatribe de la presse, il ne lisait qu'une chose : c'est qu'on ne l'aimait pas. Et Montand aimait être aimé ; il en avait besoin, c'était son carburant. Aimé par sa femme, par sa famille, par ses amis, par son public. Les concerts lui donnaient une énergie de surhomme, et savoir qu'on voulait gripper cette mécanique lui mettait la boule au ventre.

En un sens, Montand restait un candide. Disons que son narcissisme et ses idéaux entraient souvent en conflit et qu'il peinait à l'admettre. En pleine guerre d'Indochine, on ne pouvait pas chanter le très antimilitariste *Quand un soldat* et s'étonner d'être interdit à la radio ! Il lui fallait pourtant s'habituer à générer l'embarras, parfois la haine, car l'époque était haineuse. Montand devait même s'inventer une carapace de crocodile et s'habituer aux trouble-fête qui avaient décidé de perturber les premières représentations de ses six mois de concert à l'Étoile, en 1953.

Dès le début de la série, des fâcheux sont venus chaque soir pour jeter des boules puantes, parfois des gaz lacrymogènes.

Plusieurs fois il a fallu évacuer la salle pour que le public n'ait pas les yeux brûlés. Montand en était navré…

— Non mais regarde-moi ces ordures, rageait le chanteur, après la représentation. Quand ce ne sont pas les lacrymos, ce sont les paras qui louent le premier rang du théâtre, déplient un journal et ne bougent pas de la représentation.

— Je sais, mon amour, répondais-je calmement, car ça ne servait à rien de s'énerver. Ces connards, on les aura à l'usure.

Ces petites bassesses avaient pour objectif de déstabiliser le chanteur, et je dois dire qu'il ne se démontait pas. Nous étions tous derrière lui à le soutenir, à le convaincre que ses ennemis se lasseraient, qu'ils se trouveraient une autre victime, ce qui a fini par arriver. Au bout d'un mois, la tempête s'est apaisée. Y songeant maintenant, je dois dire que la chose est heureuse ; car s'ils avaient insisté, ils auraient trouvé de quoi nous clouer au pilori. Les « marxistes de salon » n'étaient pas en panne de provocations puisque les Montand allaient maintenant s'acheter un château !

13

L'automne était tendre comme un jour de printemps. L'air se souvenait encore des chaleurs de l'été et les arbres commençaient à roussir, dans une bonne odeur de feuille fanée. Nous avions fait la route depuis Paris, étonnés d'arriver si vite.

— Et en plus c'est à deux pas, a dit Montand en ralentissant pour consulter les panneaux, au bord de la nationale. Vernon, Évreux, Pacy…

— Attends de voir l'endroit…

J'étais aussi inquiète que si je passais un examen. C'est moi qui avais repéré cette propriété sur une petite annonce, mais nous ne l'avions pas encore vue. Les six mois de triomphe à l'Étoile pouvaient nous offrir ça, mais je m'en serais voulu de pousser Montand sur une route qui n'était pas la sienne. L'annonce disait « gentilhommière » mais la photo montrait un vrai petit château…

— On va encore se moquer de notre engagement à gauche, avais-je remarqué, après lui avoir tendu le journal.

Mon mari avait haussé les épaules, répondant un inhabituel « on s'en fout » avant de lire et relire les détails de l'annonce, les yeux de plus en plus gourmands. C'est lui qui avait toujours rêvé d'une maison de famille. Son côté italien…

« Une grande baraque où l'on pourrait s'échapper le weekend, recevoir les copains, aérer Catherine », imaginait-il souvent, sans trop y croire, lorsqu'il rentrait épuisé d'un concert.

À ce joli programme j'ajoutais, plus égoïste :

« Ou juste se dorer au soleil, sans être emmerdés par tous ces gens qui frappent à la vitrine de la Roulotte, pour un oui ou pour un non. »

Il fallait m'en prendre à moi-même, qui avais acheté un ancien commerce. Mais je crois que Montand et moi avions besoin d'une vraie retraite, à un jet de pierre de Paris, et Autheuil semblait l'endroit idéal.

— Autheuil-Authouillet, a fait le chanteur en désignant le panneau à l'entrée du village.

C'était une jolie bourgade normande, qui dominait une boucle de l'Eure.

— On dirait un nom de conte de fées, ai-je ajouté en contemplant ces petites maisons à colombage ou en brique, ces ruelles silencieuses, l'église miniature et la pente douce qui descendait jusqu'au bord de la rivière.

Les indications qu'on nous avait données étant imprécises, nous avons tourné dans ce village qui ne nous en a semblé que plus charmant.

Puis, tout à coup, en contre-haut du bourg, un muret ceinturant des grands arbres.

— C'est là !

Si le coup de foudre entre deux êtres existe – Montand et moi en étions la preuve –, il survient parfois pour un endroit. Car ce qui a eu lieu était bien plus qu'un coup de cœur. Lorsque nous avons poussé la grille de l'entrée, Montand a pris ma main. Il y avait même plus de solennité et de profondeur que le jour de notre mariage Quelque chose qui s'approchait de l'évidence, de la nécessité.

— Que c'est beau…, a-t-il murmuré alors que nous avancions, d'un pas timide dans l'allée qui serpentait au milieu de la pelouse, pour grimper jusqu'à la maison.

— Et que c'est calme…, ai-je ajouté, m'arrêtant un instant pour écouter le silence.

Dans les arbres, le vent avait un ronronnement de matou. Un son coupé çà et là par le roucoulement d'une colombe, sous les frondaisons d'un grand hêtre. Et puis, au loin, placide, le bruit de l'Eure.

Nous étions émerveillés. Cette vaste maison carrée à la façade blanche assez austère n'avait rien d'extraordinaire ; ça n'était ni Versailles ni même un château de province, mais ça nous correspondait. Avant même que nous en passions la porte, nous avions le sentiment, presque étouffant, d'être chez nous. Et puis cet endroit avait « du charme ». Un charme immédiat, qui nous a frappés avec tant de force que j'ai dû attraper le bras de mon mari. Le coup de foudre, je vous dis ! Lors, il nous a suffi d'entrer dans cette solide gentilhommière du XVIIIe siècle pour imaginer ce que nous allions en faire. Sans même écouter les remarques soporifiques de l'agent immobilier, qui nous suivait en carlin, nous allions de pièce en pièce, y vivant déjà.

— Voilà notre chambre, ai-je dit en arrivant dans une grande pièce, au premier étage.

Pareille à notre première visite de la Roulotte, les lieux étaient vides mais je voyais le grand lit, les rideaux fleuris, les tapis, le bureau, jusqu'aux éclairages et aux cendriers que je mettrais sur la table de nuit.

— Et celle de Catherine, a fait Montand en arrivant dans une jolie chambrette mansardée, qui serait idéale pour ma fille de huit ans.

— Vous voulez peut-être voir le grenier ? tentait l'agent immobilier.

Mais nous ne lui accordions plus un regard. Il lançait ses remarques par principe, afin de remplir son office, mais il avait compris que nous étions pincés et s'en frottait les mains. Ces gens du spectacle sont des extravagants qui fonctionnent à l'intuition, au sentiment : et voilà une affaire rondement menée.

Quelques semaines plus tard, Autheuil était à nous.

Je l'ai dit, l'achat de cette maison était comme un renouvellement de nos vœux de mariage, trois ans plus tôt. C'était aussi la confirmation que nous nous enracinions dans une vie commune, puisque la fatalité nous avait jusqu'alors interdit de faire souche. J'ai toujours été réticente à parler de mes drames les plus intimes et je ne reviendrai pas sur nos multiples tentatives pour donner un petit frère à Catherine. Il est des détails qui restent du domaine de la pudeur, presque du secret, et lorsque je me croyais enceinte mais perdais de nouveau l'enfant je n'en parlais à personne. Même Montand ne le savait pas toujours, car j'avais fini par ne plus lui annoncer les prémices d'une grossesse, devinant qu'elle ne durerait pas. À sa façon Autheuil était un peu notre enfant, disons notre plus jolie réussite à quatre mains. Car cet endroit serait bien plus qu'une maison. Au gré des années, Autheuil allait devenir la retraite, le havre, le creuset.

Maison de famille, repaire de copains, confessionnal, atelier, salle de répétition, cellule de moine, lieu de toutes les inspirations, cette demeure était le pendant campagnard de la Roulotte parisienne. Et je dois dire qu'à mesure que le temps allait passer Autheuil deviendrait mon royaume exclusif. Un royaume avec ses règles, ses lois, sa logique interne, ses incongruités ; un royaume fondé sur les combats communs, les haines partagées et une formidable force de vie et de travail.

— Vous êtes déjà allés à Autheuil ? demandaient les gens.

— On n'y a pas encore été invités. Vous y allez souvent ?

— Au moins une fois par mois…

— Vous avez de la chance.

— Disons qu'il faut montrer patte blanche.

Sans y avoir songé, Montand et moi avions inventé un « club » qui n'allait cesser d'irriter et faire rêver. En déboursant treize millions de centimes, le chanteur ne nous achetait pas une résidence secondaire : il instaurait un État dans l'État ; une manière de zone franche qui brillait par son hospitalité et ses oukases. Autheuil n'était pas un lieu mais un filtre. À notre manière – potache mais acide – nous avions forgé une petite aristocratie fondée sur le degré d'amitié, de fidélité, de tolérance et de patience dont pouvaient faire preuve ceux qui se targuaient d'être nos amis.

Et ils étaient nombreux qui avaient gravi le perron pour pénétrer dans cette maison chaleureuse, que j'avais voulue « à l'anglaise », avec ses canapés, ses tissus chamarrés, ses coussins moelleux, son piano (évidemment !), et puis ses chambres d'amis qui toutes répondaient à une couleur, à une logique. Au premier étage dormaient les invités de marque, au second les habitués. Quant à ceux qui n'avaient pas passé le test, je les décapitais d'un simple quolibet, sitôt qu'ils avaient passé la grille.

— Encore un merdeux qu'on ne verra plus. Bon débarras !

Je dois bien avouer que j'étais redoutable et que je profitais de mon statut de matrone pour m'autoriser quelques excès de langage. Lorsque des nouveaux venaient à Autheuil, ils étaient prévenus que je pouvais démarrer au quart de tour, et tous craignaient mon courroux.

— Montand est une bonne pâte mais Simone a un caractère bien trempé. Surtout marchez droit !

Disons que nos hôtes devaient s'adapter à mes enthousiasmes ou à mes hargnes, dépendant de mon humeur du jour, du temps qu'il faisait, de l'actualité internationale ou des galopantes frasques de mon mari.

Mais telle était la vie à Autheuil : une vie de matchs de volley-ball, de jeux d'ambassadeurs au coin du feu, ou même de séances de ball-trap, avec les disques des chanteurs qui nous avaient déplu ! Ici, on mangeait des plats de ménage, on buvait du gros rouge et on jurait comme des charretiers. Il serait futile de dresser la liste de tous ceux qui sont passés ici ; disons que Reggiani, Brasseur, Buñuel, Semprún, Périer, Sartre, Beauvoir, Dauphin, Becker, José Artur, Chris Marker et tant d'autres ont été les hôtes parfois fugaces, parfois permanents, de notre royaume d'opérette.

À bien y regarder, Autheuil n'était pas notre maison, c'était notre miroir.

14

Si le triomphe du *Salaire de la peur* avait permis à Montand de gagner ses galons de comédien, il nous avait vaccinés contre la folie d'Henri-Georges Clouzot. Ce tournage en deux temps avait été un vrai Golgotha ! Le cinéaste avait fait preuve d'une telle perversité, d'un tel égoïsme, et d'une telle cruauté envers sa femme que l'idée de retravailler avec lui était impensable.

Écrivant cela avec le recul, je me trouve bien sotte, bien naïve, car il est des êtres auxquels on ne peut pas dire non. Des êtres qui savent si bien manier la langue, si bien jouer du chantage affectif, que vous vous sentez aussitôt leur débiteur. Clouzot était de ceux-là...

C'était l'été 1954 et les Clouzot passaient quelques semaines à *La Colombe d'Or*. Depuis que nous avions notre propre maison à Saint-Paul-de-Vence, nous ne dormions plus dans cet hôtel qui avait vu notre première rencontre ; mais nous y allions toujours avec plaisir, en voisins. Et lorsque Henri-Georges et Véra nous avaient invités à dîner, nous n'avions pu refuser.

— Qu'est-ce que tu as ? tu frissonnes..., m'a dit Montand en me frottant le dos, alors que nous traversions le village pour rejoindre les Clouzot.

On était en plein juillet mais je tremblais.

Pensant que cela pourrait m'apaiser, j'ai plongé mes mains dans une petite fontaine, au centre d'une place, et me suis aspergé le visage. Trois enfants qui jouaient aux billes sous un banc ont regardé avec curiosité ce geste incongru.

— Tu es sûre que ça va?

J'ai souri à Montand, pour le rassurer. Il était si beau dans son costume crème.

— Tu as l'air d'un acteur américain…

— Oh, moi, Hollywood…, a-t-il fait en mimant un cabot qui se pavane devant une caméra. Je suis un petit gars de Marseille, tu sais bien.

J'ai éclaté de rire mais il a vu que ma joie était forcée. Passant son bras autour de mon épaule, il m'a serrée contre lui.

— Ça t'embête de dîner avec Georges et Véra?

— Je ne sais pas…

— Ça n'est pas une réponse, Simone.

J'ai haussé les épaules.

— C'est la seule que je trouve. Disons que quand je les vois, je me sens toujours obligée à quelque chose. Je n'ai pas le choix…

Après un moment de surprise, Montand a fini par sourire au ciel du crépuscule, au-dessus de nous, puis il m'a tapoté le crâne de son index, ce qui a fait hurler de rire les gamins.

— Il se passe trop de choses, là-dedans.

— Tu as sans doute raison, ai-je dit en prenant sa main, pour gagner – à contrecœur – *La Colombe d'Or.*

*

On devrait plus souvent suivre son instinct. Le mien m'avait pourtant intimé de tourner les talons, de ne pas aller à ce dîner, de m'excuser auprès des Clouzot avec le prétexte d'une migraine. Mais j'avais fait la sourde oreille à mes intuitions et c'était une erreur. Une erreur aussi sournoise que le dîner avait été charmant. À mon corps défendant, j'ai dû m'avouer heureuse de retrouver le brio de Georges et la douceur blessée de Véra. Et c'est précisément elle qui m'a prise au piège, car ce couple, si mal assorti, était une mygale à deux têtes.

Et tandis que nous faisions le chemin inverse, tard dans la nuit, pour rentrer chez nous, j'ai senti Montand agité par un mélange d'agacement et d'ironie. Impression d'autant plus irritante qu'il ne pipait mot et sifflotait *À bicyclette* avec une désinvolture appuyée.

— C'est bon, arrête ton char, ai-je fini par grommeler en me laissant retomber sur le même petit banc où jouaient les enfants, quelques heures plus tôt.

La jolie placette était désormais plongée dans la nuit et l'on distinguait juste la lune, derrière les feuilles des platanes.

Montand a fait mine de continuer à marcher puis s'est arrêté pour contempler la nuit.

— Avoue qu'ils t'ont retournée comme une crêpe, Simone…

Ça m'exaspérait de l'admettre mais je devais rendre les armes.

— C'est Véra, que veux-tu ? ai-je rétorqué en m'allumant une cigarette.

La lueur du briquet m'a éclairée un instant, et j'ai aperçu mon reflet dans la vitrine de la petite boulangerie du village, à quelques mètres de nous.

— Elle ordonne et tu exécutes ?

Montand était cruel et je ne méritais pas son ironie. Lui-même m'avait laissée m'empêtrer, après tout.

— J'ai un truc avec cette fille.

— Un truc ?

— Elle me touche. On a envie de la protéger, tu ne trouves pas ?

Montand a secoué la tête. Ce séducteur compulsif n'avait jamais été attiré par Véra Clouzot. Elle était belle, mais de ces beautés que seules les femmes savent reconnaître (une beauté qui n'impliquait pas de concurrence, sans doute).

— Pour tout te dire, a fait Montand en venant me rejoindre sur le banc, Véra me déprime…

Sa proximité m'a aussitôt réconfortée et je me suis serrée contre lui.

— Tu exagères, ai-je dit en lui soufflant ma fumée au visage. J'ai passé beaucoup de temps avec elle, pendant le tournage du *Salaire*. C'est une fille étonnante. Étonnante et différente. Enfin je l'aime bien, quoi…

Montand restait agacé, repoussant ma cigarette d'un geste de la main.

— J'ai bien vu. Et Clouzot aussi l'a bien vu. C'est comme ça qu'ils t'ont coincée.

Montand disait vrai : je m'étais laissé avoir comme une collégienne. Et tout ça pour les beaux yeux perdus de Véra Clouzot. Une Véra qui avait utilisé mon amitié pour satisfaire son propre mari, lequel suivait notre conversation avec la gourmandise patiente d'un raminagrobis. Une heure plus tôt, elle était encore à m'implorer, avec ses grands yeux mouillés, devant sa mousse au chocolat.

« Je n'y arriverai pas sans toi, Simone. »

Et son mari de renchérir que nous formerions un couple parfait.

Ce que voulaient ces Thénardier ? M'offrir le rôle principal du prochain Clouzot, une adaptation d'un roman policier de Boileau-Narcejac, *Celle qui n'était plus*. Un huis clos pervers où la femme et la maîtresse d'un même homme s'unissent pour le tuer.

Outre le fait qu'il était hors de question que je subisse le même calvaire que mon mari pendant *Le Salaire*, je n'en avais pas le temps. En décembre prochain, Montand et moi devions faire nos premiers pas sur une scène de théâtre, pour la création française des *Sorcières de Salem* d'Arthur Miller, une pièce très engagée, très militante… et très casse-gueule, car ni lui ni moi n'avions jamais fait de théâtre. Autant dire qu'on nous attendait au tournant et que ce n'était pas le moment de se disperser.

« Vous m'avez dit que vos répétitions commencent mi-octobre ? avait demandé Clouzot, en tirant sur sa pipe.

« Le 15, oui.

« C'est parfait ! Notre tournage ne dépassera pas huit semaines. Et nous nous débrouillerons pour filmer vos scènes en priorité. J'en fais mon point d'honneur : vous serez libérée le 1er octobre. »

Promesse de Gascon, mais Clouzot luisait d'intensité. À cet instant précis, lui-même était sans doute convaincu de parvenir à respecter ses engagements. Un homme dont le tournage précédent avait été interrompu pendant plusieurs mois !

Alors j'avais dit oui. Un oui de femme impressionnable, un oui de petite fille qui ne sait pas dire non à ses parents, un oui contrarié ; mais un oui.

Et Montand n'en revenait pas ! Il s'est relevé et a marché jusqu'à la fontaine où je m'étais rafraîchie, avant le dîner. Il a commencé à envoyer des pichenettes dans l'eau, avec un air d'enfant boudeur.

— Ce type te tenait dans sa main.

— Il t'a tenu dans la sienne pendant des mois, ai-je objecté, le trouvant bien injuste.

— C'est bien pour ça que je m'inquiète !
— Et il t'a offert ton meilleur rôle.
— Oui mais à quel prix ?

À ce mot, je n'ai pas relevé. Je savais que Montand restait frustré par le succès du *Salaire de la peur*, qui avait valu à Charles Vanel le prix d'interprétation à Cannes, alors que le chanteur n'avait récolté que les lauriers d'un jeune premier dont on salue les débuts prometteurs. Avec son obsession de l'excellence, il aurait voulu brûler les étapes.

Et puis je pense qu'il y avait autre chose, là, tout de suite, tandis qu'il ôtait chaussures et chaussettes pour retrousser ses pantalons et plonger ses pieds dans l'eau de la fontaine. Quelque chose de plus enfoui, de moins honorable.

— Hou là ! c'est glacé !
— Quelle idée, aussi ?
— Ça me permet de réfléchir.

Je me suis retenue de lui demander à quoi, car j'avais bien compris. Il y avait en lui un mélange de jalousie et de crainte. La jalousie de me voir marcher sur ses plates-bandes : Montand aurait voulu rester seul associé à un succès d'Henri-Georges Clouzot ; mon mari était conscient que je serais forcément meilleure que lui. Il ne pouvait l'admettre mais ça tordait sa fierté. De nous deux, je serais toujours celle qui crève l'écran. Ce qu'il pouvait dire tout haut, sans passer pour un mauvais joueur, c'était sa crainte que je ne sois pas en forme pour *Les Sorcières de Salem*. Lorsque Elvire Popesco, directrice du Théâtre Sarah-Bernhardt, nous avait proposé cette pièce, quelques mois plus tôt, elle avait été très franche : nous devions être prêts comme des sportifs de haut niveau.

— Ce serra un pas essentiel de votrre carrièrre à tous les deux, nous a-t-elle dit, avec son fort accent roumain.

Mais ce pas, nous devions le faire ensemble, main dans la main, sans que j'attaque les répétitions lessivée par deux mois de torture.

Et pourtant j'avais dit oui…

Faiblesse ? Lucidité ? Besoin de m'affranchir de Montand en me mettant sous la coupe d'un autre manipulateur ? Allez savoir.

— Je n'en ferai qu'une bouchée, de ton Clouzot.

— Bon courage, Simone…

15

Comme je le craignais, Clouzot s'est montré atroce. À croire qu'il incarnait le titre de son film : un être *diabolique*. Cet ogre avait le don de plonger son plateau dans une atmosphère morbide, délétère, malsaine, afin que la tension soit palpable. C'est bien simple : pour tirer le meilleur de moi, ce salaud m'a piétinée.

Avec le recul je pense même que ce film incarne ma bascule physique. Je parle ici en toute honnêteté, n'ayant jamais pris de gants à propos de mon apparence. La presse s'est souvent étonnée – parfois sans délicatesse – que je sois passée d'une beauté lumineuse à un vieillissement précoce. Ces rides, on les devine déjà dans *Les Diaboliques*. Je n'avais que trente-trois ans mais, en revoyant le film, l'autre soir, à la télévision, j'ai lu en moi une fêlure. Ma lumière avait pâli. *Casque d'Or* avait perdu son éclat, remplacé par des traits plus marqués, une rigueur plus creusée, et cette dureté dans le regard, même lorsque je souriais et m'abandonnais. Pour certaines actrices, il y a des tournages dont on ne se remet pas. Il y avait surtout la fatigue physique, presque inhumaine, de l'automne 1954.

Car cette ordure de Clouzot nous avait floués ! Dès notre dîner à *La Colombe d'Or*, dès leur petit numéro de charme, le couple savait que le film dépasserait les huit semaines de tournage.

Et j'avais beau m'insurger, j'étais aussi ligotée qu'il était inflexible.

— Relis ton contrat, Simone…, a maugréé Clouzot, presque impassible, lorsque j'ai compris que nous allions droit dans le mur.

— Mais tu m'as menti ?

— Tu as signé, point barre. Et maintenant au travail !

Nous tournions la fameuse scène de la salle de bains et Paul Meurisse était, depuis bientôt quatre heures, tout habillé dans une baignoire d'eau froide.

— Je crève de froid, gémissait-il.

— Raison de plus pour travailler ! a répondu le cinéaste en vérifiant le cadrage.

Mais je n'allais pas me laisser éconduire comme une collégienne.

— Et les répétitions des *Sorcières* ? ai-je dit en me plantant devant la caméra, pour lui boucher la vue.

Clouzot a levé les yeux au ciel puis rallumé sa pipe, avec le même mépris serein.

— Qu'est-ce que tu veux que ça me foute ?

C'était un dialogue de sourds et j'étais contractuellement coincée. Que pouvais-je faire, sinon prendre mon mal en patience ? Je n'allais pas abandonner le film en plein tournage : cela mettrait tous mes copains comédiens dans la merde et je serais traînée en justice par la production.

Vous imaginez donc l'atmosphère sur le plateau ! Car je n'étais pas la seule victime de Clouzot. Chacun avait droit à sa petite flèche, son humiliation quotidienne, sa remarque dédaigneuse. Quant à Véra, elle devait se mordre les doigts d'avoir tout fait pour ce film, car Clouzot la martyrisait, prenant un plaisir sadique à la rudoyer devant toute l'équipe...

— Heureusement que tu es là, Simone, sanglotait-elle en s'effondrant dans mes bras lorsque nous étions seules.

Était-ce la vraie raison de son insistance à m'avoir à ses côtés? Je n'étais pas sa partenaire, mais sa confidente, sa béquille...

Bref: ce tournage était une horreur à laquelle je me rendais, chaque matin, la boule au ventre. Montand lui-même se retenait de me dire qu'il m'avait prévenue, même si ça lui arrachait parfois la gueule. Je pense que sa part la moins charitable se réjouissait de me voir arroseuse arrosée. Mais il était désolé de me récupérer en miettes, le soir, alors que lui-même peinait à mémoriser son texte des *Sorcières de Salem.*

— Et toi, tu connais le tien, au moins? me demandait-il, paniqué.

— Laisse-moi souffler, je t'en supplie...

— Si on n'est pas au cordeau, on court à la catastrophe!

Je n'avais pas besoin d'une pression supplémentaire! Mais Montand se laissait souvent dominer par ses angoisses et son trac. Nous jouions gros, avec cette pièce. C'est peu dire que je ne dormais pas beaucoup...

Durant ce tournage infernal, les seuls instants de détente étaient ceux où je parvenais à m'échapper pour respirer dans le studio voisin, où Jean Renoir tournait *French Cancan.* Je me rappelle surtout une fois, au début octobre, où Clouzot m'avait poussée à bout.

J'avais déboulé sur le plateau de Renoir sans même frapper à la porte du studio.

— Apportez à boire à ma copine, a aussitôt dit Renoir en tirant une chaise pour me faire asseoir à côté de lui.

Je m'y suis effondré, avec un soupir de soulagement.

— Ah qu'on est mieux ici…

— Pas commode, Clouzot, il paraît ?

J'allais répondre avec aigreur à cet euphémisme, quand une vision m'a figée sur ma chaise.

— Tu as vu un fantôme ? a fini par s'étonner Renoir, qui ne comprenait pas pourquoi je dévisageais une figurante qui traversait le plateau dans une robe blanche à frous-frous.

J'ai botté en touche, disant que je trouvais la robe très jolie ; mais en quittant le plateau, une heure plus tard, je suis passée demander au costumier d'où elle venait.

— Oh bah ! le producteur est pingre, vous savez ? Et comme le film se passe en 1900 on a récupéré des reliques des autres films tournés ici. Cette robe vient de *Casque d'Or*…

Ce nom m'a piquée comme une aiguille. Le costumier m'avait-il reconnue ? Avait-il même vu *Casque d'Or*, qui avait été l'un des plus gros fours de ces dernières années ? Je m'en foutais. Ce qui se passait en moi était bien plus étrange : il me semblait que ce film, tourné trois ans plus tôt, appartenait à une autre vie. Vingt ans s'étaient écoulés. J'ai ressenti ce sentiment suffocant du temps passé qu'on ne remontera plus ; l'inexorable enchaînement des heures. Ce qui était derrière moi ne reviendrait jamais…

Malgré cette ambiance intolérable, avais-je d'autre choix que *tenir* ? Et cela passait par un épuisant manque de sommeil, car mes journées frôlaient parfois les vingt heures… Le tournage des *Diaboliques* mordant comme prévu sur les répétitions des *Sorcières*, j'avais convaincu Raymond Rouleau, notre metteur en scène, de commencer sans moi, puis de me ménager des séances le soir, parfois la nuit, sitôt que j'étais revenue des studios. Imaginez mon état de fatigue !

— Tu vas te tuer à la tâche, s'inquiétait Montand, qui me voyait arriver dans la salle du Théâtre Sarah-Bernhardt, encore maquillée pour *Les Diaboliques*.

— Si tu crois que j'ai le temps de mourir, répondais-je en grimpant sur scène avant de me tourner vers Rouleau et claquer dans mes mains. C'est bon, je suis prête !

Beaucoup plus patient que Clouzot, Raymond Rouleau n'en était pas moins un metteur en scène exigeant et s'avouait impressionné par notre engagement. Entre Montand et moi, il y avait sur scène une harmonie idéale.

— J'ai toujours su que vous devriez faire du théâtre, nous a-t-il confié, au bout de deux semaines, en posant une main affectueuse sur mon épaule. Mais je ne pensais pas que vous seriez…

—… si bons ? ai-je coupé, non sans aigreur.

— Si *impliqués*, a corrigé le metteur en scène, toujours aussi doucement.

Puis il m'a servi un verre de brouilly alors qu'une serveuse, gironde et dépoitraillée, nous apportait des andouillettes fumantes.

— Attention messieurs-dames !

Après une répétition qui avait fini encore plus tard que d'habitude, Montand, Raymond et moi étions allés dîner dans ce bistro des Halles voisines, à un jet de pierre du Théâtre Sarah-Bernhardt. C'était le cœur de la nuit et nous étions à touche-touche avec des colosses aux tabliers blancs maculés de sang. Ici, ça sentait la graille et la vinasse. Derrière le comptoir, le taulier essayait de gueuler plus fort que ses habitués en distribuant des coups de blanc sur son zinc. Un géant de deux mètres avait même posé un quart de carcasse de bœuf à l'entrée du bistro pour venir avaler trois rasades de cognac et continuer sa route jusqu'au pavillon de la viande. J'avais toujours aimé ces atmosphères viriles, braillardes, simples, à mille lieues de la perversité d'un Clouzot…

— On se sent vivre, ici, ai-je dit, la bouche pleine, en tendant mon verre à Rouleau.

Tandis que je le vidais d'une traite, faisant remonter mes forces et mon humeur, j'ai croisé l'œil réprobateur de Montand.

— Ben quoi ? j'ai soif !

— C'est le quatrième, Simone.

Il avait à peine touché à son assiette et juste trempé ses lèvres dans le beaujolais.

— Mais quel peine-à-jouir, parfois ! Il y en aura un cinquième. Et un sixième. Qu'est-ce que ça peut te foutre ?

— Tu dois être au studio demain matin à huit heures, a-t-il objecté en désignant la grosse horloge, au-dessus du comptoir, près des chartreuses et des vieilles prunes. C'est-à-dire dans moins de six heures…

— C'est justement ce qui me fait tenir, ai-je dit en sortant une cigarette, qu'un boucher a aussitôt allumée en grattant une allumette sur sa semelle.

— Marquise, permettez…

— Trop aimable.

Rouleau a éclaté de rire devant cette scène incongrue, mais Montand restait renfrogné. Cette vision lui déplaisait. Car c'est vrai : je buvais sec et fumais trop, mais rien ne me calmait aussi bien qu'une clope et un coup de rouge…

— À chacun ses exutoires, ai-je ajouté, acide, alors que Montand fusillait du regard le nouveau pot de brouilly que la serveuse venait de poser sur la nappe à carreaux.

Ça l'a aussitôt mouché. Mon mari a même plongé ses lèvres dans son propre verre, en rougissant, sans relever l'allusion. Rouleau lui-même a détourné les yeux, commandant une crème caramel d'une voix embarrassée.

Il faut dire que Montand était tout sauf discret et qu'une partie de l'équipe avait assisté à la scène.

Avant-hier, alors que j'arrivais plus tôt que prévu du tournage, j'ai surpris mon mari dans les décors des *Sorcières*, en train de parler de *très* près à Francette Vernillat, une des toutes jeunes comédiennes de la pièce.

— Du balai ! ai-je dit à la demoiselle de dix-sept ans, dont les nattes de fillette se sont raidies d'effroi.

Écarlate, Francette s'est éclipsée comme une gamine… ce qu'elle était. Puis je me suis plantée face à Montand, qui singeait – sans succès – la désinvolture.

— Qu'est-ce que tu vas croire, mon amour ?

Oh ! le mufle !

— Je crois ce que je vois. Et je vois que tu fais le joli cœur…

Montand a gloussé d'un rire embarrassé mais ses yeux rieurs sont devenus inquiets.

Je me suis approchée de lui, menaçante, pointant un index de procureur. Par réflexe, il s'est reculé d'un pas, se cognant à une fausse porte qui a manqué valser au sol.

— Je te connais comme si je t'avais fait, Montand. Tu es un homme, tu es beau, tu plais et tu aimes plaire. Jamais je ne te le reprocherai…

— Justement je…

J'ai écrasé mon index contre ses lèvres, provoquant une grimace clownesque.

— Laisse-moi finir !

Montand a tressailli, faisant de nouveau vibrer le décor.

— Jamais je ne te tiendrai en laisse, tu m'entends ? Jamais ! On n'est pas des ronds-de-cuir, nous sommes des saltimbanques, souvent partis, souvent séparés…

Il a fini par opiner, les yeux perdus, sachant qu'il avait intérêt à dire oui le temps que l'orage passe.

— Mais *ça*…, ai-je dit en désignant un objet sur le sol.

Montand a baissé les yeux et blêmi, car il a vu la culotte, chiffonnée et pleine de poussière.

Ses lèvres se sont ouvertes sur du vide mais je l'ai pris au vol.

— *Ça :* je ne veux pas. Pas ici. Pas alors qu'on se retrouve tous les soirs, tu comprends ?

Rassemblant ce qu'il me restait de force d'âme, de douceur enfouie, je suis parvenue à retrouver un sourire pour lui montrer l'alliance que je portais au doigt.

— On a signé pour le meilleur et pour le pire, Montand. Et j'exige que le pire reste *toujours* dans les coulisses…

À ce mot, il a regardé autour de lui, un peu incrédule.

— Sauf quand on joue dans le *même* théâtre !

De nouveau Montand a hoché du chef, tel un moutard qui comprend que le sermon touche à sa fin.

Du bout du pied, j'ai tassé la culotte sous un élément de décor.

— Je ne te parle pas d'amour, d'ailleurs. Juste de respect…

Retrouvant ma sévérité, j'ai pointé Montand une dernière fois.

— Amuse-toi à me briser le cœur, il est solide. Mais ne touche *jamais* à mon orgueil !

Puis j'ai tourné les talons et suis sortie fumer une cigarette.

Je sais que je brassais du vent. Il est des forces contre lesquelles on ne peut rien. J'aurais beau faire toutes les scènes du monde, m'époumoner, m'indigner, m'offusquer, Montand serait toujours un coureur. Sans doute est-ce même ce qui m'avait plu chez lui, dès notre rencontre ; j'en avais d'ailleurs bénéficié ! Montand était de ces hommes mus par un désir brut : lorsqu'une femme lui plaisait, il *devait* la posséder. Ça n'était pas de l'amour, à peine du désir, juste de la convoitise.

Et aussi une revanche sur une enfance faite d'humiliations. Je l'ai dit, Montand était une vedette du music-hall qui ne vivait que par l'amour de son public. Et cet amour passait par ces aventures, ces flirts, qui ne cesseraient de ponctuer sa vie. Je pouvais me voiler la face, j'en avais toujours été consciente : un tel étalon ne campe pas à l'écurie. Ou alors il s'empâte et perd le goût de vivre.

Reste à savoir quand cela avait commencé… Montand m'avait-il été fidèle ? Je ne le saurais jamais et j'avais trop de fierté pour gratter des plaies qui rendent folle. Et puis cela importait peu. J'ai toujours considéré que nous étions au-dessus de ça ; au-dessus de ces passades, ces coups de sang, car toujours mon mâle rentrait au bercail, repentant, la queue entre les jambes. En revanche, cela ne devait *jamais* gagner le devant de la scène. Là était la vraie frontière. Dans nos vies de baladins, tout était question d'image. Nous avions des rôles à tenir devant un public qui ne voulait pas qu'on abîme son conte de fées. Du théâtre, encore et toujours…

16

Les Sorcières de Salem ont été l'événement théâtral de la fin 1954. La dimension politique de la pièce d'Arthur Miller, qui disait ses quatre vérités à l'Amérique maccarthyste, n'était cependant pas la véritable raison de ce succès. Le public s'est précipité au Théâtre Sarah-Bernhardt pour voir en vrai le couple le plus *glamour* du cinéma français. Je n'ai jamais aimé ce mot mais il s'impose ici. Montand et moi ne jouions pas une pièce, nous incarnions un symbole : celui d'un couple beau, célèbre et uni à la ville comme à la scène. Enfin il y avait pour nous une vraie revanche. Depuis des années on nous traînait dans la boue pour nos opinions politiques et voilà que nous étions salués dans une pièce sincèrement engagée. La presse de droite elle-même devait s'incliner devant le texte de Miller, la traduction de Marcel Aymé, la mise en scène de Rouleau, les décors, les costumes, la distribution… Un succès qui était aussi une vengeance contre les médiocres.

— Les réservations s'étirent jusqu'au mois de juin ! s'est enthousiasmée Elvire Popesco, la directrice du théâtre, au bout d'une semaine, en déboulant dans notre loge.

Elle brandissait une bouteille de champagne dont le bouchon a manqué éborgner mon habilleuse.

Lui prenant le flacon des mains, Montand a ajouté d'un ton rigolard :

— C'est vrai qu'on n'est pas mal, pour des débutants.

— Des débutants célèbres, ai-je corrigé.

Et nous avons trinqué.

Quelle joie ! Quel apaisement ! Après le pensum des *Diaboliques* et l'angoisse des répétitions, qu'il était doux de dormir jusqu'à midi à la Roulotte, de marcher un quart d'heure pour rallier le théâtre, et de jouer chaque soir devant un public qui nous aimait. Ce bonheur, je l'avais mérité. Et j'étais si fière, si pleine de nous deux, au moment des saluts. Serrer la main de mon homme en m'inclinant devant des centaines de spectateurs conquis par notre talent et notre complicité : voilà des années que je n'avais pas été aussi heureuse.

Las, Montand avait le chic pour tout gâcher…

Ces six mois auraient été une nouvelle lune de miel s'il avait su calmer ses ardeurs. Et j'aurais préféré l'apprendre de sa bouche, plutôt que d'une indiscrétion de deux techniciens.

Nous étions à la mi-avril et le succès ne débandait pas. Je vivais sur un nuage qui faisait un bien fou à notre couple. Montand et moi avions même retrouvé l'ardeur de nos premiers mois : la tension en scène trouvait un tendre écho sur l'oreiller, lorsque nous rentrions du théâtre.

— Je me sens tellement mieux, depuis quelque temps, lui disais-je en m'endormant sur son épaule.

— C'est parce qu'on est les meilleurs, répondait-il en jouant avec les mèches, sur mon front. Quand on est ensemble, rien ne peut nous arriver…

Et je pense qu'il était sincère.

— Tu es la femme de ma vie, tu sais? disait-il alors, ayant sans doute besoin que je valide l'assertion.

Je me contentais de répondre « Je sais », toute baignée du bonheur de la soirée, car plus rien de grave ne pouvait nous arriver.

Mais voilà ce fameux après-midi du 16 avril 1955…

J'étais venue plus tôt au théâtre afin de régler un détail de mon costume. J'avais traversé seule le Pont-Neuf, sous le joli ciel du printemps, souriant à tous ces badauds qui me reconnaissaient et me saluaient en amis.

— Bonjour madame Signoret!

— Bonjour…

— Salut Simone!

— Salut…

Longtemps cette familiarité m'avait agacée, mais depuis que je jouais au théâtre j'y voyais un prolongement du lien direct, charnel, qui me liait au public. Et je crois que je comprenais encore mieux l'addiction de Montand envers son premier métier: la fusion avec la salle.

Une fois le souci de costume réglé, j'avais encore le temps et profitais du calme des coulisses pour me promener dans le théâtre vide. Étrange sensation de ne plus être au monde, comme ces enfants qui s'inventent des rêves en pénétrant dans des greniers de famille.

Après un long moment à flâner dans ces couloirs vides, j'avais trouvé une alcôve entre deux éléments de décor, et je m'étais allumé une cigarette…

Dieu que j'étais bien! Un verre de brouilly aurait couronné ma félicité, mais il ne fallait pas trop exiger de ces petits miracles du quotidien. Je me suis juste contentée de regarder la fumée monter en volutes dans les cintres du théâtre. C'est alors que je les ai entendus.

De l'autre côté de la scène, deux accessoiristes rangeaient des objets dans des caisses de bois et papotaient en concierges.

Je ne prêtais pas grande attention à leur bavardage (ils évoquaient leur retraite à venir, leurs vacances en Auvergne et dans le Berry, les rougeurs de René Coty, les seins de Martine Carol…) quand une phrase m'a fait sursauter.

— T'as vu que Montand a encore laissé traîner sa bite ?

J'ai cru m'étouffer avec ma cigarette et j'ai dû faire un effort de Romain pour ne pas tousser.

— Non ? Qu'est-ce qu'il a fricoté ?

Les voix des accessoiristes se sont faites grasseyantes et comploteuses.

— Tu sais la petite Vernillat…

— Francette ? La gamine avec des nattes ?

— Ouais…

— Eh ben Montand l'a un peu « fréquentée », pendant les répétitions…

Rire épais de l'interlocuteur, tandis que je sentais mon poil se hérisser.

— J'ai entendu dire ça.

— Bon, il s'est fait pincer par bobonne qui a remis les pendules à l'heure, mais il a rempilé après le début des représentations…

Je bouillais ! Montand n'avait donc jamais cessé de sauter cette gamine ? Et on m'appelait « bobonne » ?!

— Le truc c'est qu'il y a mis un peu trop d'ardeur, a repris le premier, d'un ton de plus en plus gourmand.

— Ça veut dire quoi… ?

— Bah, disons que dans le feu de l'action, il n'a pas pris de précautions…

Silence subit. Un filet de glace m'est passé dans la moelle épinière. Faites que la conversation s'arrête ici !... Mais le type a achevé :

— C'est Lucette, la maquilleuse de bobonne, qui me l'a dit. La petite Vernillat est grosse comme un œuf. Et je doute que le bébé ressemble à Casque d'Or...

J'ai cru que j'allais les tuer ! Mais j'étais si effarée, si abasourdie, que je n'ai rien pu faire d'autre qu'allumer une cigarette et la laisser se consumer entres mes doigts, les yeux perdus.

La suite de cette journée s'est déroulée dans une sorte de pénombre enveloppée de coton.

Une apathie qui s'est prolongée jusqu'à l'arrivée de Montand, deux heures plus tard, étonné de me trouver dans la loge.

— Ah ! tu étais ici ?

Imaginez l'effondrement de son visage, comme une coulée de boue, quand je lui ai dit que je savais tout.

Il n'a même pas cherché à nier, même pas tenté de comprendre comment je l'avais appris. Avec une lâcheté d'adolescent, il s'est recroquevillé sur lui-même.

— Je suis désolé, Simone. Tellement désolé.

— Les excuses, c'est pour plus tard, ai-je évacué d'un geste. Pour l'instant, il y a plus urgent.

Montand m'a fixée avec une crainte subite.

— Tu parles de quoi ?

Au même instant, quelqu'un a frappé à la porte de la loge. J'ai laissé passer un moment, pour que ça cogne de nouveau, puis j'ai lancé un « Entrez ! » jovial.

Lorsque la porte s'est ouverte, Montand est devenu blafard.

Il était toutefois moins pâle que Francette, qui n'osait pas entrer.

— Ben reste pas là, ai-je dit, sans agressivité.

Je pouvais être contente d'une chose : on avait suivi mes instructions. Sitôt arrivée au théâtre, la garce s'était vue signifier qu'elle était convoquée dans ma loge. Et cette seule idée enchantait ma cruauté vengeresse. J'imaginais le sol se dérobant sous ses pieds. Cette nausée qui la tourmentait depuis plusieurs semaines tournant à l'acide. D'autant qu'elle ne devait pas en mener bien large, la pauvre petite. En écoutant la fin du dialogue des deux accessoiristes, j'ai su que mon mari avait fait preuve d'élégance et de tact : dès qu'elle lui avait avoué être enceinte, Montand ne lui avait plus adressé la parole, sinon sur scène. Lâcheté masculine…

Et maintenant les voilà face à face, terrorisés, incapables de parler, aucun des deux ne sachant qui était le chasseur ou la proie.

Je dois dire que je buvais du petit-lait. Un lait bien amer, bien douloureux, mais je méritais ce triomphe saumâtre.

Pendant un long moment, je l'ai dévisagée. Elle était si jeune, si enfantine. Est-ce donc cela qui excitait Montand ? Et ensuite il lui faudrait quoi, des enfants ? Parce que avec ses nattes et son air de pucelle, on lui donnait treize ans. Elle venait d'en fêter dix-huit, mais la majorité était alors à vingt et un. Encore une épine dans le pied de Montand !

Par à-coups je me tournais vers lui, toujours aussi silencieuse. Mon mari était pâle comme un mort, le visage creusé de malaise, la sueur inondant son costume de scène. Ah ! elle serait jolie, la représentation ! Ce n'est pourtant pas sur scène que se déroulait le drame, ce soir. Mais dans notre loge. Sans autre public que nous trois, acteurs et victimes de ce vaudeville navrant.

Francette avait plus de tenue. Malgré son corps tremblant, elle soutenait mon regard. J'avoue que cette attitude m'a plu. Cette petite avait de la moelle. J'en aurais voulu à Montand de s'amouracher d'une limande.

— Bon, on est bien d'accord ?

Ma voix a fait sursauter les amants, comme un coup de fusil.

— Pardon ? a répliqué Francette, qui ne comprenait pas.

Elle tournait un visage implorant vers Montand, qui gardait les yeux fixés sur le sol.

J'ai donné un léger coup de pied à mon mari en reprenant :

— On est bien d'accord ?

Montand m'a regardée avec embarras avant de hocher du chef, sans oser parler.

— Tant mieux. On est donc bien d'accord qu'il ne s'est rien passé…

Francette a balbutié :

— Rien… passé ?

— Que tu te fasses sauter, c'est ton problème, ai-je rétorqué avec désinvolture. Et que tu sois fille mère à dix-huit ans, c'est ton aventure… pas la nôtre.

J'ai vu Francette se décomposer. Elle a plaqué ses paumes sur ses oreilles bourdonnantes. Un instant j'ai éprouvé une vraie pitié pour cette fille si seule, si démunie, mais j'ai vite repoussé toute clémence. On ne joue pas impunément avec le feu.

À quoi s'attendait-elle ? À ce que je lui dise bienvenue dans la famille ? Viens déjeuner à la Roulotte ? Fais tes valises, on t'emmène à Autheuil ?

Au contraire, sans que Montand prononce le moindre son, j'ai dit à la greluche de se démerder comme elle voulait, de garder l'enfant ou de le faire passer, mais que je ne voulais plus en entendre parler.

Je me suis raidie pour corriger :

— *Nous* ne voulons plus en entendre parler…

Montand est devenu écarlate mais n'a même pas eu le courage d'un dernier regard pour sa victime. Joli Don Juan !

17

Pour Montand et moi, les années suivantes sont devenues redoutablement politiques. Une période de grand succès où nous ne cessions d'être confrontés à nos convictions, nos paradoxes et ce besoin constant – et parfois absurde – d'être du bon côté de la vie. Avec le recul, je vois combien nous étions aveuglés par des mirages, mais il était trop important de se trouver au cœur de l'engagement, de la passion des idées.

Avant même les représentations des *Sorcières*, Montand avait donné son accord pour faire une grande tournée de quatre mois en Union soviétique.

— En URSS ? Mais vous êtes fous ! s'étaient étranglés certains de nos proches. Vos ennemis ne vous le pardonneront jamais…

Nous avions beau rétorquer que c'était une occasion fascinante, que presque aucun artiste n'était invité de l'autre côté du rideau de fer, que nous serions reçus comme des princes, nos amis les plus sceptiques restaient inquiets.

— Ça peut briser vos carrières…

Devant ces Cassandre nous haussions les épaules, arguant d'ailleurs que la tournée n'était pas prévue pour tout de suite.

— Et puis on a le cuir solide…

Mais que peut le cuir de deux saltimbanques, devant le feu de l'Histoire ?

Une grosse année s'était passée depuis le triomphe des *Sorcières* et la fameuse tournée soviétique approchait. Las, l'enthousiasme n'était plus le même. Au printemps 1956 la presse dévoilait l'existence d'un rapport secret au sujet de Staline. Il aurait été commandité par son héritier lui-même ! Nikita Khrouchtchev voulait ainsi faire le *mea culpa* de l'URSS en assumant les dérives de son prédécesseur : tempérament dictatorial, culte de la personnalité, déportations massives, seize millions de victimes…

Découvrant cela dans *Le Monde*, j'en ai eu un haut-le-cœur !

Je me revois, allongée dans l'herbe, à Autheuil, sous un joli soleil, dévorant l'article d'un œil incrédule.

— Montand ! Viens voir !

Il était en train de jouer au poker dans le salon et m'a rejointe dehors.

— Ça ne va pas ?

Lorsque je l'ai vu apparaître sur le perron de la maison, avec sa cigarette au bec et ses cartes encore en main, je me suis rappelé combien il était beau.

Après des mois à se voir tous les soirs, sur scène, nous venions d'aller tourner chacun de notre côté, ce qui avait fait grand bien à notre couple. J'avais fait la paix avec moi-même pour trouver l'énergie de lui pardonner l'« incident Vernillat ». Et alors que je passais ces trois mois au Mexique, pour *La Mort en ce jardin* de Buñuel, Montand avait recommencé à me manquer. Ce qu'il avait fricoté, lui, sur le tournage des *Héros sont fatigués* ? Ça ne me regardait ni ne m'intéressait. Je ne répéterai jamais assez que j'attendais de Montand un amour sincère mais une fidélité de façade. Au moment de notre mariage, on m'avait prévenu qu'on ne passait pas un collier à un lion. Je voulais juste que le félin joue son rôle et que ses passades restent dans l'ombre.

— Regarde, lui ai-je dit en tendant le journal.

Montand s'est accroupi dans l'herbe et, tout en s'allumant une nouvelle cigarette, a lu l'article, de plus en plus blême.

— Des camps…, a-t-il fini par murmurer en froissant le journal pour en jeter la boule, qui a roulé jusqu'au tronc du grand hêtre.

J'ai répété « ouais, des camps… », ne trouvant rien d'autre à dire.

Combien de dîners Montand et moi avions-nous quittés de façon théâtrale, quand on osait mettre en doute la probité du système soviétique ? Et voilà que Staline était renvoyé dos à dos avec Hitler…

— Khrouchtchev sait sûrement ce qu'il fait, ai-je fini par suggérer, car le KGB n'aurait pas laissé filtrer un tel dossier au hasard.

Montand s'est montré plus terre à terre.

Se relevant, il a marché jusqu'au journal froissé.

— Ce que je vois, a-t-il dit en dépliant *Le Monde*, c'est que ça va donner du grain à moudre à nos ennemis.

— Qu'est-ce que tu veux dire ?

— Dans trois mois on est reçus en URSS. La presse de droite va se déchaîner.

Je n'ai pu étouffer un rire méprisant.

— Vu l'ampleur du séisme, je doute qu'un tour de chant d'Yves Montand passionne les gazettes.

Montand a pris la balle sans broncher mais, dans son regard, j'ai lu une vraie détresse.

« Bon, tu reviens jouer ? » a fait une voix, depuis le salon.

Désarroi du chanteur, qui tenait le journal dans une main, les cartes dans l'autre : choix cornélien !

— Oh ! et puis merde, a-t-il maugréé en regagnant son poker.

En un sens j'ai dit vrai : la presse ne s'est guère émue de notre tournée. Ce voyage a d'ailleurs été décalé non pour des raisons politiques, mais parce que l'adaptation cinématographique des *Sorcières de Salem* traînait en longueur. Et c'est ce maudit report qui a failli tous nous rendre fous !

Nous étions attendus à Moscou le 16 novembre 1956 pour une tournée s'étirant jusqu'à la fin février. Mais voilà qu'à la fin octobre les choses se sont mises à gronder en Hongrie. Occupé par les Russes depuis la fin de la guerre, ce pays a commencé de regimber contre l'ingérence permanente de l'Union soviétique.

Depuis la France, on ne s'en inquiétait pas trop.

— Ça va se calmer, nous rassurait Julien Livi, qui avait toujours des nouvelles fraîches.

Puis est venue la boucherie du 4 novembre à Budapest...

Un jour à marquer d'une pierre noire. Une date qui allait avoir de vraies conséquences sur nos convictions et la confiance en nos idéaux.

Il n'a fallu que quelques heures aux mille cinq cents chars russes pour mater la rébellion : deux mille Hongrois ont péri alors que les autorités soviétiques reprenaient les rênes du pays.

Indignation générale ! Les anticommunistes exultaient de voir la Russie sous son vrai visage. Le PCF mangeait son chapeau, ne sachant comment réagir.

On s'en doute : chez nous, c'était la soupe à la grimace...

Imaginez l'ambiance mortifère dans l'escalier du 15, place Dauphine. La tribu Montand-Signoret-Livi était au pied du mur, le nez dans ses contradictions. La fable de l'égalité universelle se noyait dans le sang de deux mille Hongrois...

Je nous revois, assis autour de la table, comme pour un conseil de famille. « Les Julien » étaient descendus dîner chez nous mais personne n'avait faim. Seuls Catherine et Jean-Louis, le fils Livi, dévoraient leurs pâtes avec un appétit d'enfant. Moi, j'avais presque la nausée. Je buvais verre sur verre tandis que Montand fumait tellement de cigarettes qu'il fallait vider le cendrier tous les quarts d'heure.

À vrai dire, Julien était le plus calme, presque le plus serein.

— Ne nous emballons pas. Ce sont des informations de la presse réactionnaire. J'attends des *vraies* nouvelles de Moscou…

— On aimerait te croire… ai-je dit à Julien, d'un ton que l'alcool rendait plaintif.

Lui n'avait pas touché à son assiette et se contentait de siroter un verre d'eau du robinet, le visage atrocement concentré. Il me rappelait ce personnage de Montherlant à qui l'on propose une cigarette et qui répond « mes convictions me suffisent ».

— Il faut me croire, a-t-il sifflé entre ses dents en nous scrutant tour à tour, comme un busard.

Étrange impression de passer un conseil de discipline, ou bien un test pour éprouver notre dévouement à la cause. Certes, mais quelle cause ?

Après s'être gratté la gorge avec embarras, Montand a rappelé que dans douze jours il partait pour l'Union soviétique.

— Est-ce que l'on ne devrait pas annuler ?

Julien s'est dressé et a empoigné les bords de la table. Ce geste a fait pouffer Catherine qui a aussitôt retrouvé son sérieux, car personne ne souriait.

— Tu n'annules rien du tout.

Je voyais Montand perdre ses couleurs.

— Je pars là-bas, comme s'il ne s'était rien passé… ?

Les doigts de Julien se sont crispés. Nous avons tous entendu des ongles se planter dans le bois. J'ai vu sa bouche s'entrouvrir pour répondre qu'il ne s'était rien passé, mais il n'est pas allé jusque-là. Le grand frère de Montand a inspiré puis a soutenu le regard de son cadet. Moi-même je n'osais plus parler, gagnée par la solennité du moment.

— Tu ne fais pas de politique, Yves. Tu es chanteur. Un chanteur que des centaines de milliers de spectateurs attendent avec espoir.

Sans doute était-ce le mot de trop.

Comme on se réveille au milieu d'une hypnose, Montand a cligné des yeux et secoué sa tête, puis happé un journal qui traînait sur une console, derrière nous.

— C'est ça *l'espoir*? a-t-il dit en brandissant la une. Deux mille cadavres ?

Julien a toisé le journal. Sa voix n'en a semblé que plus inflexible.

— Cela n'a rien à voir.

Montand s'est laissé retomber sur sa chaise, désemparé.

— Je pensais que tu me proposerais des vrais arguments, Julien. Pas de la propagande…

J'ai frémi. Je savais combien Montand prenait sur lui pour engager un tel débat. Mais Julien est resté d'un calme parfait et un sourire glacial a tranché son visage, comme une blessure.

— Tu sais bien que *tout* est propagande.

Puis il a enfin attaqué son assiette, signifiant que le sujet était clos.

Il avait toujours eu le chic pour avoir le dernier mot.

Julien ou pas Julien, le problème restait entier : dans un tel contexte, pouvions-nous partir pour l'Union soviétique ? La tournée avait été annoncée des mois plus tôt et la presse ennemie s'en souvenait avec une ironie redoutable. C'est bien simple : le téléphone ne cessait plus de sonner.

— Mais ils vont nous foutre la paix ?! pestais-je en raccrochant pour la huitième fois en une heure.

Après trois jours de harcèlement, j'ai décidé de demander l'avis d'une des plus grandes autorités morales de l'époque : Louis Aragon. Nous connaissions le poète communiste et sa femme Elsa Triolet depuis des années et nous étions souvent photographiés ensemble, lors de manifestations politiques. Nous incarnions deux générations de couples engagés.

Je savais qu'Aragon était un personnage complexe, retors, qui aimait les paradoxes presque autant que les vérités monolithiques.

Lorsque je l'ai appelé, depuis mon salon de la Roulotte, il a eu l'air surpris et un peu embarrassé de devoir jouer les conseillers.

— Vous savez, Simone, je ne suis qu'un homme de lettres…

J'étais étonnée par tant de tiédeur.

— Ce n'est pas de vous qu'il s'agit, Louis, mais de nous : Montand et moi.

— Je sais bien, je sais bien…

Comme un galop d'essai rhétorique, il a commencé à louvoyer, à peser le pour et le contre, à rappeler que Montand et moi incarnions un vrai visage de la pensée progressiste.

Je comprenais surtout qu'il gagnait du temps pour trouver une réponse valable. Puis sa voix a retrouvé sa fermeté et il m'a demandé si Montand et moi étions des résistants.

— Que voulez-vous dire ?

— Des résistants dans l'âme, a-t-il répliqué, comme une évidence. Résistants au conformisme, aux idées reçues. Lorsqu'on bafoue la liberté, vous vous insurgez…

Je dois dire qu'Aragon était très fort. À mon corps défendant, le mot « résistant » plantait toujours une banderille dans ma conscience. Sans me l'avouer à l'époque, je gardais un embarras larvé, informulable, au sujet de ma jeunesse dans le Paris occupé. Comme tout le monde, j'avais eu à subir la présence des Allemands et à cacher un nom d'origine juive, mais ma résistance s'était bornée à tirer la langue aux colonnes grises, lorsqu'elles nous avaient dépassés. Tant de mes amis avaient pris les armes, gagnant le maquis dès 1942, quand je ne pensais qu'à une chose : trouver des petits rôles sur des tournages de cinéma. Et Montand était comme moi, qui avait vécu les années de guerre comme un tremplin à sa carrière. Bref : ni lui ni moi n'avions résisté. Aussi la question d'Aragon arrivait-elle à point nommé. Et si c'était le moment de montrer que, nous aussi, nous savions faire front ?

— Certes, mais contre qui ? ai-je demandé au poète.

— Contre tous ceux qui vous conseillent de ne pas partir. Ce sont des frileux, des pisse-froid. Vous avez une mission d'ambassadeurs.

— Oui, mais, Budapest…

— Justement, a rétorqué Aragon, vous serez aux premières loges pour voir ce qui s'est *vraiment* passé.

— Parce que vous pensez que… ?

Le poète avait retrouvé toute sa flamme, toute sa conviction si *littéraire*.

— Il ne s'agit pas de penser, Simone. Il s'agit de *voir*, de ressentir. Il s'agit d'aller respirer l'air de ces centaines de milliers d'admirateurs qui vous espèrent. Le reste n'est que de la politique, et votre présence là-bas est bien plus importante : elle est un symbole.

Lorsque Montand a annoncé qu'il maintenait son voyage, le soulagement a été immense. La date était irrévocable : nous partirions le 16 décembre.

— Nous allons vous recevoir comme des rois ! a exulté Obraztsov, l'imprésario russe qui organisait la tournée (et qui n'en pouvait plus de décaler cette série de concerts dans près de dix pays !).

Quant à Julien Livi, il est tombé dans les bras de son frère.

— Je suis tellement heureux, tellement heureux…

C'est pourtant maintenant qu'il fallait avoir le cuir solide, car la presse s'est déchaînée ! Il faut dire que notre esprit de résistance s'en donnait à cœur joie : alors que Montand expliquait dans *L'Humanité* que sa présence en URSS était une contribution à la consolidation de la paix, je déclarais avec enthousiasme avoir une grande soif de l'Union soviétique. Vous imaginez la colère de nos ennemis !

Pendant un mois, ça n'a été que caricatures, descentes en flammes, éditos haineux, remarques fielleuses, que nous collections comme autant de Légions d'honneur.

— Tiens, il y a ce truc-là, ce matin ! disais-je à Montand en découpant un nouvel article rageur, pour l'ajouter à un dossier dont l'épaisseur nous enchantait.

Car nous avions enfin le cœur léger. C'était le doute qui nous minait. Les hésitations. Rien n'est beau comme la pensée claire, et nous étions certains d'être du côté du bien et du vrai. On nous prenait pour des suppôts du communisme ? des agents de Moscou ? Tous ces ennemis, ces détracteurs, ces collabos à la petite semaine n'avaient de l'Union soviétique que l'image que leur renvoyaient les actualités. Presque personne ne pouvait y aller à l'époque. Nous, on allait le faire. Nous allions nous rendre sur place, dans ce pays qui provoquait autant de fantasme que de terreur. Alors on pourrait juger. En un sens, nous n'étions ni des résistants, ni des collabos, mais nous avions cette fraîcheur du regard des vrais artistes. Et c'est bien pour ça que nous préparions notre voyage avec tant de passion.

Un seul accroc est venu ternir notre bel enthousiasme. Un accroc d'autant plus blessant qu'il venait de notre propre camp, de la part d'un homme que je tenais en haute estime.

La veille même du départ, j'ai reçu à la Roulotte la visite de mon cher ami Claude Roy, l'un de nos grands écrivains communistes.

Il faisait un froid de gueux et il s'est pelotonné devant ma cheminée en se frottant les mains devant les flammes.

— Ça n'est rien à côté de ce qui nous attend là-bas, ai-je dit en posant un plateau avec du thé bouillant.

Laissant le liquide couler dans son gosier, comme on boit un élixir de longue vie, Roy a dit « Moscou… » d'un ton rêveur.

Ils étaient si nombreux, en France, à défendre ce pays où ils n'avaient jamais mis les pieds. Puis il m'a bombardée de questions auxquelles je ne pouvais pas vraiment répondre, car les détails de notre périple nous seraient signifiés une fois sur place.

— Je dois avouer que, sans Aragon, je ne me serais pas décidée, ai-je dit en ajoutant une bûche qui a relancé la flamme.

Se reculant pour échapper à une brasille, Claude Roy a semblé surpris.

— Aragon ? Tu es sûre ?

Toujours prompte à prendre la mouche, j'ai rétorqué :

— Comment ça, je suis sûre ?!

Avec un air gêné il m'a dit avoir croisé le poète, deux jours auparavant, qui lui avait fait toute une tirade sur notre départ.

— Une tirade ?

— Tu connais Louis : dès qu'il a un public il se prend pour Mounet-Sully.

— Mais il a dit quoi ?

Devinant qu'il en disait trop, Roy m'a expliqué – en termes onctueux, car il avançait en terrain miné – que le poète avait condamné notre départ.

Je ne pouvais pas y croire !

— Mais si… Il a même dit qu'il trouvait votre voyage « inopportun »…

— Inopportun ?! ai-je explosé en m'allumant compulsivement une cigarette.

— Ce sont ses mots.

— Ah ! le chameau ! Le chameau, le chameau !

Il avait bon dos, l'esprit de Résistance…

18

Ce voyage à l'Est restera une des grandes aventures de notre vie. Une des dernières que Montand et moi ayons vécues ensemble, main dans la main, sans perfidie. Il y en aurait d'autres, des voyages, des tournées ; mais ces quatre mois en URSS sont une étrange lune de miel où nous avons été traités comme de vrais envoyés de la France. Le gamin des taudis de Marseille et la petite bourgeoise de Neuilly étaient plus que des artistes : des ambassadeurs. Et rarement je me sentirais à ce point investie d'une mission… dût-elle m'échapper.

En Union soviétique, où le français restait une langue familière, Montand était une vraie vedette. Témoin les trois cents journalistes qui nous attendaient sur le tarmac de l'aéroport de Moscou.

Voyant la foule depuis les hublots, Montand a perdu de sa contenance.

— Je croyais qu'ils allaient nous laisser le temps de nous installer…

Nous sortions d'un épuisant périple de quarante-huit heures, avec escales à Prague et Vilnius.

— Bienvenue à Moscou, ai-je ironisé en le poussant devant moi. Allez l'artiste, fais ton petit métier.

Il n'a pas souri.

En sortant sur la passerelle, nous avons tous deux été saisis par le froid. Le ciel était blanc et de rares flocons flottaient çà et là, sans conviction, comme des moucherons.

J'ai senti que Montand était pris de vertige par la vision des trois cents silhouettes emmitouflées, au bas de l'escalier métallique.

— Je crois qu'il faut que je dise un mot, non ? a-t-il murmuré à mon oreille en évitant de glisser sur les marches que le froid muait en patinoire.

Dire qu'il avait laissé son gros manteau dans la valise !

Moi j'étais caparaçonnée dans une fourrure, mais la fatigue accentuait l'air russe qui pénétrait mes os.

— Je t'en supplie, sois bref, ai-je répondu en mimant un baiser pour l'assistance.

Alors que nous touchions le sol, une jeune et *très* jolie Russe s'est approchée.

— Je suis Nadia, a-t-elle dit dans un français parfait. Je serai votre interprète pendant votre séjour.

Aussitôt Montand a affecté son air charmeur. Il allait répondre mais je l'ai devancé, resserrant mon bras autour du sien :

— Nous avons toujours besoin d'un ange gardien.

Ne sachant si la phrase était ironique, Nadia s'est raidie, perplexe. Elle m'a surtout vue chuchoter à l'oreille de Montand :

— Je t'ai à l'œil, toi...

Mais elle avait l'ouïe fine.

— À l'œil ? a-t-elle répété, faisant mine de ne pas comprendre.

Montand est aussitôt parti dans ses gesticulations d'illusionniste, réaction classique lorsqu'il était embarrassé. Il s'est même fendu d'un regard assassin de mon côté, comme on dit « tu crois que c'est le moment ?! », avant de s'avancer vers les journalistes.

Le bain de foule lui a rendu son sourire ; le spectacle pouvait commencer.

Nous étions logés au *Sovietsky*, le plus beau palace de Moscou. C'était d'ailleurs moins un hôtel qu'une sorte de palais officiel, avec des airs de forteresse. Tout y était immense, intimidant, à la fois surchargé et dépouillé. Les plafonds regorgeaient de lustres, les couloirs de tapis, les fenêtres de rideaux, mais l'ensemble rappelait le décor froid d'un hôpital de luxe qui attendrait ses premiers patients. Impression accentuée par ces éclairages crus, jamais tamisés, qui faisaient cligner des yeux dès qu'on allumait une lampe.

— Enfin…, ai-je fait en me laissant tomber sur l'immense lit de notre suite.

Au moins le matelas semblait-il neuf, et je me suis enroulée dans le couvre-lit, qui sentait un mélange de lessive et de renfermé.

La pièce était à l'image de l'hôtel : vaste, vide et plutôt triste. Mais il ne fallait pas me laisser avoir par une première impression : nous arrivions de France, avec nos *a priori*, nos idées préconçues, même si nous étions prêts à comprendre et accepter les différences avec le monde russe.

Montand s'est approché de la très haute fenêtre et a dégagé les voilages. Sous ses yeux s'étalait une grande avenue vide, que la lumière d'hiver rendait encore plus lugubre.

— Quatre mois, a-t-il dit pour lui-même.

Moi j'ai pensé à Catherine, que nous avions laissée entre les bras des Livi, trois jours plus tôt.

« Vous prendrez bien soin d'elle, n'est-ce pas ? »

« On a l'habitude », a répondu la femme de Julien, sans véritable ironie. Voilà si longtemps que Catherine passait plus de temps au cinquième étage que chez nous.

Mais c'est elle qui m'a fait de la peine. Alors que je la serrais contre moi, déchirée de la quitter si longtemps, ma fille s'est reculée et m'a caressé le visage. Puis, avec un sourire triste et terriblement adulte, elle m'a dit de sa voix de fillette : « Amusez-vous bien… »

J'ai repoussé ce souvenir en grimaçant puis suis allée découvrir la salle de bains. C'était presque aussi grand que la chambre ! Du robinet de la baignoire coulait une eau bouillante qui m'a brûlé les doigts.

— On reste ici combien de temps ?

— Dans cet hôtel ?

— À Moscou, oui.

Sortant un petit dossier remis à sa descente d'avion, Montand m'a rejointe dans la salle de bains. Je venais de me glisser dans la baignoire et il s'est assis sur le rebord, laissant une main caresser l'eau si chaude.

— Trois semaines. Puis on va à Leningrad. Puis on repasse ici. Puis on va à Varsovie. Puis à Berlin. Puis à Prague. Puis à…

— C'est bon c'est bon c'est bon, l'ai-je interrompu en posant une serviette mouillée sur son visage. Pour l'instant on est ici : c'est-à-dire nulle part.

*

Nous étions reçus en ambassadeurs, nous vivions dans un palais présidentiel et nous avions un programme de ministres ! Outre les concerts à proprement parler, notre emploi du temps était plein comme le métro à l'heure de pointe. Pas une seconde nous ne serions laissés en tête à tête, hormis le soir, lorsque nous rentrerions épuisés dans notre suite du *Sovietsky*.

— Je compte aller me promener un peu seule, ai-je prévenu Nadia, qui nous a rejoints dans le hall de l'hôtel, dès le lendemain matin.

Notre interprète s'est raidie dans sa tenue grise et son joli visage aux pommettes si saillantes a pris un air embarrassé. Elle a surtout croisé le regard des deux soldats à tête de tueurs qui l'avaient accompagnée et seraient nos gardes du corps. Mais les deux types avaient les yeux aussi vides que les couloirs de l'hôtel et ne pipaient pas un mot de notre échange.

Après un silence, où elle semblait préparer une réponse crédible, Nadia a objecté que je ne parlais pas russe.

— Donnez-moi un plan de la ville et je me démerderai.

Nouvelle grimace irritée de la jeune femme, comme on contient son agacement devant un cancre buté.

— C'est plus sûr qu'il y ait toujours quelqu'un avec vous…, a-t-elle répondu en me désignant les deux molosses, lesquels ont compris qu'on parlait d'eux et m'ont offert d'affreux sourires édentés.

— Oh ! mais je sais me défendre !

— On ne sait jamais…

— Parce qu'il est si dangereux que ça, votre pays ?

Je commençais à en avoir assez et ma question était sortie avec un ton acide. Nadia était de plus en plus gênée et je lisais en elle de la peur. La peur de ne plus savoir gérer une situation et d'en être tenue pour responsable. C'est maintenant vers Montand qu'elle tournait ses grands yeux bleus presque suppliants, car lui seul pouvait me raisonner ; mais mon mari était assis dans un des grands fauteuils du hall de l'hôtel et mémorisait quelques phrases en russe pour le premier concert du soir. Je dois bien dire que ça m'a agacée. Non qu'elle regimbe devant ma requête, mais qu'elle regarde mon homme. La jalousie m'a pincée au ventre et j'ai répondu, de façon presque instinctive :

— Vous avez peur que je demande aux gens ce qu'ils pensent des événements de Budapest ?

La surprise de Nadia m'a glacée. Elle me regardait avec une totale incompréhension.

— Budapest ?

Soit elle était une parfaite comédienne, soit elle n'avait aucune idée du soulèvement de la Hongrie. Et je penchais pour la seconde hypothèse.

Un bref instant j'ai pensé lui raconter, mais j'ai songé à ce que cet aveu pouvait impliquer pour elle, pour nous, pour ce voyage. Et j'ai surtout compris que ce mélange d'inconscience et de déni allait donner le ton de notre séjour.

Je l'ai dit, une promenade en solitaire n'aurait pas tenu dans notre programme. Non contents de chanter tous les soirs, Montand et moi devions visiter chaque jour un des nombreux fleurons de la réussite soviétique : des kolkhozes, des usines, des maisons du peuple... Le matin, on venait nous chercher à l'hôtel et nous traversions de grandes rues vides pour rallier tous ces bâtiments où l'on nous accueillait avec cet enthousiasme derrière lequel je décelais toujours de la tristesse. Il y avait des haies d'honneur pour nous recevoir, des brassées de fleurs malgré l'hiver, des phrases dites dans un français phonétique ; le plus étrange c'était ces gens fichés au bord de la route, comme des balises, lorsque nous roulions à travers la campagne. À l'approche de notre voiture, ils agitaient des mouchoirs de couleur ou simplement la main, pour saluer notre passage !

— Vous êtes très populaires, chez nous, disait alors Nadia, toujours un peu gênée de voir ces figurants plantés dans le décor et qui s'éveillaient à notre venue.

Au départ, j'ai voulu en savoir davantage.

— Mais… ils nous attendent depuis ce matin ?

— Très populaires, je vous dis, a répliqué Nadia, m'intimant sans doute de ne pas chercher à comprendre…

Montand semblait moins surpris par ces détails, disons moins attentif. Il était la vraie attraction, la vedette de ce voyage et vivait dans une réalité parallèle. Ce drogué de la scène et du public n'avait jamais été à ce point fêté. Où que l'on aille, le nom « Montand » était scandé par des inconnus qui le regardaient en demi-dieu. Lorsqu'on vit dans un tel culte, on en oublie les coulisses. Et il se laissait porter, avec une candeur parfois étrange.

— Qu'est-ce qu'ils sont gentils, tous ces gens, me disait-il, le soir, lorsqu'il s'effondrait sur notre grand lit soviétique.

— On est gentil quand on a le choix de l'être…

— Simone, pourquoi tu vas toujours gratter ce qui n'a pas besoin de l'être ?

Je m'avouais pourtant frappée par cette tristesse des visages.

— Pas une tristesse, plutôt un *renoncement*.

— Tu n'es pas russe, Simone. Tu n'es pas dans leur tête. Tu ne sais pas ce qu'ils ressentent. Tu as vu combien ils étaient heureux, ce soir ?

— J'aimerais justement retrouver ce bonheur le lendemain, dans la rue. Mais non… Ils sont heureux parce que tu viens d'ailleurs…

— C'est bien pour ça que mes concerts sont importants.

J'ai failli lui répondre qu'ils étaient heureux comme on passe devant un magasin somptueux sans avoir le droit d'y entrer, mais je me suis retenue.

Disons que je n'avais pas le cœur à lui ouvrir les yeux, du moins pas si tôt. Nous n'en étions qu'au début du voyage et je voulais en savoir plus. Et puis il ne fallait surtout pas perturber

Montand, qui devait rester concentré sur sa mission : enchanter le peuple russe… lequel exigeait souvent beaucoup plus. Pas une visite d'usine, pas une promenade dans une exploitation agricole où il ne lui soit demandé de pousser la chansonnette.

— Vous savez que je ne chante *que* le soir ? répondait-il chaque fois, conscient qu'il allait pourtant devoir s'exécuter.

Les accompagnateurs le savaient fort bien, qui s'installaient pour l'écouter. Henri Crolla devait alors sortir sa guitare (Montand était venu avec ses musiciens) et – non sans agacement – un concert de trois ou quatre chansons s'improvisait sur une table, un banc, un tréteau. Mon homme était alors si heureux qu'il en oubliait les obligations du soir et donnait le meilleur de lui-même. Chanteur un jour, chanteur toujours…

La série de concerts, au Théâtre Tchaïkovski de Moscou, à la fin décembre 1956, a été un véritable triomphe. Chaque soir, le succès était au rendez-vous. Les Moscovites faisaient une fête à cet artiste qui chante, danse, mime, jongle, ne s'économise jamais. Depuis la coulisse, et parfois dans la salle, j'applaudissais avec passion. Dès qu'il apparaissait sur scène, je retrouvais ce frisson de la première fois. Je revoyais ce grand échalas au sourire immense, aux membres de culbuto, sur la scène du théâtre de Nice. Et puis cette voix, ce timbre suave qui les enjôlait toutes. Mais il n'était pourtant plus question des autres. Durant ce voyage, même si nous ne cessions d'être transbahutés par monts et par vaux, Montand était pour moi seule. Les ombres des *Sorcières*, de toutes ses infidélités, de toutes ses perfidies, étaient effacées. Était-ce un effet de la distance, d'être loin de Paris, de la Roulotte, de nos souvenirs ? Il me semble que je l'ai rarement tant aimé. Tout était si surprenant, ici. Si hors norme, comme un miroir déformant. Non que notre amour y perdît de sa réalité, mais Montand et moi vivions une expérience sans commune mesure qui ne pouvait que cimenter notre lien et réparer ses fissures.

Ainsi, comment ne pas vivre avec une passion incrédule l'extravagante nuit de la fin décembre 1956 ?

J'avais prévu de passer la soirée seule, car on m'avait proposé d'aller voir un ballet au théâtre du Bolchoï.

— Tu ne seras pas là ce soir ? s'est étonné mon mari, enrobé dans un peignoir un peu rêche, en sortant de la salle de bains.

J'avoue que j'avais oublié de le prévenir et il prenait la chose comme un camouflet. C'était moins de l'orgueil blessé qu'une superstition d'artiste : durant les concerts, j'étais son épouse et sa mascotte, un porte-bonheur dont la présence assurait la réussite de la soirée.

— Tu vas t'en remettre, mon amour, ai-je dit en achevant d'enrouler mon châle Hermès, car le chauffeur m'attendait devant le *Sovietsky*.

Montand m'a regardée partir avec une mine d'enfant puni. Au moment de passer la porte, j'ai même lancé comme une bravade :

— Si tu te sens trop seul, demande à Nadia de te raconter une histoire ?

Montand m'a fusillée du regard, ne goûtant pas la plaisanterie. Mais j'ai aussi lu dans ses yeux qu'il serait foutu de me prendre au mot et m'en suis voulu de cette provocation inutile. Il a fallu que je sois installée dans une magnifique loge du Bolchoï, pour que cette angoisse sourde quitte mon estomac. Quelle conne j'avais été !

Le ballet était superbe et un peu ennuyeux. Je n'avais jamais été passionnée par la danse, ni l'opéra, mais je me laissais bercer par la musique et la grâce des mouvements muets. Depuis mon arrivée à Moscou, je n'avais pas eu un moment pour moi seule, sinon mes rares insomnies, lorsque je me réveillais au milieu de la nuit, bientôt apaisée par le souffle régulier de Montand. Mais là, j'étais en tête à tête avec moi-même, et je pouvais penser, sans m'y attacher, à ce qui s'était déroulé depuis quelques mois… C'était l'un de ces instants fugaces, très rares, où tout semble faire sens, comme s'il y avait une logique cachée derrière l'incohérence de la vie. Un moment suspendu où la chaleur d'un théâtre, l'ambiance feutrée, la musique presque impersonnelle, ces danseurs mécaniques, vous isolent d'eux-mêmes et se muent en miroir. Alors Simone regardait Signoret en lui disant : « Voilà où tu en es… » Je n'avais pourtant pas gagné le Bolchoï en pensant faire mon examen de conscience, encore moins un bilan de ma vie, mais j'étais comme nimbée d'un halo flou qui appelait les souvenirs et les liait les uns aux autres.

Bien sûr, je pensais à Montand, mais je remontais plus loin. Je me rappelais qu'il y avait eu une vie, avant lui. J'ai pensé à Catherine, que je m'efforçais d'appeler tous les soirs, ne fût-ce qu'une minute, mais les communications étaient si hasardeuses, depuis l'Union soviétique (nous étions constamment coupées et j'entendais la respiration des inconnus qui nous écoutaient…). À chaque appel, elle était plus distante, moins chagrine.

— Je vais vite rentrer, tu sais, ma chérie ?

— Prends ton temps, maman.

Comme le matin de mon départ, elle agissait en mère !

C'est d'ailleurs à ma mère que j'ai également pensé, durant cette marée de souvenirs. Cette mère que je ne voyais presque jamais, tout comme mes deux frères, sinon en coup de vent. Alain voulait pourtant travailler dans le cinéma, ce qui n'était pas un simple mimétisme. Au contraire, il se rêvait cinéaste et j'avais bien entendu passé quelques coups de fil. Mais ce piston facile était notre seul lien, désormais. J'ai pensé à Yves, mon premier mari, qui continuait à faire des films que je n'allais pas toujours voir. Les mauvaises langues disaient qu'en me perdant il avait perdu sa muse, donc son talent. Entendant cela, je ne relevais jamais, mais Allégret était trop lucide, trop intelligent pour ne pas admettre que c'était vrai. Et puis j'ai beaucoup pensé à mon père ; ce père inconnu, absent, que j'avais entraperçu durant mon enfance et quasiment pas revu depuis la guerre. Entre sa famille et son métier, il avait choisi le second, inventant la traduction simultanée et devenant indispensable à l'ONU et au Conseil de l'Europe. Mais pouvais-je reprocher à mon père ses absences, alors que moi-même je n'étais jamais là ? Catherine ne serait-elle pas, un jour, fondée à me faire le même procès ? Une partie de moi regimbait devant cette idée (on ne veut jamais ressembler à ses parents) mais l'autre devait rendre les armes : ce sens de la fuite, de la passion (qu'elle fût pour un métier, pour un homme, pour des idées), je le tenais de mon père. J'avais beau avoir changé de nom, j'étais la fille d'André Kaminker.

Et c'est sur ce constat bien réel, presque accablant, enrobé par le bruit des applaudissements, que les lumières sont revenues dans la salle.

C'était l'entracte.

Alors que je m'extirpais, un peu groggy, de mon siège, je suis tombée nez à nez avec un grand militaire. Il se tenait devant moi, tout raide, et m'attendait à la porte de ma loge.

— Madame, vous venir…

Clignant les yeux comme après une sieste dont on peine à s'extraire, j'ai regardé autour de moi. Les spectateurs du Bolchoï vivaient leur vie, allaient prendre un verre au bar, certains étudiaient la partition, mais personne ne semblait faire attention à cette Française debout face à un soldat. J'étais pourtant de moins en moins rassurée, car le type ne disait rien. Il guettait mes réactions, desquelles devaient sans doute dépendre son attitude. Que faire ? Retourner dans la salle ? Ça n'aurait pas de sens. Et puis qu'avais-je à craindre ? C'est pourtant la boule au ventre que j'ai répondu :

— Bien bien, je vous suis.

En montant dans la grosse voiture noire, devant l'opéra, j'ai commencé à avoir peur. D'autant que le type ne disait pas un mot, ne répondait à aucune de mes questions.

— Vous m'emmenez où, là ? Je serai revenue pour le dernier acte ?

J'étais prête à demander n'importe quoi pour entendre le son de sa voix, mais le type ne se retournait même pas, assis à côté du chauffeur. Sans doute ne parlait-il pas un mot de français et lui avait-on juste appris à ânonner « madame vous venir ».

Lorsque la voiture s'est garée devant le Théâtre Tchaïkovski, j'ai retrouvé ma contenance.

— Pourquoi m'avez-vous fait revenir ?

Le militaire ne répondait pas. Tout juste m'a-t-il ouvert la porte pour m'escorter dans le théâtre.

Voilà bientôt une semaine que Montand chantait ici, mais ce soir, quelque chose était différent. L'atmosphère semblait palpable et l'ensemble du personnel avait l'air terrorisé.

Je voulais aller en coulisse mais, à la faveur d'une pause entre deux chansons, on m'a installée dans une loge de côté.

Montand m'a aussitôt repérée. Même concentré, même en plein numéro, même devant les projecteurs les plus criards, il savait quand j'entrais dans une salle de théâtre. Et j'avoue que le voir m'a coupé les jambes de soulagement ! Ma peur, depuis une demi-heure, avait été si forte.

Forte et absurde ! me suis-je raisonnée en m'installant tandis que Montand attaquait son fameux *C'est à l'aube*.

D'un geste qu'il connaissait bien, je lui ai envoyé un baiser, mais il n'y a pas répondu. Ses yeux d'habitude si mouvants étaient fixés droit devant lui avec une forme de respect craintif.

Alors j'ai suivi son regard…

Il scrutait la grande loge centrale, dont le rideau était toujours tiré.

Il est ouvert, ai-je compris, tandis qu'un nœud me serrait de nouveau le ventre. À toutes les autres représentations, le pan de velours rouge était rabattu. Mais ce soir, dans la pénombre du théâtre, je distinguais une demi-douzaine de silhouettes en ombres chinoises…

— Tu les as vus ? m'a fait Montand, une fois le concert achevé, quand je l'ai rejoint dans sa loge.

— On ne voyait aucun visage…

— Tu crois que c'était qui ? a-t-il demandé en frottant sa figure avec un gant de toilette.

J'ai haussé les épaules. Est-ce que je savais ?

— C'est pour eux que tu m'as fait revenir du Bolchoï ?

Montand m'a regardée avec incrédulité.

— J'allais te demander pourquoi tu étais rentrée si tôt de ton opéra.

Nous nous sommes scrutés, inquiets et surpris.

Une main a alors frappé à la porte.

— Entrez…

C'était Nadia, livide et tremblante.

— Je… vous… si vous voulez bien… me suivre ?

Elle non plus n'était pas dans son état normal.

— Tout va bien ? lui ai-je demandé en posant une main sur son bras.

L'interprète a sursauté.

— Il faut venir maintenant. *Tout de suite.*

De plus en plus fébrile, j'ai remis mon châle, et Yves a enfilé une veste. Puis nous avons emboîté le pas à Nadia, bientôt rejoints par deux soldats qui nous ont de nouveau encadrés.

— On nous conduit au peloton ? n'ai-je pu me retenir de chuchoter, sans savoir si je plaisantais.

Nous nous sommes arrêtés devant une porte close où trois molosses montaient la garde.

Alors elle s'est ouverte.

19

C'est l'odeur qui m'a frappée en premier. Un remugle âcre de sueur, de cigares et d'hommes. Un fumet de vêtements rarement lavés. La pièce était si petite que la table occupait tout l'espace. Je me suis demandée comment ils avaient pu la faire entrer ici. Et puis allions-nous tous tenir, là-dedans ? Comment allait-on nous apporter à manger ? Autant de questions futiles, triviales, qui étaient une fuite pour estomper la réalité de leur présence.

Car je les avais reconnus. *Tous.*

Je m'étonnais même de ne pas les avoir identifiés plus tôt, dans la pénombre du théâtre. Sans doute était-ce une forme de déni, craignant sans doute de les voir en vrai. Mais là, en pleine lumière, à un mètre de moi, je percevais jusqu'à leur souffle.

Le présidium, me suis-je dit, effarée.

Tandis qu'ils nous observaient en silence, avec cette patience des magistrats qui se savent du bon côté de la barrière, je me suis autorisée à les dévisager l'un après l'autre, me croyant derrière une vitre sans tain. Voilà tant d'années que je voyais leurs bobines aux actualités.

Malenkov, avec sa tête d'épicier obèse et son triple menton ; Boulganine, aux traits plus fins, presque aristocratiques, et sa moustache de séducteur ; Mikoïan, dont les yeux acides disparaissaient sous des paupières de vieux chien et des sourcils en broussaille ; le front bombé et le lorgnon métallique de Molotov ; enfin la bonne face glabre et rougeaude de Khrouchtchev... Mais oui : Khrouchtchev ! *Nikita Khrouchtchev !* Le premier secrétaire du parti communiste soviétique, le successeur de Staline, était là, devant nous, dans cette pièce aussi étroite qu'un bathyscaphe. C'en était effarant ! Un homme dont le visage était chaque jour à la une de tous les journaux de la planète. Et le voilà entouré de sa garde rapprochée, qui incarnait le saint des saints de l'URSS. Toutes les décisions, les secrets, les énigmes, les autorisations, les interdictions, dépendaient de ces cinq poussahs.

Ma main a saisi par réflexe celle de Montand, qui était aussi moite que la mienne. À ce geste, nos hôtes ont esquissé un sourire, bien conscients de l'effet qu'ils nous faisaient. Toujours aussi muets, ils conservaient leur allégresse gourmande de vieux tontons paillards et semblaient vouloir jouir encore un instant de la sidération qu'ils provoquaient.

Enfin, après un moment qui nous a semblé interminable, en prenant appui sur la table – laquelle a craqué –, Khrouchtchev s'est à moitié redressé. D'une main malhabile, il a rempli deux petits verres de vodka, et j'ai vu qu'il était déjà bien imbibé. Mais je n'avais pas le cœur à m'en moquer... Sa main tremblait et les verres débordaient. Puis, relevant le visage, il nous a souri avec une vraie bonhomie et désigné les deux sièges restés vides.

Un bref instant, Montand et moi nous sommes consultés du regard : y avait-il autre chose à faire qu'obéir ? Puis, en nous contorsionnant tant la pièce était étroite, nous nous sommes assis.

Satisfaction générale des cinq ministres, qui ont même tapé dans leurs mains, applaudissant peut-être notre courage.

Moi, je restais tendue, comme si ce décorum cachait un piège, un sens occulte. Mais non. Khrouchtchev a poussé les deux verres dans notre direction et, d'un geste de film muet, nous a fait signe de les vider cul sec, ultime épreuve avant d'être admis dans leur confrérie.

Le liquide a coulé dans ma gorge telle une goulée de lave, mais je dois dire qu'il m'a fait du bien ! Et ce n'était rien à côté du sourire des cinq Russes, qui se sont aussitôt passé la bouteille pour remplir leurs propres verres.

Khrouchtchev s'est de nouveau levé et, tendant son verre, a prononcé quelques mots en russe, sans nous quitter des yeux.

Le plus étrange a été le silence qui a suivi ; notre hôte était figé en plein vol, un arrêt sur image.

— Nous sommes très honorés de vous inviter à dîner, a chevroté la voix de Nadia, dans notre dos.

Je n'ai pu m'empêcher de me retourner : la malheureuse interprète était plaquée au mur de la pièce, le visage en sueur, tétanisée par ce rôle dont on ne l'avait pas prévenue ! Elle savait que la moindre fausse note pourrait lui coûter la liberté, et peut-être la vie…

Si les premières minutes nous ont semblé terriblement pesantes, l'atmosphère a peu à peu tourné à la camaraderie. On ne dira jamais assez de bien de la vodka ! Rien n'est plus efficace pour se faire des amis. N'était Mikoïan, toujours bougon avec ses yeux de chien courant, les autres avaient décidé de se montrer joyeux et entendaient le rester.

Les assiettes se sont bientôt succédé devant nous, avec des petites crêpes, des pirojkis, des viandes en sauce, des soupes, bien entendu du caviar, et puis cette vodka dont on n'osait plus compter les bouteilles. Il faut dire que la nourriture avait été assez morne, depuis notre arrivée, et que ce dîner était succulent. Nos hôtes semblaient d'ailleurs très satisfaits de notre coup de fourchette, levant leur verre dès que Montand ou moi finissions nos assiettes avec tant d'appétit.

L'alcool aidant, tous sont même devenus affectueux, n'hésitant pas à taper dans le dos de Montand ou à baiser ma main. Ils ne nous en bombardaient pas moins de petites phrases creuses, amicales, que la pauvre Nadia devait traduire en mitraille, car tous parlaient en même temps.

— Comment est le temps à Paris, ces jours-ci ?

— Avez-vous de la neige en hiver ?

— Et la tour Eiffel, vous y allez souvent ?

— Vous préférez la vodka ou le cognac ?

J'étais si effarée par la situation – et bientôt grisée de vodka – que je ne m'étonnais même pas que ces hommes qui tenaient l'équilibre de la planète entre leurs mains se montrent si vains, tenant des propos si futiles. Mais à quoi m'attendais-je ? Ces types n'étaient pas des figurines de Grévin. Et elles ne devaient pas être si fréquentes, ces soirées de détente, où ils pouvaient bâfrer sans autre enjeu que le plaisir d'étancher leur soif et se remplir la panse.

Pourtant, à mesure que la soirée s'étirait, une idée a commencé à poindre dans ma tête. D'abord une pensée floue, que l'alcool a rendue de plus en plus claire, de plus en plus nécessaire…

Alors qu'on apportait une nouvelle jatte de caviar, avec une audace qui m'effraiera ensuite longtemps, j'ai demandé le silence de la tablée.

Montand s'est à moitié étouffé avec son blini.

Puis, d'une voix moins timide qu'alcoolisée, j'ai lancé :

— Messieurs, je ne voudrais pas gâcher ce bon dîner si sympathique, mais il y a une question que je me pose…

Alors qu'elle traduisait ce début de phrase, Nadia a commencé de perdre ses couleurs. Montand est devenu aussi blafard, me donnant des coups de pied sous la table.

— Qu'est-ce que tu fais, bon Dieu ?! a-t-il sifflé entre ses dents, très bas, sans que les autres le remarquent.

Mais, désinhibée par la vodka et le gros cigare offert par Malenkov, j'ai poursuivi d'une voix presque candide :

— En France, nous avons été très surpris par ce qui s'est passé à Budapest, le mois dernier...

Montand s'est recroquevillé sur sa chaise ! Et la voix de Nadia, aussi tremblante qu'une feuille, a traduit ma question...

Long silence.

Les cinq Russes étaient figés ; tous leurs mouvements m'ont semblé ralentis, comme dans ces films dont le projecteur s'enraye. Ils se sont consultés du regard, le visage terriblement neutre, ne laissant filtrer aucune espèce d'émotion. Puis, tirés d'une brève hypnose, ils ont retrouvé leur affabilité.

— Votre étonnement est légitime, a fait Khrouchtchev en aspirant une huître dont l'eau a inondé ses bajoues.

Il a planté ses yeux dans les miens pour ajouter que cet étonnement avait d'ailleurs été le leur, lorsque les Hongrois les avaient appelés à l'aide.

— À l'aide ? ai-je fait, incrédule, en me tournant vers Nadia, croyant qu'elle avait mal traduit.

L'interprète était aussi livide qu'un cadavre et ses yeux avaient perdu toute expression.

Khrouchtchev a opiné, placide.

— Oui. Les Hongrois craignaient la montée du fascisme chez eux. Alors ils nous ont demandé de venir pour...

Un instant il a semblé chercher ses mots et Boulganine lui est venu en aide en complétant de sa voix flûtée :

— ... pour *résoudre* le problème.

Les cinq paires d'yeux pétillaient de satisfaction : on n'aurait su trouver meilleure formule.

Moi, j'étais sans voix. Je revoyais les images terribles du 4 novembre. Les deux mille cadavres dans les rues. La violence froide des chars russes. Pourtant, à voir leurs visages satisfaits, je me suis demandé si leur réponse n'était pas sincère. À leurs yeux endoctrinés depuis des décennies, l'aspiration à toute forme d'indépendance vis-à-vis de l'URSS était un premier pas vers un retour du fascisme.

Non sans une certaine appréhension – et malgré les coups de genou de Montand, qui buvait vodka sur vodka pour garder sa contenance – j'ai insisté :

— Il y a quand même eu… beaucoup de victimes…

Nouveau silence durant lequel les cinq hommes ont opiné, navrés.

Khrouchtchev a alors concédé que c'était terrible, en effet, et qu'ils étaient désolés de ce drame.

— Mais l'Union soviétique a toujours défendu la liberté au prix de son sang : la lutte contre le fascisme et la libération de l'Europe ont fait chez nous vingt millions de victimes, dont de nombreux civils. Alors deux mille Hongrois…

Le calcul macabre était pourtant imparable. Il coupait surtout court au débat ! Montand n'en finissait plus de me labourer les chevilles mais je commençais à m'amuser. Et puis les cinq membres du présidium n'en prenaient aucun ombrage. Au contraire, ils semblaient soulagés qu'on leur parle franchement ; sans compter qu'il n'y avait là aucun enjeu. Leur interlocutrice n'était qu'une comédienne française qui fumait, buvait, et faisait montre d'un solide coup de fourchette. Bref : une amie du peuple russe.

— C'est que les événements de Budapest ont été très mal perçus, en France, ai-je renchéri.

— Nous le comprenons fort bien, a rétorqué Khrouchtchev, sans plus laisser planer de silence. Les réactionnaires savent toujours modifier la réalité pour en faire de la propagande.

Soufflée par cette réponse, j'ai insisté en rappelant combien notre venue en URSS avait fait l'objet de controverses.

— On a reçu des lettres de menaces, des coups de téléphone anonymes, Montand a dû annuler des concerts, des émissions…

Acquiescement navré et compatissant des cinq hommes, qui ont tous hoché du chef, avant que Molotov ne réponde, sans ironie, que c'était le prix de la liberté.

— Nous n'en sommes que plus fiers de vous avoir chez nous, a-t-il ajouté. Vous avez choisi l'indépendance, bravo !

Molotov s'est alors levé pour lancer un toast général.

— À la liberté !

Les quatre autres ont vidé leur verre en se cassant la nuque.

— Aux *vraies* gens du peuple, a poursuivi Mikoïan en se tournant vers Montand, qu'il avait plus tôt félicité pour ses origines modestes.

Soulagé que le débat soit enfin clos, Montand a brandi son verre et répété, presque ému :

— Aux gens du peuple.

Les bras tendus, tous se sont alors tournés vers moi, attendant sans doute que je porte mon propre toast.

Un instant, je me suis sentie très démunie. Je venais de passer les êtres les plus puissants de la planète à la question et la scène s'achevait en vin d'honneur. J'ai alors aperçu un journal qui dépassait de la sacoche de Khrouchtchev, au pied de sa chaise.

— À la *Pravda* !

Éclat de rire de tout le présidium qui a repris en chœur :

— À la *Pravda* !

20

Après une telle soirée, on comprendra que le reste du voyage nous ait semblé moins intense. En regard de cette plongée au cœur de l'histoire, les visites officielles, les couronnes de fleurs, l'enthousiasme bien réel des spectateurs de Leningrad, Varsovie, Belgrade, Sofia, Bucarest ou Berlin ne possédaient pas la même charge symbolique. En quelques heures, nous avions entrevu le dessous des cartes.

Ce moment hors du temps a surtout constitué le seul instant suspendu d'un marathon chaque jour plus épuisant. Y songeant aujourd'hui, je suis incapable de compter les trains, avions, autocars, voitures et même traîneaux qu'il nous a fallu prendre de décembre 1956 à mars 1957.

Et puis, il faut aussi l'avouer, à mesure que passait notre séjour, il nous semblait comprendre la réalité de ce monde qui nous accueillait en fanfare. Les premières semaines, nous étions à la fois frappés et fascinés de mettre le pied là où si peu d'Occidentaux avaient eu le droit de venir. Mais, les périples se succédant, Montand et moi comprenions que le vernis de nos beaux hôtels, de ces visages figés, de ces discours interminables, s'écaillait dès qu'on le grattait. L'idéal socialiste pour lequel

Julien Livi aurait donné sa vie n'avait rien d'un paradis. Et nous pouvions le voir *in vivo*, puisqu'il n'est pas un État de l'URSS que nous n'ayons visité. Chaque nouvelle étape enlevait un masque, une couche de fard, de ce grand mensonge politique. À se demander si les organisateurs de la tournée n'avaient pas fait en sorte que notre découverte de la réalité communiste soit conçue comme une véritable gradation, puisqu'elle s'achevait à Budapest, dont les ruines hurlaient de colère…

Cinq mois s'étaient écoulés depuis l'entrée des chars soviétiques mais la capitale hongroise portait encore les stigmates de sa révolution avortée. Immeubles effondrés, maisons éventrées, vitrines brisées, et puis les visages de ces habitants, passés sans transition de l'occupation nazie à l'occupation russe.

— On ne sait laquelle est la pire, a dû avouer Montand, après quelques jours.

Budapest était une ville martyre. Mais les Hongrois étaient un peuple fier malgré la constante adversité. Ils nous ont d'ailleurs accueillis avec méfiance, car Montand et moi étions comme ces chars qui les avaient massacrés : des envoyés de Moscou !

— Tu as vu ? a fait Bob Castella, quelques heures avant leur premier récital hongrois.

Nous étions dans le hall de notre hôtel, prêts à rallier le théâtre, et le pianiste était allé se promener dans le quartier. Il avait été impressionné par ces scènes de guerre ; les autorités avaient fait exprès de ne pas reconstruire les décombres afin de vacciner les esprits hongrois contre tout nouveau projet de rébellion.

— Je ne pense pas qu'on soit les bienvenus, a ajouté Castella en tendant à Montand un tract qu'on venait de lui donner, à quelques rues d'ici.

Montand l'a pris et son visage s'est figé.

Sur la page blanche, maladroitement ronéotypée, le visage du chanteur surmontait trois phrases en hongrois.

— Ça veut dire quoi ?

Le pianiste a haussé les épaules : il n'en avait aucune idée.

— Vu la tronche du type qui m'a passé ce tract, ça n'est pas un chant d'amour.

Montand est resté un long moment au milieu du hall, fixant la feuille comme on observe un miroir déformant.

— Faut bien qu'on sache, ai-je dit en lui chipant le tract, pour marcher jusqu'au concierge de l'hôtel.

Depuis que nous avions quitté la Russie, nous n'avions plus d'interprète attitré et il fallait souvent compter sur mon anglais. Lorsque j'ai demandé à ce grand homme émacié de me traduire le document, il a chaussé de jolies lunettes d'or, puis a aussitôt rougi et détourné les yeux.

— Ne vous inquiétez pas de ça, madame Signoret.

— Mais ça signifie quoi ?!

Le concierge s'est raidi.

— Disons qu'à Budapest certaines personnes ne se réjouissent pas de votre venue.

Nous n'avons pas pu en tirer davantage…

Dès qu'il entre en scène, Montand est un magicien. Un illusionniste qui retourne le public comme un gant. Et c'est ainsi qu'il a conquis les Hongrois. Conscient qu'il marchait sur un fil, le chanteur funambule a mis son point d'honneur à ne pas laisser aux habitants de Budapest l'impression nauséeuse qu'il avait ressentie devant ce tract mystérieux. Il a même fait preuve d'une générosité bien sincère (mais très opportune) en annonçant que l'intégralité de son cachet serait reversée à la Croix-Rouge hongroise, regagnant aussitôt tous les suffrages.

Mais j'ai bien vu que, dans son cœur, quelque chose était irrémédiablement cassé…

Je l'ai dit : voilà quatre mois qu'il avait traversé le rideau de fer, quatre mois qu'il arpentait les pays de l'Est, quatre mois qu'on le traitait comme un prince.

— Mais le prince a des yeux…, m'avait-il confié, dès le deuxième soir de notre séjour hongrois, en rentrant du concert.

Cette conversation durait depuis des semaines, mais je ne voyais rien à ajouter, du moins pas ce soir.

— Tu ne viens pas te coucher ? lui ai-je dit, m'étonnant qu'il s'asseye au petit bureau de notre chambre d'hôtel.

— Je te rejoins…

Puis je l'ai vu sortir papier et stylographe.

— Tu écris encore à tes parents ?

— Ça t'étonne ?

— Tu sais bien que les lettres arriveront longtemps après notre retour… si jamais elles passent le rideau de fer…

— Et alors ? Ce n'est pas parce que tu ne parles jamais à ta famille que je dois oublier la mienne.

La phrase était dite sans animosité, même s'il avait raison. Et depuis le début de notre séjour, il écrivait à ses parents avec une régularité de métronome. Ce qu'il leur racontait ? Je ne savais pas, car jamais il ne me faisait lire ses lettres, me demandant juste – pas toujours – de signer d'un « Je vous embrasse, Simone », au bas du papier. J'imagine qu'il leur disait des petites choses, qu'il pensait à eux, qu'ils lui manquaient, qu'il les aimait ; des choses que Montand savait dire à ses parents, lui. Mais aujourd'hui, il leur parlait *vraiment*. Surtout, ce n'est pas à eux qu'il écrivait, mais à lui-même. Homme de parole, homme de voix, Montand n'était pas toujours à l'aise avec les mots. Disons qu'il avait besoin de les coucher sur le papier, de les voir, pour qu'ils prennent une réalité que la simple conversation rendait trop volatile, trop insaisissable. Et ce soir de mars 1957, Yves Montand devait se décharger d'un poids. Depuis quatre mois, il voyait le communisme en action. Ce communisme qui avait insufflé tant d'espoir à son père, le petit immigré italien de Marseille ; un communisme qui était la raison d'être de son frère Julien ; un communisme dont Montand n'avait cessé de soutenir les rêves, les espoirs, dans ses propres chansons ; un communisme qui était pourtant à l'image des rues de Budapest : un champ de ruines.

Je suis restée sur le canapé, tandis qu'il écrivait. La lettre était longue (on prend son temps, lorsqu'on se parle à soi-même). Avec le grand silence de la nuit, on entendait parfois de rares voitures passer dans la rue, sous nos fenêtres. Ou alors le pas pressé d'une femme de chambre, dans le couloir, parce qu'un client avait une fringale nocturne. Mais moi je ne quittais pas mon mari des yeux, allumant une cigarette après l'autre, puis la lui passant, car il ne voulait plus lâcher son stylo.

Une fois encore, il m'a semblé beau comme un dieu. Mais un dieu fragile, qui peinait sur sa copie, comme un écolier. Et la vision n'en était que plus touchante. Même sans lire son texte, j'ai bien compris qu'il faisait son examen de conscience. Et je savais combien la chose lui était douloureuse.

Au bout d'un long moment, il a posé sa plume et s'est laissé retomber en arrière, sur le dossier de sa chaise. D'une voix lointaine, il a dit :

— Au moins, c'est fait.

Puis, avec un sourire tendre et un peu timide, il m'a demandé si je voulais bien signer à côté de lui.

Je me doutais qu'apposer ma signature près de la sienne était comme valider notre acte de contrition.

Si je le lui avais demandé, Montand m'aurait fait lire sa lettre, mais je n'ai pas voulu. Un reste de pudeur, de respect. Et puis ma signature suffisait.

Écrivant « Simone, qui vous embrasse », au bas de la page, j'ai simplement lu la dernière phrase.

Elle résumait tout : « Je continue d'espérer, mais je ne crois plus. »

21

Si ce voyage nous avait ouvert les yeux, nous allions en porter longtemps la croix. Une partie de la presse et du public ne nous pardonnait pas cette « prostitution » aux tyrans de l'Est… alors que nous avions découvert leur vrai visage. Le paradoxe était rageant ! D'autant plus rageant que, pour moi, les conséquences ont été immédiates.

Après avoir été fêtée, célébrée, traitée en princesse, plus un appel de cinéaste, plus une proposition de film. Tu parles d'un retour au réel ! Les premières semaines, je ne m'en suis pas trop émue, ayant toujours su que le syndrome « loin des yeux loin du cœur » était une constante du cinéma. Mais, à la fin du printemps, j'ai commencé à m'en inquiéter.

— Alors, vous n'avez rien pour moi ? ai-je dit à mon agent. C'est à se demander pourquoi je vous file un pourcentage.

J'étais assise en plein soleil, à Autheuil, et nous venions de faire des courses avec Catherine. Elle était bien heureuse de mon désœuvrement, car voilà longtemps que nous n'avions pas passé autant de temps entre mère et fille. Mais je dois avouer que j'avais parfois le sentiment de jouer faux ; sans que Catherine s'en rende compte – du moins je l'espère –, je devais museler mon agacement, mon impatience, devant ses moments de tendresse, les bouffées d'amour qu'elle avait pour moi. Elle était aux portes de l'adolescence mais se comportait encore en gamine, et parfois cela me laissait interdite. Je crois surtout que j'étais restée si longtemps loin d'elle, ces dernières années, de tournage en tournée, que je ne l'avais pas vue grandir. Et voilà que j'avais devant moi un bourgeon adolescent, qui vidait les commissions dans les placards d'Autheuil tandis que je passais mon impresario à la question.

— Je suis désolé, Simone, m'a-t-il répondu, d'une voix embarrassée, mais c'est très calme.

— Parlez pour vous ! Dès notre retour Montand avait une flopée de propositions…

À cette objection, mon agent ne savait quoi répondre.

— Et ça, je le mets où ? a fait Catherine, depuis la cuisine, en brandissant une bouteille de Cinzano.

Je lui ai fait un geste agacé qui voulait dire « débrouille-toi » puis j'ai insisté :

— Plus personne ne veut de moi ? C'est ça, ce que vous voulez me dire ?

Silence au bout de la ligne, suivi d'un toussotement de plus en plus gêné.

— Ce n'est pas ça, Simone. Disons que les producteurs sont devenus frileux.

— Mais frileux devant quoi ?

— Devant les Américains…

Je ne comprenais pas mais commençais à bouillir, d'autant que le soleil de juin m'éblouissait. Retournant dans la maison, en prenant soin de ne pas coincer le fil du téléphone dans la porte-fenêtre, je me suis laissée tomber sur un des canapés du salon. Qu'est-ce que les Américains venaient faire ici ?

Avec un ton très docte qui a redoublé mon agacement, l'agent m'a expliqué que les États-Unis étaient le premier marché d'exportation pour le cinéma français.

— Avant même de monter le film en France, les producteurs s'assurent qu'il pourra sortir en Amérique…

— Et alors ? C'est de la cuisine de producteur. Qu'est-ce que vous voulez que ça me foute ?

Au mot « cuisine », Catherine a de nouveau passé son nez dans le salon, exhibant un grand filet d'oranges, mais elle a vite vu qu'elle n'était pas la bienvenue et a haussé les épaules, pas plus surprise que ça devant l'humeur de sa mère.

— Une cuisine qui coûte cher, Simone, car les Américains payent bien. Mais ils veulent des vedettes… sans taches.

Je commençais à comprendre mais voulais que l'agent aille jusqu'au bout de sa pensée.

— Et une vedette qui a passé quatre mois *officiels* en Union soviétique a toutes les chances d'être retoquée… D'ailleurs je…

Il n'a pas pu finir, car j'ai raccroché. Et mon geste a été si brusque que Catherine s'est précipitée dans le salon.

— Quelque chose est cassé ?

— Pas quelque chose : quelqu'un…

Si j'avais imaginé ça ! Tel était donc le bilan de notre voyage en URSS : le silence, l'omerta du milieu. En jouant un simple rôle d'accompagnatrice, me voilà devenue la plus grande actrice communiste de France, alors que j'avais perdu toutes mes illusions sur le rêve soviétique. Le pire c'est que Montand, autour de qui s'était monté ce voyage, passait entre les gouttes de la bronca et accumulait les contrats.

— De nous deux, c'est moi la comédienne et c'est moi qui reste sur le carreau !

— Mais mon amour ça ne durera pas, tentait de dire Montand, que je sentais embarrassé par la situation.

Vis-à-vis du cinéma, il avait toujours souffert du syndrome de l'imposteur et éprouvait le sentiment de me voler la vedette. Je pense aussi qu'au plus profond de lui-même il y avait une victoire narcissique : il savait qu'il serait toujours moins bon que moi, moins juste à l'écran, mais cette concurrence inattendue restait une petite victoire. Et sans doute ces deux sentiments devaient-ils ferrailler dans son esprit. Aussi enrobait-il ça dans ses gesticulations de music-hall, faisant ses grands gestes dans le salon de la Roulotte ou sur la pelouse d'Autheuil, pour me certifier que la situation allait s'apaiser.

— Comment ça, *s'apaiser* ? aboyais-je, mais ça ne devrait même pas exister !

C'était plus fort que moi : je ne pouvais pas supporter que le cinéma me tourne le dos !

Et Montand grommelait « bon, bon », en remballant son numéro de claquettes.

Ce qu'il n'osait toutefois me dire – et ce que tout le monde chuchotait –, c'est que cette histoire d'Union soviétique était un prétexte. La raison politique était un cache-misère. D'ailleurs Montand a fini par cracher le morceau un soir que nous étions seuls place Dauphine.

Catherine était allée se coucher, les Julien avaient pris leurs distances depuis que nous avions manifesté un enthousiasme mesuré au retour de Russie, et Montand revenait d'un tournage aux studios de Saint-Maurice. Il était déjà tard et j'étais assise dans le canapé, une cigarette dans une main, un verre dans l'autre.

— Tiens, voilà la vedette…

Montand a grimacé un sourire mais n'a pas relevé. Sa journée avait été trop longue pour se lancer dans une nouvelle dispute.

— Il y a de quoi grignoter ? a-t-il demandé en marchant jusqu'à la cuisine.

Sans me relever, j'ai dit d'une voix déjà bien éméchée :

— Oui mon amour. Bobonne t'a laissé du poulet froid. Et des carottes râpées. Elle est gentille, bobonne, hein ?

Pour seule réponse, j'ai entendu des bruits de couverts. Et j'avoue que le mutisme de Montand m'a horripilée. J'étais restée dans la Roulotte comme une lionne en cage et j'avais besoin de me faire les griffes…

— La vedette s'est bien amusée ? Elle a pensé à bobonne, entre deux turlutes de la maquilleuse ?

Montand a fait irruption dans la pièce. Il tenait son assiette mais était si exaspéré qu'il a fait tomber des carottes sur le tapis.

— Attention ! bobonne vient de passer l'aspirateur…

— Simone !

— *Bobonne*, ai-je corrigé en me remplissant un nouveau verre de whisky.

Il a voulu m'arracher la bouteille mais je l'ai happée au vol.

— Pas touche. À chacun ses plaisirs coupables…

À bout d'arguments, il s'est laissé tomber dans l'un des fauteuils et a commencé à manger son poulet, le regard tendu et lointain.

— Ça ne peut pas durer comme ça, Simone.

— Je ne te le fais pas dire.

Après un long moment d'hésitation, il m'a dit d'une voix atone :

— Ça n'est pas seulement… l'Amérique qui ne veut pas de toi, tu sais ?

J'ai levé un sourcil, pas mécontente qu'on joue cartes sur table.

— Vas-y… développe…

Avec une mine d'enfant coupable, il a commencé à entortiller ses jambes, faisant de nouveau tomber de la nourriture sur le tapis.

— Tu n'as… Tu n'as pas un caractère commode, Simone.

— On le dit, ai-je répliqué en hochant du chef, devinant où il voulait en venir.

Et je ne trouvais rien à lui objecter sinon que mes rôles correspondaient à ce satané caractère, raison pour laquelle j'étais si juste.

— Une bonne actrice sait se dissocier de ses personnages…

— Monsieur me donne des leçons de théâtre, maintenant ?

J'ai aussitôt vu Montand irrité par ma mauvaise foi et me suis sentie obligée de concéder que mon humeur avait été un peu chancelante, ces derniers temps.

— Pas ces derniers temps, Simone. Ça fait des années que tu es comme ça…

— Des années ?

J'étais surprise.

— Mais oui, des années.

Et de me citer maintes anecdotes, mille petites humiliations, contrariétés, perfidies subies par certaines de mes partenaires, comme Mylène Demongeot, Pascale Petit et tant d'autres, qui s'en étaient ouvertes à Montand, au gré de nos tournages.

— Et maintenant que je suis dans l'ornière, les bouches se délient, c'est ça ? On frappe le dragon une fois qu'il est à terre ?

Ne trouvant pas d'autre argument, Montand m'a juste dit que, si je voulais pouvoir revenir devant les caméras, j'allais devoir mettre de l'eau dans mon vin.

— C'est pas demain la veille, ai-je gloussé amèrement en levant mon verre de whisky.

Puis je l'ai vidé d'une traite, à en avoir la nausée.

Outre mes tribulations politiques et mon caractère impossible, il y avait une troisième raison à ce désamour. Une raison plus logique, plus humaine, qui n'en était pas moins douloureuse : je vieillissais. Disons que j'étais à l'âge où les actrices se trouvent à la croisée des chemins : trop vieille pour jouer les filles et trop jeune pour jouer les mères, il n'y avait plus de rôles pour moi. Et c'était d'autant plus pénible que j'en étais consciente. Mais lorsque je disais à mon agent « et ce rôle-là ? », il me répondait « mais non, tu n'as que trente-sept ans ! », rétorquant ensuite : « ce personnage était fait pour toi au début de ta carrière » quand je m'intéressais à un rôle de jeune trentenaire…

La nature est une peau de vache et je ne pouvais pourtant pas lui mentir : mois après mois je voyais mon visage se faner. Beaucoup de gens ont dit que c'était la cigarette, l'alcool, les infidélités de Montand. Mais si ces raisons deviendraient tristement crédibles deux ans plus tard, elles ne l'étaient pas en 1958 ! J'étais juste la proie d'un vieillissement précoce et n'y pouvais rien. Lorsque le public vous associe *ad vitam* à la beauté de Dédée d'Anvers ou de Casque d'Or, il ne comprend pas que les rides puissent vous atteindre si tôt.

Il fallait pourtant donner le change, car, si je n'intéressais pas les producteurs, les Montand restaient le couple chéri de la presse. Je soupçonne même les journalistes d'avoir éprouvé un regain de curiosité à mon sujet, pour les raisons précises qui me bannissaient des studios. Qui donc était vraiment cette beauté en péril, qui faisait trembler ses partenaires féminins, dont le visage s'abîmait si vite et qu'on ne voyait plus sur les écrans ?

Pour conjurer le mauvais sort, j'ai accordé une interview aux *Nouvelles littéraires* où j'ai transformé ce désœuvrement en renoncement :

— Je suis avant tout la femme d'Yves Montand et je fais moins de films pour être davantage avec lui.

Astuce facile, qui ne trompait personne. Elle venait en écho bien triste à mes rêves domestiques du début de notre mariage. J'y accédais enfin mais n'en voulais plus. À trente ans on se veut la compagne parfaite, à bientôt quarante on espère exister en dehors de son amour. Mais j'en étais pourtant à expliquer que Montand ne devait pas sacrifier sa carrière pour moi et qu'une vie conjugale se construit sur des bases solides et des lois naturelles :

— L'homme domine, la femme se soumet.

Je ne pensais pas un mot de ces salades qui feraient frémir la plus timorée des féministes, mais je m'y abritais par pure fierté. Tout plutôt qu'admette ma disgrâce artistique et physique.

Je jouais même les provocatrices en déclarant au micro de France Roche que mon corps subissait un « début de déchéance » pour aussitôt corriger « début de maturité ». Il n'y avait pas de quoi être fière…

Mais je préférais ces forfanteries orgueilleuses. Les temps avaient changé, Dédée avait vieilli, Bardot était le nouvel idéal féminin et mes rides s'étaient creusées.

Je commençais à m'habituer à cette nouvelle donne, prête à renoncer à une partie de mes rêves. Ce que je ne devinais pas, c'est que ce vieillissement précoce serait ma chance. Ce que j'imaginais encore moins, c'est que ma métamorphose n'aurait pas lieu en France.

22

Qui aurait alors cru que je serais bientôt la Française préférée d'Hollywood et Montand la coqueluche des Américaines ? Et cela en à peine trois ans ! Le destin a parfois de ces renversements qui vous saisissent au détour de la vie, sans crier gare. Il suffit d'un peu de patience et d'une foi à toute épreuve. La foi, Montand et moi l'avions ; disons qu'au fond de nous-mêmes l'orgueil grondait comme une lave et ne cessait de nous pousser vers la lumière.

J'étais pourtant au fond du trou, à la fin 1957, lorsque j'ai reçu un appel de Peter Glenville. J'avais plusieurs fois croisé ce cinéaste britannique qui s'était promis de travailler avec moi. Je n'avais jamais vraiment donné suite, ayant toujours un projet sur le feu de mon côté de la Manche. Mais voilà qu'il tombait à point nommé. Me sachant bonne lectrice, y compris dans sa langue, il m'a demandé si j'avais lu *Room at the Top* de John Braine. Je n'avais pas entendu parler de ce gros succès des librairies anglaises mais Glenville était persuadé qu'il s'y trouvait un rôle pour moi.

— Vous voulez bien y jeter un œil ?

Avais-je mieux à faire, après tout ?

Rentrée à Paris le lendemain, je suis allée acheter le livre chez WH Smith et ne l'ai pas lâché.

— Qu'est-ce que tu lis ? m'a demandé Montand, le soir même, étonné que je sois encore éveillée alors qu'il dormait depuis déjà une heure.

— T'occupe...

Il a grogné et s'est renfoncé dans son oreiller. Voilà bien longtemps qu'il n'y avait plus de livre sur sa table de nuit...

Moi, j'étais happée. Happée par cette histoire profondément anglaise. John Braine y racontait le sombre destin d'une poignée de personnages, dans l'Angleterre contemporaine, qui se voyaient tous renvoyés à leur position dans la société ; sous couvert de mélodrame subtil, on y parlait de lutte des classes, de mépris social, d'univers de caste... Autant de thèmes qui me touchaient. Et puis il y avait Alice Aisgill... Cette veuve frisant la quarantaine tombait amoureuse d'un homme trop jeune pour elle, et le dépit la poussait au suicide.

— Quel personnage magnifique ! ai-je dit à Glenville, appelé sitôt le livre refermé.

Le cinéaste était enchanté.

— Je m'en doutais...

J'ai cependant soulevé un léger problème.

— Lequel ?

— Je suis française...

Glenville s'en foutait : c'est *moi* qu'il voulait.

N'ayant aucun autre projet, j'étais libre et cela s'est passé avec une rapidité grisante !

— Tu vas partir longtemps ? s'est inquiétée Catherine.

Ma fille s'était habituée à me voir tous les jours à la maison. Elle y avait même pris goût. Plus cruellement, elle constatait peut-être combien j'étais heureuse de m'éloigner de Paris, de la Roulotte, donc d'elle. Je devais pourtant reprendre ma carrière en main, c'était même vital. Et voilà que l'Angleterre m'offrait une occasion inespérée.

— J'en ai besoin, tu sais? lui ai-je dit en caressant sa joue d'adolescente qui redevenait souvent fillette dès que nous étions ensemble.

— Et moi? a-t-elle demandé, sincère, égoïste mais si spontanée.

— C'est aussi pour toi que je pars...

Catherine ne comprenait pas et secouait la tête de gauche à droite.

— Ce n'est pas vrai... Tu ne penses *jamais* à moi...

Je me suis domptée pour garder mon sourire, car Catherine disait un peu vrai. Je lui ai alors objecté que je partais pour ne plus être cette mère inerte, maussade, déprimée, qu'elle voyait depuis des mois dans le salon de la Roulotte ou sur le canapé d'Autheuil.

— Mais je m'en fous, moi. L'important c'est qu'on soit ensemble...

— Tu aimes donc me voir dans cet état? ai-je grogné, piquée.

Catherine a haussé les épaules.

— J'aime juste que tu sois là...

Pour seule réponse, j'ai pris Catherine dans mes bras et l'ai serrée à l'étouffer. Elle aurait pu se débattre mais s'est accrochée à moi. Pourtant lorsque j'ai posé mon visage dans ses cheveux pour respirer sa bonne odeur enfantine, j'étais déjà de l'autre côté de la Manche.

Le tournage de *Room at the Top* s'est déroulé au printemps 1958. Bien que Peter Glenville ait dû céder sa place à son confrère Jack Clayton, j'ai passé deux mois de pur bonheur! C'est bien simple: je revivais. Joie de retrouver un vrai plateau;

joie de rencontrer une équipe sans *a priori*, sans mauvais souvenirs communs, sans perfidie mal digérée ; joie de ne pas tourner dans ma langue, me donnant un sentiment d'exotisme et de liberté.

Je n'avais plus l'impression de reprendre ma carrière où elle s'était arrêtée, mais de partir sur des bases neuves. Il ne s'agissait pas de faire table rase de mes films précédents, mais c'était une page vierge qui aurait conservé la mémoire de mes rôles. Et c'est en cela que *Room at the Top* a été un tournant : Alice Aisgill était la synthèse de Dédée, de Casque d'Or, de *Manèges*, des *Diaboliques*. Non pas une synthèse artistique mais quelque chose de plus profond, de plus intime. Cette femme précocement mûre était une incarnation de mon inconscient, de mes hantises, de mes rêves avortés. Mais en la jouant devant la caméra je la chassais, je l'évacuais ; je sublimais ce que je redoutais de devenir dans la vraie vie, pour mon mari et ma fille. Alice Aisgill était mon portrait de Dorian Gray : mais un portrait bien visible, à la vue de tous, qui allait me mener à la récompense suprême. Pendant près de dix ans, ce film allait être mon porte-bonheur et mon sésame.

Lorsque *Room at the Top* est sorti sur les écrans britanniques, à la mi-novembre 1958, le succès a été aussi complet qu'inespéré. Ni le producteur, ni Clayton, ni moi, ne nous attendions à un tel enthousiasme. *Les Chemins de la haute ville* (son titre français) était de ces films où s'opère ce miracle très rare d'une rencontre : ils correspondent exactement au désir du public, à un instant *t*. Alors que la bande-annonce vantait le *« most daring and adult film in a decade »*, la presse parlait de renaissance du cinéma anglais et me comparait à Greta Garbo ! Que de chemin depuis la déprime de l'hiver précédent ! Voilà même des années que mon *ego* n'avait pas été si regonflé !

Si les critiques saluaient la qualité d'ensemble du film, c'est moi qu'ils célébraient. La petite Française avait damé le pion à toutes les comédiennes britanniques qui auraient bien incarné Alice. Mais non, la môme Kaminker leur avait chipé la vedette. Une môme dont la presse encensait le naturel, la beauté à peine fanée, la tendresse rêche, ce regard au charme étrange et toxique…

Depuis combien de temps espérais-je cette reconnaissance ? Depuis toujours, sans doute. En tournant *Casque d'Or* j'avais cru que la vraie gloire allait arriver, mais l'échec du film avait étouffé ma performance. Il me faudrait donc attendre sept ans et cet exil anglais pour prendre ma revanche. Une revanche éclatante, incontestable, internationale, qui allait m'offrir, *nous* offrir, le Graal : Hollywood.

*

Je n'étais pas seule à caresser le rêve américain. Depuis ses premiers pas sur scène, et malgré son engagement politique, Montand n'avait cessé de penser aux États-Unis. Sa première chanson n'était-elle pas *Dans les plaines du Far West* ? Et voilà que le destin est venu frapper à la porte de sa loge de l'Étoile, en décembre 1958, sous la forme d'un grand homme très élégant et un peu timide.

— Mister Montand ? a-t-il dit, avec un fort accent américain.

J'étais comme souvent dans un coin de la pièce, veillant sur mon chanteur et sur ses admiratrices. Cette nouvelle série de concerts à l'Étoile avait provoqué l'enthousiasme habituel, et mon « instinct de propriété » était chaque soir mis à mal par toutes ces femmes qui venaient quémander des autographes.

— C'est la règle du jeu, Simone.

— Je connais ton respect des règles…

Me voilà donc allongée sur la méridienne, lisant un roman, l'œil aux aguets ; quant à Montand, il se démaquillait. Nous avions rendez-vous avec des amis, dans un petit restaurant de la place des Ternes, une demi-heure plus tard. Nous avons tous les deux levé les yeux sur ce type en costume de tweed, dont la trogne de boxeur aux yeux presque asiatiques était vissée sous un chapeau de feutre, comme dans un film de gangsters.

— Oui ? a fait mon mari.

Pour toute réponse, l'inconnu s'est approché et, sans ôter son chapeau, lui a tendu une grande main aux doigts épais.

— Norman Granz…

À ce nom, le chanteur est passé par toutes les couleurs.

— P… Pardon ?!

Sa tête a commencé de faire la navette entre moi et l'homme au chapeau, sans qu'il puisse parvenir à articuler un mot. Je l'avais rarement vu si ému !

Puis il a ânonné :

— Voyons, Simone, donne à boire à M. Granz ! – et j'ai compris aux yeux de l'inconnu qu'il parlait mal le français.

Sans bouger, j'ai toisé ce type dont je ne savais rien et lui ai dit, de mon anglais le plus *british* (je revenais juste de Londres) :

— Vous faites de l'effet à mon mari, Mister Granz…

L'Américain est parti d'un grand éclat de rire et m'a serré la main.

— Votre anglais est excellent, Misses Signoret. Et je vous ai vue la semaine dernière dans *Room at the Top* : vous étiez bouleversante.

Ce type savait comment me prendre ! J'ai pourtant gardé mes distances (avec le recul, je pense que j'étais agacée qu'il ne retire pas son chapeau, vieux relief de mon éducation bourgeoise...) et lui ai demandé qui il était.

Avec désinvolture, l'homme a répondu qu'il s'occupait de musique.

— De musique ?

— J'ai fondé quelques petits labels, en Amérique.

Je dois dire que le plus savoureux, c'était le visage de Montand, qui ne parlait alors pas un mot d'anglais et suivait notre conversation avec une expression un peu éberluée. Mais lorsque Granz a lancé, avec nonchalance, les noms d'Ella Fitzgerald, Oscar Peterson, Billie Holiday, mon mari s'est tendu comme un arc.

— Mais oui ! C'est bien Norman Granz !

Si je n'étais pas au fait des noms qui comptaient dans l'univers de la chanson, du disque et du music-hall, Montand avait entendu parler de cet imprésario qui faisait des miracles, aux États-Unis. Et voilà que ce type était là, ce soir, dans sa loge parisienne de l'avenue de Wagram ! Et il n'était pas en quête d'un simple autographe...

— Broadway..., répétait Montand, comme une formule magique.

C'est bien simple : il était extatique. La visite de Granz l'avait mis dans un tel état d'exaltation qu'il m'avait convaincue d'annuler le dîner place des Ternes et de rentrer à pied à la Roulotte !

— Broadway...

— Tu vas peut-être dire autre chose, non ?

J'étais agrippée à son bras et me tordais les chevilles sur mes talons tant il marchait vite, d'un pas presque cadencé.

— Tu n'es plus sur scène, tu sais ?

— Je n'y suis pas encore, a-t-il corrigé en se dégageant de mon bras pour exécuter, devant moi, quelques pas de claquettes :

— *Ladies and gentlemen : Mr. Yves Montand.*

Nous arrivions place de la Concorde et trois passants nous ont montrés du doigt. Malgré la pénombre – il était minuit passé – ils avaient reconnu Montand. Mais le chanteur s'en moquait et dansait comme Fred Astaire, sous la lune de décembre :

— Broadway, peuchère… Broadway !

Je n'ai pu me retenir d'éclater de rire. Une hilarité où se mêlaient une tendresse sincère mais aussi un peu d'ironie, comme devant un enfant qui se voit déjà roi du monde.

— J'espère que tu sauras dire autre chose, quand même.

— Autre chose que quoi ? a-t-il dit, essoufflé, en se penchant pour prendre appui sur ses cuisses, tel un coureur après le sprint.

Les passants s'étaient maintenant assis sur un banc et nous observaient en silence, au cas où le spectacle ne serait pas fini.

— Tu as entendu Granz ? Il faut que tu saches un minimum d'anglais…

Je m'en voulais de briser son état de grâce, mais c'était plus fort que moi : j'avais toujours ce petit côté maîtresse d'école pointilleuse, qui aimait recadrer, rappeler qu'il ne faut jamais abdiquer l'effort. Et puis sans doute une pointe de jalousie venait-elle aiguiller mon *ego*. Je venais à peine de tourner en Angleterre, après une vraie traversée du désert, et voilà qu'on offrait à Montand Broadway sur un plateau. N'y avait-il pas de quoi être agacée ?

— Je sais tout ça, a concédé Montand, qui connaissait mon caractère, devinait ma jalousie et ne voulait surtout pas exciter ma colère.

Il avait l'habitude de mes sautes d'humeur et n'entendait pas voir assombries ses bouffées d'allégresse par une « simonade », comme il disait.

Aussi a-t-il repris mon bras, et nous avons traversé la Concorde, sous les regards déçus des trois passants.

— Ça n'était peut-être pas lui, en fait, a murmuré une voix, dans notre dos.

Hélas, j'étais lancée, et tandis que nous longions les Tuileries par les quais je n'ai pu me retenir d'ajouter qu'il devait garder la tête froide.

— Ça peut très bien capoter, tu sais ?

— Je sais, a-t-il soufflé en se raidissant contre mon bras.

Mais déjà ses yeux repartaient dans un rêve qu'il gardait désormais pour lui seul.

Alors que nous arrivions au niveau de la gare d'Orsay, dont le grand bâtiment désaffecté se découpait dans la nuit comme l'ombre d'un dinosaure, j'ai ajouté, incorrigible :

— Fais les choses dans l'ordre : remplis les demandes officielles, et après on en reparle…

— Oui Simone, a murmuré Montand, comme il aurait dit « oui maman ».

— Granz lui-même a dit que c'est là que ça pouvait coincer : les États-Unis peuvent très bien nous refuser un visa.

Une dernière fois j'ai senti Montand se figer, son bras a commencé à se dégager du mien, puis il a resserré son étreinte et accéléré le pas en grommelant qu'il avait sommeil.

J'avais toujours le chic pour gâcher ses joies.

Mes parents auraient dû m'appeler Cassandre ; une semaine plus tard, nous recevions la réponse du consulat américain : les visas nous étaient refusés.

Ma jalousie larvée s'est muée en blessure narcissique. Oublié, l'agacement de voir Montand courtisé par Broadway. Je ne voyais plus qu'une chose : l'Amérique ne voulait pas de nous.

Montand était effondré. Son beau rêve partait en fumée.

— Et tout ça pour une histoire de tampon…, disait-il, recroquevillé sur le canapé de la Roulotte, alors que Catherine tentait de le consoler.

— Ça n'est pas grave, si ? Il n'y a pas que l'Amérique. Le monde est grand.

Je pense qu'une partie d'elle était soulagée de nous savoir coincés en France. Ma fille oscillait toujours entre le fatalisme devant nos départs, et le manque que ceux-ci provoquaient chaque fois. Et puis, j'allais peu à peu m'en rendre compte, elle souffrait moins de mon absence que de celle de Montand, qui était toujours très doux, très tendre avec elle. Alors que ma fille était parfois un fardeau, il la regardait comme l'enfant qu'il n'aurait plus et se comportait comme un père, un confident. Montand et moi ne parlions jamais de mes fausses couches, mais parfois, quand j'étais trop dure avec Catherine, il prenait sa défense. Et lorsqu'il précisait « si j'étais son père », je le rembarrais en rappelant qu'il ne l'était pas. Et le pauvre Montand se renfonçait entre ses épaules, sachant qu'à ce combat-là il serait toujours perdant, car la nature l'avait voulu ainsi…

Mais là, ce n'était pas la nature qui nous fermait les portes de l'Amérique. C'était une administration inique, soupçonneuse, qui voyait en nous l'œil de Moscou. Ce que je ne pouvais tolérer.

Décrochant mon téléphone, j'ai appelé directement le consul, avec qui nous avions plusieurs fois dîné.

Montand a eu beau me faire de grands gestes paniqués, craignant que je n'aggrave la situation, j'étais décidée à dire ce que je pensais.

Le diplomate américain m'a aussitôt prise au téléphone, car il devait attendre – et redouter ? – ce coup de fil.

— J'avais prévu de vous appeler.

— M'appeler ?

— Vous appeler tous les deux. Et présenter mes excuses.

L'homme était aussi sincère que navré : si cela n'avait tenu qu'à lui, il nous aurait accordé le visa sans problème. Lors de notre dernière rencontre, il avait été passionné par notre récit d'URSS, et il avait vu comme nos illusions avaient été balayées par quatre mois de l'autre côté du rideau de fer. Mais la machine administrative américaine était plus complexe qu'une soirée parisienne.

— Je pense que vous avez péché par honnêteté, a-t-il fini par dire, d'une voix que le téléphone a rendue encore plus étouffée.

— Depuis quand l'honnêteté est-elle un crime ? a grogné Montand, qui suivait la conversation, anxieux, par l'écouteur.

Il avait parlé si fort que le consul a entendu.

— J'ai relu vos questionnaires, monsieur Montand. Et j'ai failli vous appeler pour attirer votre attention. Mais le processus était déjà enclenché…

— Et le bât blessait où ? ai-je demandé en m'allumant une énième cigarette.

— Votre réponse à la question « Êtes-vous membre du parti communiste ? » était trop… *subtile.*

Montand et moi avons répété « subtile » d'une même voix. Toujours sur le canapé, Catherine a levé les yeux vers nous et répété ce même mot, sans comprendre de quoi nous parlions.

— Mes collaborateurs ne sont pas aussi ouverts que moi, a avoué le consul en baissant d'un ton. Ce sont même des bûches. À cette question, vous auriez simplement dû répondre « non ».

— C'est à peu près ce qu'on a dit ? a objecté Montand.

— Tout est dans le « à peu près » : vous avez déclaré ne pas avoir de carte du PC mais avoir été proches du parti pour la paix et de la CGT…

Montand a baissé la garde et reposé l'écouteur ; il ne voulait rien entendre de plus.

— Un excès d'honnêteté, a-t-il murmuré en prenant Catherine dans ses bras, désemparé.

Le consul me parlait encore mais je ne l'écoutais plus. C'est Montand qui avait insisté pour faire cette réponse, craignant que le moindre escamotage biographique ne soit un frein à l'obtention des visas.

— C'est quand même con, ai-je fini par grincer en le fusillant du regard. Toi qui sais si bien mentir…

23

Le destin est une peau de vache. Et encore je retiens mes mots. Appelez-le Dieu, Allah, Jéhovah, c'est même un beau salopard ! Une ordure patentée qui se fait un malin plaisir de salir la joie des hommes. Il veut maintenir un équilibre entre le bonheur et la peine, le succès et la souffrance. Il cherche toujours à nous éprouver, nous tester. Élevée sans religion, je n'ai jamais eu la foi, mais je l'aurais presque par défaut, par réflexe, car tant d'acharnement semble relever d'une volonté supérieure. Mais déjà je me sens bien sotte, bien lâche, bien présomptueuse de tenir de tels propos. L'absence de toute transcendance nous pousse à accuser le Ciel de ce qui ne relève que du hasard. Un hasard tragiquement cynique...

Nous avons bien sûr fini par les obtenir, ces satanés visas. Quelques semaines après le refus du consulat, Montand déboulait à la Roulotte en brandissant un document.

— Ça y est ! on les a !

Granz était en effet parvenu, au moyen de nombreux pistons, à passer outre les réticences d'une administration encore marquée par un maccarthysme fini depuis quatre ans. Et les visas étaient là, entre les doigts de Montand, un Montand qui jubilait dans le salon de la Roulotte !

— Nous serons américains du 15 juillet au 15 décembre 1959, c'est-à-dire dans quelques mois. C'est merveilleux, non ?

Il exultait !

Voyant que ces précieux documents ne provoquaient en moi qu'un sourire las, mon mari a fini par les plier et les ranger dans leur enveloppe, avant de remiser l'ensemble dans le secrétaire, près de la porte d'entrée.

Moi, je ne bougeais pas. Ou plutôt : je ne bougeais plus.

Voilà plusieurs semaines que j'étais prostrée ainsi et Montand ne pouvait m'en faire le reproche. Devant mon absence complète de réaction il n'a donc rien dit.

J'étais un spectre. Une partie de ma vie m'avait été dérobée. Une partie qui ne me serait jamais rendue, car la mort n'a pas de ces attentions.

La mort, oui. Ces quatre lettres qu'on repousse avec nonchalance, un mépris facile, lorsque tout va bien, et qui vous transpercent de douleur lorsqu'elles s'invitent dans votre vie.

Jusqu'à présent, je ne la connaissais pas. Ou alors de loin. Mes fausses couches n'avaient été que des vies escamotées. Et je n'avais perdu personne, sinon des amis lointains. Mais voilà qu'elle me frappait au cœur, dans la partie la plus tendre, la plus douce, la plus intolérable. Voilà qu'elle faisait irruption pour me cracher au visage, doublant la brutalité de l'absence par le sentiment terrible, insurmontable, de n'avoir pas été *assez là*.

Cela s'est passé en un coup de téléphone, à la mi-décembre 1958.

En décrochant, j'ai été surprise par le silence. Je n'entendais qu'une respiration lointaine et des mots qui ne parvenaient pas à sortir.

Puis, enfin : « S… Simone ? »

J'ai reconnu ma mère.

Nous ne nous voyions presque jamais et ne nous appelions guère plus, mais entendre sa voix m'a aussitôt glacée. Jamais elle ne me téléphonait au hasard.

— Maman, qu'est-ce qui se passe ? ai-je demandé, sentant ma peau qui devenait brûlante.

Ma mère ne parvenait pas à articuler. Toutes ses phrases s'achevaient dans un sanglot. Les seuls mots que j'aie pu comprendre étaient « lame de fond ».

— Maman, je ne comprends rien !

Elle était si haletante, si incohérente, que je n'avais d'autre choix que de la faire répéter, cruauté involontaire.

— C'est… Alain…

Tout s'est figé. Les aiguilles dans la pendule de la Roulotte. Les péniches sur la Seine, de l'autre côté de la vitre. Les flics qui gagnaient la préfecture de police. Jusqu'aux nuages, dans le ciel, qui ont pris une teinte grise.

Alain. Alain Kaminker. Mon petit frère. Cet enfant né neuf ans après moi et que j'avais élevé comme un fils, car mon père n'était jamais là.

En bien des points, j'avais été la mère de ce gosse ; pour personne d'autre – même Catherine – je n'avais éprouvé un tel sentiment maternel. Sans doute est-ce pour cela, pour suivre les pas de cette sœur qu'il ne voyait presque plus et qui lui manquait, qu'il avait voulu me retrouver sur le seul terrain où je jouais désormais : mon métier. Lorsqu'il m'avait annoncé vouloir travailler dans le cinéma j'avais d'abord été un poil méprisante.

— Tu veux devenir cinéaste ? Tu es bien sûr de toi ? C'est un métier difficile, tu sais ?

Mais Alain et moi étions du même sang : il avait mon obstination, ma volonté, et je l'ai tout de suite vu à ses yeux, lorsqu'il m'a répondu, agacé par mes airs de douairière :

— Je ne suis pas sûr, je le *sais*…

Inutile de me convaincre davantage.

Alors je lui ai obtenu des stages sur des plateaux, sur des tournages. Il a fait le porteur de café chez Delannoy et quelques autres. Mais vite il a trouvé ce vêtement trop étroit et artificiel. Ce qui intéressait Alain c'était moins les personnages, les intrigues, que les gens. En bon fils de Georgette Kaminker, mon petit frère avait la générosité chevillée au cœur. Comme ma mère, comme moi, malgré nos défauts et nos paradoxes, il éprouvait cette empathie qui pousse à s'indigner devant les injustices. Voilà pourquoi il se voyait moins créateur que témoin. Filmer la vie des gens, montrer leur quotidien, témoigner de leurs souffrances anonymes : telle était sa passion, son rêve. Aussi avait-il répondu « oui » quand Raymond Vogel lui avait proposé de l'épauler pour le tournage d'un documentaire sur les marins de l'île de Sein.

L'île de Sein… L'extrémité de l'Europe. L'avant-poste sur l'océan. L'une des terres les plus rudes, les plus rugueuses, les plus hostiles.

Je n'étais pas au courant de ce projet. Il s'était décidé en quelques jours et Alain était parti sans me consulter, car voilà bien longtemps qu'il n'avait plus besoin de l'aval de son aînée. D'ailleurs je ne lui aurais peut-être pas répondu, exaspérée que j'étais par mes avanies administratives américaines.

Qu'ils paraissaient dérisoires, ces visas, désormais.

— Je lui avais dit que c'était dangereux, sanglotait Georgette, tandis que remontaient en moi mille images : la tendresse, la complicité, la douceur d'une peau de bébé, la patience infinie qu'exige un nourrisson, l'enthousiasme des premiers pas, le langage qui s'invite, les mots qui se forment : lorsqu'un être épelle le monde.

Et voilà qu'aujourd'hui une vague, une simple vague, venait détruire ce paradis perdu.

— Il a voulu filmer un naufrage, a repris ma mère, d'une voix tremblante. Ils lui ont tous dit que c'était risqué mais il n'en a fait qu'à sa tête. Tu connais ton frère… Alain voulait sauver ces hommes *et* filmer le sauvetage…

Et puis cette vague qui le happe, l'aspire et le précipite dans l'océan.

— Ça s'est passé hier, mais ils n'ont retrouvé son corps que ce matin, rapporté par la marée.

Je ne pensais pas contenir tant de larmes. Je ne pensais pas qu'il était physiquement, *humainement*, possible de pleurer à ce point. Montand, Catherine, les Livi, tous mes amis ont eu beau se relayer pour venir me consoler, à la Roulotte ou à Autheuil, je les repoussais et me recroquevillais sur moi-même, secouée de hoquets.

Avec le recul, je pense qu'il s'agissait là d'une purge. Cela allait bien au-delà du chagrin. Je me nettoyais de ce que la vie m'avait apporté de bonheurs et de souffrances, depuis le 25 mars 1921. Voilà trente-sept ans que je respirais mais jamais je ne m'étais sentie plus vivante et plus fragile qu'aujourd'hui. Je m'étais toujours rêvé un destin d'héroïsme et de sacrifice mais c'est mon frère qui mourait, pour avoir voulu sauver des hommes. La fatalité frappait avec une grandeur tragique et je me sentais à la fois veuve, orpheline et mère en deuil.

À dater de ce jour, malgré toutes mes gloires, toutes mes joies, tous mes succès et toutes mes souffrances, mon existence ne serait plus jamais la même : il aura suffi d'une vague pour que ma vie, désormais, garde un goût de sang et d'eau salée.

24

L'année 1959 reste un triste mélange d'excitation et de désarroi, d'honneurs et de chagrin, de gloire et de dépit. Ne voulant pas faner l'enthousiasme et l'énergie de Montand, je devais prendre sur moi pour faire bonne figure, adopter un masque. Mon métier étant d'incarner les autres, je faisais illusion, du moins diversion. Ainsi, au mois de mai, quand ma prestation dans *Room at the Top* m'a valu le prix d'interprétation féminine au festival de Cannes, j'ai bouleversé tout le monde. Lorsque André Malraux m'a remis le trophée, mes sanglots ont ému aux larmes le public du palais. Comment leur dire que je me foutais de cette statuette ? Une demi-heure plus tôt, ils avaient rendu hommage à mon frère, remuant le couteau dans la plaie alors même que j'allais devoir monter sur scène…

Ainsi étaient donc mes journées : traversées par des orages subits, des tempêtes muselées, des remontées acides. Alain apparaissait dans ma mémoire, avec la certitude qu'il n'était plus là.

*

Pour Montand, c'était le compte à rebours.

— Broadway, c'est quitte ou double, lui répétait Norman Granz, qui appelait deux fois par semaine. Soit vous les séduisez, et c'est parti pour six mois. Soit vous les ennuyez, et trois jours plus tard vous serez place Dauphine. *That's show business!*

— Tu parles d'une pression, disait le chanteur chaque fois en raccrochant, le front en sueur.

L'enjeu était de taille, car, encore plus qu'en Russie, on l'attendait au tournant. À l'Est, il avait été reçu comme un souverain ; à Broadway, il redevenait un débutant qui doit faire ses preuves, ce qui le terrifiait et le galvanisait. Le chanteur était surtout angoissé par sa méconnaissance complète de la langue anglaise. D'autant que Granz avait été formel :

— Vous ne chantez pas à l'ambassade, vous chantez dans un théâtre *américain*.

— Mais vous savez bien que je ne parle pas un mot !

— Raison de plus pour vous y mettre sans perdre une minute.

La première à New York étant le 21 septembre, il n'avait qu'une poignée de mois pour parler anglais comme un professeur à Oxford !

Je me rappelle encore cet après-midi de juin, à Autheuil, où Montand parcourait le grand perron de la maison comme une scène de théâtre. Nous étions venus sans aucun invité, afin qu'il puisse se concentrer. Il avait demandé un silence absolu à tout le monde – c'est-à-dire moi, Catherine et Marcelle, la cuisinière – et nous avions l'impression d'occuper la maison d'un grand malade. Cette atmosphère convenait à mon humeur. Seule Catherine bougonnait, qui ne pouvait même pas sauter dans la piscine et devait nager en silence, car le moindre bruit déclenchait la colère du chanteur.

— Mais bon Dieu je travaille !

— Ça, on le saura, grommelait ma fille en s'allongeant sur une serviette, sous le soleil de la fin de printemps.

Chaque jour un peu plus elle devenait une femme, me rappelant que je ne devais pas passer à côté de sa vie comme je l'avais fait avec Alain.

Mais pour l'heure, Montand occupait tout l'espace.

Il était donc à gesticuler sur le perron d'Autheuil, où il visualisait la scène du théâtre américain (Granz lui en avait même fourni les mesures exactes, impressionné par la précision de cette demande).

Et c'était un spectacle étrange que de voir cet artiste funambule bouger sans un son, comme pour un film muet, un mime. Le chant des oiseaux dans les arbres n'en paraissait que plus puissant. Tous les bruits de la nature semblaient s'unir pour épouser les gestes de l'artiste, en un étrange ballet.

Moi, j'étais assise dans l'herbe, l'œil perdu, comme si souvent depuis six mois. J'ai pourtant été attirée par la bouche du chanteur qui rappelait celle des moines récitant un rosaire, au grand silence du cloître.

Après un moment d'hésitation, j'ai lancé :

— Parle plus fort, on ne t'entend pas !

Montand a relevé vers moi un visage surpris, moins agacé que timide. J'ai même lu une vraie peur dans ses yeux. Je ne comptais pourtant pas lui faire passer d'examen. Mais ainsi était-il : sa vie était une suite de défis à surmonter.

Alors, à ma grande surprise, il a parlé à voix haute. Et je dois dire que je n'en revenais pas ! Son anglais était parfait : l'intonation, les inflexions, jusqu'à cet accent qui n'était ni britannique, ni américain, mais rappelait ces personnages des films hollywoodiens qui veulent être compris de tous les anglophones.

— Mais… c'est impeccable !

Montand s'est arrêté, heureux mais un rien piqué par ma surprise.

— Ça a l'air de t'étonner.

— Il y a trois mois, tu prononçais le mot « *week-end* » avec l'accent de Marseille, et maintenant tu parles comme Cary Grant !

Son visage est devenu aussi lumineux que le soleil de juin. Gagnant en confiance, il a commencé à me faire un sketch, dont Granz lui avait envoyé le texte. Montand ne m'avait rien montré et je découvrais l'ensemble aujourd'hui, en plein air et presque en tête à tête. La saynète était très drôle et, à sa chute, j'ai même explosé de rire.

— C'est donc drôle ? s'est étonné Montand, dubitatif.

— Le type qui a écrit ça a du talent, tu ne trouves pas ?

Mon mari a conservé son expression méfiante et sorti une feuille de sa poche.

— Si tu le dis…

Je me suis redressée, n'osant y croire.

— Mais dis-moi, tu… ?

Montand a baissé les yeux, pris en faute.

— Oui, Simone : je récite…

Incroyable imposteur ! Mon mari restait un maître de l'illusion. J'étais sidérée par l'efficacité de son numéro.

Je l'ai rejoint « sur scène », sous le regard morne de Catherine, toujours allongée sur la pelouse.

— Tu n'as vraiment aucune idée de ce que tu racontes ?

— Vaguement mais l'important c'est qu'on y croie, non ? a-t-il répondu, fier de son tour de passe-passe.

Songeant aux heures passées à explorer le personnage d'Alice Aisgill, analysant la moindre de ses répliques pour la percer à jour, j'étais à la fois impressionnée et désemparée.

— Mais comment fais-tu ?

— Ben… comme ça…, m'a-t-il répondu en me tendant la fameuse feuille.

Sous mes yeux, une page couverte d'hiéroglyphes étranges.

— C'est de la phonétique ?

— Et ça fonctionne, a-t-il répliqué en reprenant la feuille, s'en voulant de m'avoir dévoilé son « truc ».

Bien sûr que ça fonctionnait. C'était même impressionnant. Mais je restais perplexe qu'il ne veuille pas comprendre ce qu'il articulait si bien.

— Je n'ai pas le temps, Simone.

— Ça n'est pas plus long de mémoriser des sons ?

— Pour toi peut-être, pas pour moi. Une cantatrice peut chanter un opéra russe de quatre heures sans en parler un mot, tu sais ?

— Mais il faudra bien que…

— Je sais ! m'a-t-il coupée, pris de panique devant la montagne qui restait à gravir. Laisse-moi le temps d'arriver à New York, tu veux bien ?

— New York, ai-je répété d'une voix blanche, car ça me semblait encore si loin…

25

Je ne répéterai jamais assez que nous étions des enfants de l'Amérique… Une Amérique fantasmée, comme les *cow-boys* de Montand et mes propres rêves de jazz, mais un imaginaire qui nous avait l'un et l'autre façonnés. Après avoir voulu nous en affranchir, nous y retournions comme le fils prodigue revient au bercail. Le mirage soviétique incarnait l'adolescence de notre sensibilité – une poussée d'acné; le besoin de casser le moule. Mais lorsqu'on a vu les regards glacés du peuple russe, comment ne pas hennir de joie devant les lumières de Times Square? Après l'iceberg communiste, comment ne pas tomber sous le charme du volcan américain? La comparaison était désarmante. À l'ouest on vivait, à l'est on survivait. Et cette satanée liberté, brandie avec tant d'hypocrite hargne à l'est du rideau de fer, faisait la différence. Aux États-Unis, tout dégueulait de liberté!

Ce qui m'a frappée d'abord, c'est le vacarme. New York était une gifle sonore. Le bruit des voitures, des mots, des sirènes, des gens dans la rue, des passants qui hélaient des taxis, des badauds qui s'apostrophaient dans toutes les langues, des crieurs de journaux, des simples curieux. Vivant à Paris, je croyais connaître une métropole, alors que j'habitais la province. Paris était une sous-préfecture, la Roulotte un village, Autheuil une grotte préhistorique. Ici, chaque coin de rue était un début de film ou de roman ! Et puis ces lumières, ces néons incessants, ces publicités agressives, sur le moindre immeuble. Des immeubles dont on se ruinait la nuque à vouloir apercevoir le sommet, au risque de valser en arrière tant on se tordait le dos !

Jamais l'expression « Nouveau Monde » ne m'avait paru aussi évidente. Car tout respirait la nouveauté, tout étouffait de jeunesse, d'énergie.

Et puis cette familiarité, cette absence de cérémonie si surprenante, pour qui arrivait de notre vieille Europe corsetée. Depuis le *« Hello folks ! »* du chauffeur de taxi jusqu'au *« Hi there »* du portier de l'hôtel *Algonquin*, Montand et moi avons été plongés dans le bain de ce peuple naturel, spontané, qui avait décidé d'agir et non de subir. Dieu que cette énergie faisait du bien ! Alors que j'étais sur le sol américain depuis moins d'une heure il me semblait ôter enfin ce masque de deuil gardé depuis des mois. L'air d'outre-Atlantique nettoyait l'âme ; le vent de fraîcheur qui soufflait le long de l'Hudson était là pour me redonner confiance. Et de la confiance, il allait nous en falloir, car le défi était à la mesure de cette ville !

— Vous avez onze jours, nous a annoncé Norman Granz, déjà très tendu, quelques heures après notre arrivée.

À peine le temps de poser nos bagages dans notre suite d'hôtel, il nous attendait au bar, sirotant un verre de chardonnay en consultant un épais dossier couvert de chiffres.

— Onze jours, a répété Montand.

— Onze jours pour être *parfaitement* prêt…

Nous nous étions assis à une petite table en retrait et j'étais envoûtée par l'ambiance ouatée de la salle. C'était feutré, capiteux, à l'image de ces fumées de cigare qui rendaient l'air âcre et palpable. De table en table, les gens parlaient bas, les hommes prenaient des mines de séducteurs, les femmes battaient des cils, les clients buvaient sec. Étais-je en train de plaquer sur un lieu banal mes souvenirs hollywoodiens, ou bien ce bar d'hôtel était-il à l'image de ce que j'avais vu sur des écrans de cinéma ? Je pense que la vérité se trouvait à mi-chemin et ne disait qu'une chose : j'étais au spectacle.

Montand était beaucoup moins serein, car son esprit fonctionnait comme un compte à rebours.

Trempant ses lèvres dans un jus de fruits – il avait décidé de s'interdire l'alcool avant la première –, il a jeté vers moi un regard inquiet, puis a confirmé que onze jours seraient suffisants.

— De toute façon nous n'avons pas le choix, a rétorqué Granz, les yeux fixes. Il *faut* que ça soit suffisant.

Montand et moi étions surpris par la sévérité de l'imprésario. Il y avait un monde entre l'affabilité charmeuse de l'homme venu frapper à la loge de l'Étoile et cet être tendu, à la mâchoire crispée, dont le regard semblait toujours fuyant. Devinant notre surprise, il s'est aussitôt justifié :

— Je joue gros, vous savez ? Le Henry Miller's Theatre compte neuf cent cinquante places. Et le public new-yorkais ne vous connaît pas.

— Pas *encore*..., ai-je corrigé, presque désinvolte, car ce superbe bar d'hôtel me galvanisait.

— Si je comprends bien, je ne vais pas dormir pendant onze jours ? a demandé Montand, sans ironie.

Granz restait concentré. Il a même ouvert un gros agenda couvert de petites notes en pattes de mouche.

— Vous avez raison, Yves : le sommeil est un luxe que nous ne pouvons pas nous permettre avant la première. Simone non plus, d'ailleurs…

Entendant mon nom, j'ai été tirée de la contemplation : à deux tables de nous, une dame très âgée, très ridée, en costume crème et chapeau à voilette, sirotait un cocktail laiteux avec un grand barbu noir qui ne devait pas dépasser les vingt-cinq ans.

— Oui ? Quoi ?

— Je disais que les premières interviews commencent demain à huit heures, a expliqué Granz, agacé par mon inattention.

— Ah moi, le matin, je dors.

Granz a dégluti, ayant prévu mon objection.

— J'en doute, Simone.

— Comment ça ?

— Vous parlez mieux anglais que la plupart des interprètes disponibles. Et puis…

— Et puis… ? ai-je demandé, déjà résignée.

— J'ai annoncé à la presse que la traduction serait assurée par Alice Aisgill…

Mon affection pour les États-Unis s'est cristallisée dès le contrôle des passeports.

— *Alice Aisgill! Welcome to America!* m'a fait le douanier, avec un grand sourire.

Je savais que *Room at the Top* avait très bien marché en Angleterre, mais je ne pensais pas qu'il avait été un tel succès aux États-Unis. Succès d'autant plus inattendu que ce film sans vedettes avait été tourné loin des studios californiens.

Mais, j'allais vite le comprendre, le public américain avait été touché par le destin d'Alice Aisgill. Il semble que beaucoup de femmes se soient reconnues dans la beauté douce, presque triste et fanée, de ce personnage, bien loin des paillettes artificielles des stars hollywoodiennes. Et il n'était pas une heure qu'on ne m'arrête dans la rue, dans les magasins, dans le hall de notre hôtel. Ça en devenait parfois usant.

— J'aimerais bien avoir la paix, de temps en temps…

— Tu devrais être flattée : on ne fait pas cent mètres sans une demande d'autographe.

Cette remarque sonnait comme un reproche. Je connaissais par cœur Montand et le sentais agacé. Il était l'invité d'honneur mais c'est sa femme que l'on hélait, avec ce sans-gêne si naturel des Américains. Et lorsqu'il donnait ces chapelets d'interviews imposés par Granz, dans le salon de notre suite de l'*Algonquin*, les journalistes avaient toujours une question pour moi.

— Misses Signoret, que pensez-vous de l'Amérique ?

— Simone, avez-vous des projets à Hollywood ?

J'y répondais de bonne grâce et avec un soupçon de perfidie, car je scrutais le visage contrit de mon mari, toujours énervé qu'on lui chipe la vedette. Mais Montand ne se serait pas permis la moindre remarque, car j'étais sa béquille permanente et il ne pouvait faire un pas – ni même dire un mot ! – sans moi.

— *Time is money !* répétait Granz chaque matin en déboulant sans cérémonie – et dès huit heures – dans notre suite, comme une annexe de son bureau.

— Et mon café ? grommelais-je.

— Vous le prendrez pendant la première interview. Allez hop !

Et les rencontres s'enchaînaient.

Si je me moque de l'humeur de Montand, je manque un peu de charité, car ces onze jours ont été un vrai calvaire. Une fois répondu à toutes ces questions – toujours les mêmes, on connaît les journalistes –, il devait continuer à mémoriser la phonétique, apprendre les nouveaux textes de liaison écrits par le scénariste Michael Wilson, et surtout répéter sur la scène du

Henry Miller's Theatre. Ce superbe bâtiment de brique rouge, avec ses airs néoclassiques de gare victorienne, était édifié à l'angle de Broadway et de la 43e Rue ; autant dire au cœur même de l'Entertainment new-yorkais. Difficile d'être mieux placé ! La salle de près de mille places était divisée entre un parterre et un balcon.

— Il va falloir la remplir..., s'inquiétait chaque jour Norman Granz, dès que nous arrivions pour les répétitions.

— S'il continue à dire ça je vais l'étrangler ! me chuchotait Montand, sensible à la moindre pression.

Moi, j'allais m'asseoir sur l'un des mille fauteuils de cuir blanc et je surveillais la répétition du jour. Montand avait insisté pour que je sois toujours présente, car il manquait de repères. Voilà des années qu'il travaillait avec la même équipe, les mêmes techniciens et les mêmes musiciens.

Las, le syndicat des musiciens avait exigé qu'il chante avec des instrumentistes américains.

— Ça fait quinze ans que je bosse avec les mêmes gars, avait-il pourtant dit à Granz, lequel s'était montré inflexible.

— C'est ça ou pas de concerts...

Tout juste avions-nous pu amener dans nos bagages le pianiste Bob Castella, qui était aussi désarçonné.

— Je les connais pas, ces gars-là, avait-il dit en voyant arriver les artistes du cru, non sans jalousie.

Heureusement la greffe a pris presque aussitôt. Il a suffi d'une simple répétition pour que ces Américains se glissent dans l'univers de Montand comme des caméléons. Depuis mon fauteuil, cachée dans la pénombre pour ne pas les déranger, j'ai dû m'avouer soufflée.

— Alors ? m'a fait Montand, debout sur la scène, après une heure à les apprivoiser.

Le chanteur a juste aperçu mon bras, surgi de l'obscurité, avec un pouce en l'air d'empereur romain. À ce geste, Castella a aussitôt ajouté :

— Ils sont formidables ! On dirait qu'on a bossé ensemble toute notre vie.

Montand a esquissé un sourire satisfait sans perdre son sang-froid. Mais j'ai lu dans son regard un profond soulagement : voilà une angoisse en moins. Il en restait beaucoup d'autres ! Et les onze jours nous séparant de la première ont été une suite de duels, de luttes, de combats entre Montand et ses angoisses.

— Tu te sens prêt ? lui ai-je demandé, au matin du 21 septembre 1959, alors qu'on venait de nous apporter un petit déjeuner assez colossal dans le *« living-room »* de notre suite.

Pour la première fois depuis notre arrivée, Granz ne s'est pas joint aux œufs brouillés. Tout juste a-t-il fait poser un journal sur le plateau, entourant au stylo un entrefilet bien placé qui annonçait, pour ce soir, *« An evening with Yves Montand »*.

Le chanteur a déplié le canard, le visage impassible. Puis il a relevé vers moi un regard à la fois résigné, terrifié et passionné.

— Quand on est trop prêt, on est mauvais. Et ce soir, je dois être le meilleur.

26

Une première au Théâtre de l'Étoile et une première à Broadway n'ont pas le même lustre. Autant comparer un orchestre symphonique et une harmonie municipale.

Montand le savait et faisait de grands pas dans sa loge, tel un prisonnier ne sachant qui va ouvrir la porte de sa cellule : la grâce ou le bourreau. Quelqu'un avait cru bon d'épingler sur un grand panneau de liège les télégrammes d'encouragements reçus depuis ce matin au théâtre, mais Montand avait tout arraché d'un geste rageur.

— Ça porte malheur, bon Dieu !

Tout comme il avait fait retirer les nombreux bouquets de fleurs que ne cessaient de livrer des petits grooms, venus des quatre coins de Manhattan.

— Avant un spectacle ce sont des couronnes mortuaires ! Ces *Amerloques* n'ont donc aucune culture ?

À cette expression, Granz avait grimacé, mais il s'efforçait de garder son calme. Après s'être montré tendu depuis notre arrivée à New York, l'imprésario était d'un sang-froid impressionnant.

— Pour lui c'est facile, a grommelé Montand. Maintenant tout repose sur mes épaules…

— Et s'il était juste confiant ?

Montand s'est assis devant son miroir, vérifiant pour la centième fois l'homogénéité du maquillage et les plis de son costume de scène.

— À ce point du récit il ne s'agit plus de confiance, il faut avoir la foi.

— L'Amérique te fait croire en Dieu ? ai-je gloussé, forçant mon hilarité, car j'étais aussi inquiète que lui mais ne voulais pas le contaminer.

Montand ne s'est pas déridé. Il a même fait un signe de croix étrange et ajouté, d'une voix enfantine :

— J'ai grandi au pied de la Bonne Mère, Simone. Et je suis italien. Il faut croire que Dieu coule un peu dans mes veines…

Alors que je séchais à trouver une réponse, Granz m'a sauvée en déboulant dans la loge. Il brandissait une liste de noms, des étoiles dans les yeux.

— Vous aurez tout le *gratin*, comme on dit chez vous.

Et de citer fièrement Lillian Gish, Lauren Bacall, Ingrid Bergman, Marlene Dietrich…

Voyant que chaque nom écrasait Montand un peu plus, j'ai de nouveau tenté de blaguer :

— C'est plus chic que Paulette Dubost et Raymond Bussières !

Toujours face à son miroir, Montand est resté impassible.

— Et Marilyn Monroe sera là avec Monty Clift…, a poursuivi Granz.

À ce nom, le chanteur s'est figé. Il me semble même avoir croisé son regard, dans le reflet de la glace ; mais je ne saurai jamais s'il s'agit là d'un souvenir recomposé, car j'ai tant de fois revécu cet instant, si fugace, si banal, où nous entendions pour la première fois *son* nom.

Marilyn était souvent venue dans notre conversation, lorsque nous jouions *Les Sorcières de Salem*. Rouleau et toute l'équipe s'étonnaient qu'un dramaturge aussi cérébral qu'Arthur Miller, l'auteur de la pièce, partage sa vie avec la plus célèbre *pin-up* d'Hollywood. Mais nous changions vite de sujet.

Ce jour de première à Broadway, c'était différent. Mais je donne sans doute de l'importance à une conversation anodine, car Montand ne pouvait se douter du séisme que la présence de l'actrice à ce spectacle allait provoquer.

Tout juste me suis-je étonnée qu'elle vienne au bras de Montgomery Clift.

— Arthur Miller n'est pas à New York ?

Granz allait répondre mais Montand a cogné du poing sur sa table de maquillage, faisant trembler toutes les fioles.

— Bon, vous avez fini votre chronique mondaine ?! Dans une demi-heure je suis en scène, moi !

*

Granz m'avait placée au milieu du parterre, côté jardin, suffisamment proche pour que Montand aperçoive mon visage malgré les projecteurs. Lorsque je me suis faufilée pour m'installer, à l'instant où les lumières commençaient à baisser, j'ai entendu quelques *« Look ! Alice Aisgill ! »* mais n'ai pas tourné la tête. À chaque heure son rôle : je n'étais plus Mrs. Signoret mais Mme Montand ; et je l'étais avec la même foi, la même passion et le même trac qu'au soir de notre rencontre, à Nice, dix ans plus tôt. Un instant, tandis que le théâtre se plongeait dans l'obscurité, j'ai songé à ce chiffre. Dix ans… Nous nous étions connus le 19 août 1949 et nous étions le 21 septembre

1959. Trop absorbés par nos projets américains, ni Montand ni moi n'avions relevé cet anniversaire si symbolique qui me sautait au visage. Ça n'était pourtant pas le moment de dresser le bilan de cette décennie, où nous avions tant vécu. Mais, alors que Montand arrivait sur scène en faisant la roue, sous un tonnerre d'applaudissements, j'ai songé que pour rien au monde je n'aurais voulu une autre vie.

«*An evening with Yves Montand*» a été un triomphe ! Ce mot semble même un *understatement*, comme on dit de ce côté de l'Océan. Un succès complet et immédiat ; une épiphanie. Comme je m'y attendais, le chanteur a capté son public, l'a retourné, en a fait sa chose. Subitement il était là, ici, devant ces New-Yorkais en smoking, robe longue et bijoux, comme il l'était devant les parigots à casquette et les ouvriers de Leningrad. Depuis Maurice Chevalier, la «*French touch*» avait toujours plu aux Américains et Montand la poussait à son paroxysme. Mon mari était si expressif, si grimaçant, si charmeur, si arlequin, si bondissant, si *fondamentalement* comédien, que son public n'avait même pas besoin de comprendre les textes de Lemarque ou de Prévert. Et puis ces petits sketchs de liaison, qu'il disait avec tant de naturel, tant de simplicité, auraient fait croire qu'il avait été élevé par une nurse anglaise. Il est même parvenu à improviser une hilarante danse de Saint-Guy quand il a remarqué, en plein spectacle, que sa braguette était restée ouverte ! Du moindre détail Montand faisait une pantomime, un numéro de charme.

Entre deux chansons, il consultait mon visage, tel un sportif vérifie dans le regard de son entraîneur si sa performance est bonne. Et chaque fois je le sentais plus sûr de lui, plus souriant, car je savais lire au fond de ses yeux.

À l'entracte, je n'ai pas bougé de mon fauteuil. Alors que les spectateurs m'enjambaient avec un « *Sorry* » assez cavalier, gagnant le foyer du théâtre pour manger des *peanuts* ou siroter du « *champaign* », je suis restée assise, immobile, les yeux mi-clos. Je voulais juste m'imprégner des lieux et écouter les commentaires. Le brouhaha général ne m'a pas permis d'entendre grand-chose ; mais il était jouissif de sentir cette atmosphère si bienveillante, si conquise, dans laquelle j'avais l'impression de nager.

Alors que sonnait la reprise du show, j'ai quand même perçu une voix à la fois aiguë et suave, à quelques mètres derrière moi.

— Il est merveilleux ! C'est tout son corps qui chante, disait-elle avec un anglais très articulé.

À cette remarque très juste, la voix de Granz a répondu :

— Venez en coulisse après le show ? Je vous le présenterai.

— Impossible, Monty et moi devons filer : nous avons un dîner.

J'ai voulu me retourner mais me suis retenue : c'était amusant de reconnaître sa voix, à l'aveugle. Elle se distinguait de toutes les autres. Bien qu'ils ne soient pas ma tasse de thé, j'avais vu certains de ses films, à Paris.

— *Too bad, Marilyn*, a fait Granz, vous devriez bien vous entendre…

— Faites-moi confiance, je vais revenir voir ce show…

Le recul me souffle aujourd'hui mille répliques cinglantes, assassines. Mais, à l'époque, comment pouvais-je deviner ?

*

Le lendemain matin, ce n'était pas un journal qui accompagnait notre petit déjeuner, mais dix-sept… Le nom de Montand était partout ! Avec cette emphase propre au Nouveau

Monde, les critiques redoublaient de «*great*», de «*wonderful*», de «*outstanding*».

— Nous avons remporté notre pari, triomphait Granz, qui nous avait rejoints au bar de l'*Algonquin* dès dix heures du matin.

Il a fait déboucher une bouteille de champagne à laquelle Montand n'a pas touché :

— Ce soir je chante.

— Pas que ce soir ! a rétorqué Granz en posant sur la table son fameux gros cahier. Depuis ce matin, le standard du Henry Miller's a explosé. Les quarante dates envisagées sont pleines. C'est un succès inespéré !

— Comment ça « inespéré » ? me suis-je offusquée – théâtralement –, tandis que Montand se penchait en arrière et souriait au plafond du bar, avec une extase de gamin.

— Vous n'imaginez pas ce qu'est le public new-yorkais. En une soirée, Yves l'a mis à ses pieds. D'ici à un mois il sera le Français le plus connu des États-Unis !

— Qu'est-ce que tu dis de ça, Misses Aisgill ? a fait Montand en chipant la coupe que Granz me tendait pour la vider d'une traite.

— Attention, la vedette. Ce soir : tu chantes…

Yves Montand ne s'attendait pas à un tel succès. D'autant que les représentations new-yorkaises seraient suivies d'une tournée au Canada puis en Californie. Alors il aurait juste le temps de repasser par Paris avant de filer, dès le 18 janvier, au Japon, pour une nouvelle tournée de deux mois !

— Quelle année…

Pour moi, tout restait à venir. L'étape californienne allait même être cruciale. Une fois sur la côte ouest, je reprendrais ma casquette de comédienne, car mon agenda de novembre était rempli de rendez-vous avec les producteurs qui me courtisaient depuis le succès de *Room at the Top*.

Dès notre arrivée à l'*Algonquin* j'avais découvert dans une bibliothèque de la suite une quinzaine de scénarios envoyés par Los Angeles, en prévision des rencontres d'automne, mais je n'y avais pas touché. Seul importait mon mari.

Mais ce succès si immédiat, si radical, m'a obligée à repenser mon organisation familiale.

En nous embarquant pour New York, Montand et moi n'avions aucune idée du temps que nous y passerions. La durée de notre séjour américain dépendait du succès de la première, et Granz se montrait si tendu, si circonspect, que nous n'avions tiré aucun plan sur la comète. Mais voilà que nous devions rester aux États-Unis jusqu'à Noël, et je ne pouvais pas disparaître de Paris pendant quatre mois.

— C'est vrai ? m'a fait Catherine, d'une voix incrédule, au téléphone.

J'étais surprise d'entendre du doute dans sa question. Mais j'étais sur la défensive, car le moindre échange était un rappel de mes absences.

Ce que je lui annonçais venait pourtant réparer bien des torts : grâce aux appuis de Granz et de l'ambassade, j'avais réussi à lui trouver une place au lycée français de New York.

— Et je commence quand ?

— Le temps de nous rejoindre ici : c'est-à-dire dans quelques jours.

Catherine n'en revenait pas. Et il a fallu qu'elle se retrouve dans les rues de Manhattan, les yeux tournés vers le ciel, fascinée par la hauteur des gratte-ciel, pour que ma fille admette ce qui lui arrivait.

J'en parle aujourd'hui avec une pointe de froideur, car tout ce qui a trait à ce séjour est devenu une source de douleur, mais j'étais si heureuse de retrouver ma fille. La voir courir du taxi pour me rejoindre, sur le trottoir de la 43e Rue ; sentir ce parfum un peu trop capiteux que je lui avais offert, pour Noël, et dont elle avait dû s'asperger dans la voiture ; lire dans ses yeux l'émerveillement d'être là, avec nous, pour partager la gloire de ce beau-père qu'elle aimait tant.

— Tu es quand même là pour travailler, hein, ma chérie ? lui a dit Montand, sur un ton ironique, alors que nous mangions un *hot dog* en descendant la 5e Avenue.

Elle était arrivée depuis deux heures et baignait encore dans cette sidération qui frappe ceux qui visitent New York la première fois.

Catherine a levé les yeux au ciel et rétorqué, la bouche pleine :

— On ira quand même se balader ?

— Et qu'est-ce qu'on fait, là ? a répliqué Montand en désignant la rue, autour de nous.

Il faisait un temps exquis, l'été indien nimbait New York d'une lueur caressante et la ville ronronnait une dernière fois, en attendant les premiers froids.

— Oui mais je vous connais : on va passer une journée de rêve et puis ensuite je ne vous verrai plus…

— Dis donc toi ! ai-je pesté en lui donnant une tape symbolique sur le haut du crâne.

Comment lui en vouloir ? Ma fille parlait d'expérience. La veille de son arrivée, Montand et moi nous étions d'ailleurs fait le serment de ne pas l'abandonner tous les soirs à la jeune femme que nous avions engagée pour la conduire au lycée et la piloter lorsque nous devrions sortir.

Histoire d'enfoncer le clou, Catherine s'est plantée face à nous, bras croisés.

— Je veux vous voir tous les jours, a-t-elle attaqué, d'une voix martiale, avant de froncer les sourcils. Et puis aussi voir la statue de la Liberté, l'Empire State Building, le musée d'Histoire naturelle, Coney Island, et puis… et puis…

Montand et moi étions gagnés par l'enthousiasme de Catherine. C'était si joyeux d'être avec elle, dans les rues de New York.

— Et puis ? a demandé Montand.

Ma fille a balayé l'avenue d'un grand regard, cherchant une nouvelle idée.

— Et puis aller voir des films, a-t-elle dit en pointant un immeuble, derrière nous.

Montand et moi nous sommes retournés : c'était un cinéma. Un de ces palaces américains, rutilants et bardés de dorures, où l'on allait voir un film comme on fait un voyage en première classe.

Couvrant toute la façade, l'affiche de *Some Like It Hot* montait sur dix bons mètres de hauteur. Catherine a pris un ton docte :

— En France ça s'appelle *Certains l'aiment chaud*. C'est sorti à Paris il y a deux semaines, mais vous étiez déjà ici. J'ai voulu aller le voir et oncle Julien me l'a interdit. Il a dit que c'est du cinéma capitaliste…

Le grand sourire de Marilyn et les silhouettes travesties de Jack Lemmon et Tony Curtis étaient-ils la marque du péril américain ? Je ne pense pas.

— Promis, je t'y emmène le soir de relâche, a fait Montand en passant son bras autour des épaules de Catherine.

*

Emmener Catherine au cinéma était un vœu pieux. Tout comme partager avec elle un repas par jour. Bien vite, malgré son visage déçu et des petits mots peinés laissés sur ma table de nuit, Montand et moi avons repris nos habitudes parisiennes. C'était même pire qu'en France. À Paris, nous pouvions nous cacher dans la Roulotte, nous réfugier à Autheuil. À New York, nous étions à la merci d'un public fanatique et d'un producteur qui nous menait à la baguette. Pouvait-il toutefois en être autrement ? Aux États-Unis, le statut de vedette implique une intense vie sociale, et Granz ne ménageait pas ses efforts pour organiser dîners et cocktails.

— Vous allez nous tuer, Norman, lui reprochais-je après chaque spectacle.

— Vous n'avez pas le choix, Simone.

— Comment ça : pas le choix ?

— Chez nous, le réseau est aussi important que la presse et le public. Tout s'entretient et se cultive.

À peine descendu de scène, le pauvre Montand s'en allait saluer des milliardaires aux noms imprononçables, des douairières de Park Avenue, des industriels goujats, des sénateurs ventrus et des héritiers désœuvrés. Et il le faisait de bonne grâce, la fleur au fusil, car il était encore galvanisé par sa présence en scène où tous ces gens l'avaient regardé comme un demi-dieu.

C'est pour moi que c'était assommant. Non contente d'être l'épouse – et parfois la potiche – de mon chanteur, je n'en finissais pas de jouer les interprètes, car l'anglais de Montand progressait à peine. Tous ces nantis qui nous accueillaient dans leurs triplex étaient d'ailleurs surpris de constater que leur idole ne parlait pas un mot de leur langue, mais ne se formalisait pas que sa femme lui serve de porte-voix. Certains occultaient même ma présence : j'étais un accessoire. Je me rappelle ce dîner chez une très belle, très jeune et très riche veuve de Central Park South, qui a pris mon mari par le bras et l'a conduit sur l'immense balcon qui dominait le parc, pour lui confier qu'il pouvait passer la nuit chez elle. Hypnotisée par Montand, elle avait oublié qu'elle parlait par mon truchement et n'avait d'yeux que pour le *French singer*! Il a fallu que je tape du pied par terre et que j'agrippe mon mari pour la tirer de sa transe.

Sans se formaliser, la milliardaire a éclaté de rire et ajouté d'une voix mutine, en glissant sa main gantée sur mon avant-bras :

— Je vous aurais gardée aussi, vous savez ?

27

Le dîner le plus important de notre séjour new-yorkais n'a pas été le plus luxueux, ni le plus flambant, ni le plus mondain. Nous y sommes au contraire allés sans cérémonie, soulagés de ne pas avoir à enfiler un smoking sitôt descendus de scène.

— C'est quand même bien de ne pas être en uniforme, a fait Montand, alors que nous venions de sauter dans le taxi qui nous attendait devant le théâtre, pour remonter quatorze *blocks*, jusqu'à la 57e Rue.

— On aurait pu le faire à pied.

— Sûrement pas ! a rétorqué Montand en étirant ses jambes pour exhiber ses vieilles chaussures de ville (qu'il avait tout de même fait cirer par un groom de l'*Algonquin*). Ce soir, nous ne sommes pas en représentation.

J'étais moins sûre que lui, mais il est vrai que ce dîner serait en petit comité. Presque le premier depuis le début des concerts. Et puis la rencontre promettait d'être amusante.

Quelques jours plus tôt, Arthur Miller était venu voir le spectacle. Nous n'avions rencontré qu'une fois le dramaturge qui nous avait valu un si grand triomphe, sur la scène du Sarah-Bernhardt. Lors des représentations des *Sorcières*, il n'avait pas eu le droit de quitter les États-Unis, et nous avions dîné avec lui plusieurs années plus tard, une fois la folie maccarthyste retombée, alors qu'il passait par Paris. Et depuis nous ne nous étions jamais revus.

— Marilyn m'a dit que vous étiez sensationnel et je le confirme, avait-il dit à Montand.

L'écrivain était fasciné de voir chanter et danser l'acteur qui avait incarné avec tant de flamme son personnage de John Proctor.

— Votre femme n'est pas venue avec vous ?

— Elle a dû faire un saut à Hollywood pour voir George Cukor, le réalisateur de son prochain film. Mais elle rentre dans trois jours : venez donc dîner à la maison ?

C'est ainsi que ça a commencé.

— Je suis bien content de passer la soirée avec des gens normaux, m'a dit Montand, alors que nous entrions dans l'ascenseur.

Retrouvant un papier où j'avais noté les détails, j'ai appuyé sur le bouton « 38 » en songeant aux cinq petits étages de la place Dauphine.

— Pourquoi ris-tu ? m'a demandé mon mari.

— Pour rien. La vie est marrante, quand même.

Je crois que j'étais simplement joyeuse. Des bouffées d'allégresse me prenaient parfois. Et là, ce soir, l'idée d'un dîner de couple avec le premier dramaturge américain et la plus célèbre star hollywoodienne était savoureuse.

Le palier était simple, d'une élégance neutre et un peu glacée. Près de la porte des Miller, seule touche de couleur, un guéridon était couvert d'un vase plein de fleurs.

Alors que mon doigt allait se poser sur la sonnette, nous avons entendu une cavalcade, dans l'appartement. Comme le bruit d'un chien pris de folie dans un lieu clos. Puis la porte s'est ouverte en grand et nous avons reculé d'un pas.

— *Helloooooooo…*

C'était éblouissant !

Le sourire, les yeux, les cils, la courbe des hanches, l'oblique des épaules, jusqu'à la manière dont ses cheveux semblaient épouser le mouvement du corps, avec un léger décalage.

Montand et moi étions tétanisés.

Croiser des vedettes dans la vraie vie était notre pain quotidien, mais là nous étions ailleurs. Sans nous intéresser particulièrement par ses films, cette jeune femme faisait partie de notre quotidien, de notre vie, presque de notre intimité, tant elle occupait la première place de tous les magazines. La France avait beau se gargariser de la petite Bardot, on était ici dans un autre monde. Ce que nous avions devant nous, avec son sourire étincelant, ses poses étudiées, ses yeux incendiaires et ce naturel désarmant, c'était le rêve américain.

Consciente de l'effet qu'elle produisait, Marilyn n'a pas cherché à rompre le charme, car c'est cela même qui la définissait (et qui lui donnait sa raison de vivre, allais-je vite comprendre). Aussi restait-elle immobile, plus parfaite qu'un tableau. Et nous-mêmes ne bougions plus, sidérés par l'apparition, ne ressentant aucun besoin de briser la contemplation. En un sens, c'était parfait. Il y avait même une harmonie implicite dans cette scène, comme cet instant d'un film où tout converge et prend son sens.

Puis, d'un battement de cils, Marilyn nous a redonné vie. Elle a reculé d'un pas et, d'un geste théâtral, nous a fait signe d'entrer.

— Bonjour Paris !

Avec le sentiment de cousins de province montés à la capitale, nous l'avons suivie dans ce petit hall.

Voilà dix jours que nous allions chaque soir dans d'immenses appartements luxueux, mais j'étais aujourd'hui bien plus intimidée. Sans doute était-ce la présence de ces vastes bibliothèques, qui couvraient l'entrée, du mur au plafond. On était à mille lieues de ces quadriplex glacés et vides, décorés sans esprit par des tableaux que les propriétaires n'avaient pas choisis. Ici, il y avait une âme. Et la vision de cette armée de livres me rassurait. J'étais surtout heureuse de ne pas être assaillie par une batterie de domestiques qui se jetaient sur mes vêtements, mon sac à main, mon châle, le chapeau de Montand. Au contraire, sans la moindre cérémonie et dans un grand éclat de rire, Marilyn nous a désigné un fauteuil de l'entrée pour y jeter nos manteaux. Puis, comme si nous nous connaissions depuis toujours, elle m'a serrée contre elle, à l'américaine.

— Je suis tellement heureuse de vous rencontrer. J'ai a-do-ré *Room at the Top*...

L'odeur de son parfum m'est aussitôt montée à la tête et j'ai ressenti une forme d'ivresse mâtinée d'un désir vague, alors qu'elle me libérait et posait, avec ce même naturel désarmant, ses deux mains sur mes joues. Ses paumes étaient aussi douces qu'un fruit.

— Vous êtes si belle, Simone.

Après un temps d'hésitation où elle cherchait ses mots, Marilyn a ajouté :

— Vous êtes si vraie.

Tout cela était en anglais et je me suis raidie devant l'épithète. Que voulait-elle dire ? Il n'y avait nulle malice dans le regard de Marilyn. J'apprendrais bientôt qu'il n'y en avait jamais eu et n'y en aurait jamais. La femme la plus apprêtée du monde était la moins sophistiquée, la plus directe ; elle disait toujours ce qu'elle avait sur le cœur. Me juger vraie – c'est-à-dire réelle, tangible, authentique – c'était contempler un monde que sa propre image lui interdisait d'atteindre.

Comme par un fait exprès, Marilyn et moi avons toutes deux tourné notre tête vers un grand miroir en pied qui occupait le seul pan de mur dénué de bibliothèque. Sans ironie, l'actrice a pris la pose puis s'est excusée pour sa tenue si *casual.*

Casual mon cul! ai-je songé en voyant le contraste entre mon petit tailleur beige, mes souliers plats, et cette créature qui avait passé deux bonnes heures à se préparer. Mais la vision était touchante.

Montand était resté en retrait, avec une mine d'enfant puni. Marilyn s'est rappelé sa présence et a trottiné jusqu'à lui. Lorsqu'elle a passé ses bras autour de son cou pour le serrer contre son décolleté j'ai eu un mouvement de surprise, mais Montand est devenu si rouge et la star l'a embrassé avec tant de bonhomie que j'ai aussitôt rentré mes griffes : elle faisait ainsi avec tout le monde, le président des États-Unis comme le laitier. C'était Marilyn Monroe, voilà tout.

J'allais m'étonner que nous ne soyons que tous les trois quand une porte s'est ouverte, de l'autre côté du hall. Dans une grande bouffée de viande mijotée, une haute silhouette est apparue, sanglée dans un tablier de cuisine.

— Mes amis les Proctor ! a fait Miller, d'une voix joyeuse. Ses lunettes à la monture épaisse étaient couvertes de tant de buée qu'il les a frottées contre son torse avant de nous serrer tous les deux dans ses bras, avec une chaleur bien plus raide que sa femme.

— Je ne suis pas grand cuisinier mais Marilyn a insisté pour que je vous fasse mon coq au vin…

— C'est si bon ! a aussitôt rebondi la comédienne en rejoignant son époux pour se lover contre lui. C'était la moindre des choses pour des Français, non ?

— Tu sers des *hot dogs* quand tu reçois des Américains, toi ? m'a soufflé Montand, mi-figue mi-raisin.

Depuis notre arrivée dans cet appartement, je le sentais sur la défensive. L'amabilité sensuelle de Marilyn le mettait mal à l'aise. Je l'avais rarement vu si intimidé par une femme, qui le battait sur son propre terrain. Mais une fois de plus ce sentiment s'est estompé, remplacé par une complicité qu'Arthur Miller a imposée en tapant dans ses mains.

— *Let's drink ! Let's celebrate !*

On a beaucoup glosé sur la première rencontre entre Yves Montand et Marilyn Monroe. Une étincelle a-t-elle eu lieu ? Se sont-ils plu ? Leurs regards mêlés nous ont-ils échappé ?

De l'aveu même de Montand, il aurait à peine remarqué Marilyn, trop fasciné par le brio de Miller. En présence de son mari la jeune femme virait geisha et le laissait parler. Elle nous avait fait son grand numéro dans l'entrée parce qu'elle était seule en scène, mais maintenant qu'il était là Miller occupait tout l'espace, et elle n'entendait pas lui contester cette primauté. Le dramaturge avait tant de choses à dire ! Cet homme était d'autant plus passionnant qu'il n'était pas de ces mandarins qui soliloquent, mais voulait toujours connaître notre opinion, confronter nos idées, nos vues. Il possédait une intelligence généreuse et partageuse, qui est elle aussi le propre de la curiosité américaine, laquelle s'est toujours nourrie des influences venues du monde entier. L'état du globe, la politique, notre voyage en Russie : tout le passionnait. Aussi débordait-il d'interrogations, de suppositions.

À toutes ses questions je répondais de façon immédiate, fière de mon anglais – qui chaque jour progressait – et flattée qu'un esprit aussi brillant que Miller prenne plaisir à croiser avec moi le fer des idées. Montand, lui, ne pouvait que confirmer par des hochements de tête un peu contrits, car il nous observait comme on suit une pantomime dont on ne saisit que des bribes. Son anglais restait trop approximatif pour qu'il se mêle au débat, et je devais souvent traduire, ce qui rendait les échanges laborieux. Il s'est bientôt agi d'un échange très rapide, très vif, entre Miller et moi, sans que je cherche encore à jouer les interprètes. Miller lui-même a oublié la présence du chanteur, tout passionné qu'il était par ses théories, et ce que j'avais à en dire.

— C'est un tel plaisir de parler avec vous ! a-t-il dit à plusieurs reprises. Sans penser à mal, il a même ajouté qu'il était rare de rencontrer des femmes vraiment intelligentes.

Phrase terriblement misogyne mais je l'ai prise pour le compliment qu'elle était. J'ai tourné les yeux vers Marilyn, qui faisait mine de suivre notre échange, avec un grand sourire, alors que son esprit était manifestement ailleurs.

J'allais vite constater qu'elle se désintéressait souvent des conversations avec cette affectation amusée, car, sans appeler la moindre protestation en retour, Marilyn aimait à dire « oh, moi, vous savez, je pense rarement… ».

Au dessert, il a toutefois été poliment demandé à la star quel serait son prochain projet. Le projecteur braqué sur elle, l'actrice a abdiqué tout naturel et affecté une moue boudeuse pour expliquer qu'elle préparait le nouveau film de George Cukor, tourné l'hiver prochain.

— Mais ils n'ont pas encore trouvé mon partenaire, a-t-elle précisé, avec un battement de cils coquet.

— Ils cherchent ou bien ils hésitent ?

Petit gloussement de fausse modestie :

— Ils hésitent, bien sûr. On m'a parlé de Cary Grant, Yul Brynner, Charlton Heston, Rock Hudson, James Stewart et Gregory Peck…

— Eh ben mon cochon, ai-je lâché en donnant une tape sur l'épaule de son mari. C'est le gotha d'Hollywood. J'espère qu'elle m'en laissera un peu.

— Dis-leur le titre du film, a alors fait Miller, avec un œil malicieux et candide.

— *Let's Make Love*, a répondu Marilyn, dans un grand éclat de rire.

Son hilarité nous a semblé alors si sensuelle, si sexuelle, que Montand et moi avons rougi.

28

Nous sommes revenus de ce dîner groggys et enchantés et la chose aurait pu en rester là. Une fois l'affaire éclatée, huit mois plus tard, les mauvaises langues diront que Montand serait retourné rendre visite à Marilyn, certains après-midi, dans son appartement de la 57ᵉ Rue, afin qu'ils évoquent et comparent leurs enfances ; lui dans les bas-fonds de Marseille, elle dans les ornières de Los Angeles. Les deux « prolos » ne pouvant lutter contre l'intimité intellectuelle de leurs époux, il fallait bien qu'ils se trouvent d'autres points communs… Mais ce ne sont là que ragots de journaleux ! D'ailleurs l'emploi du temps de Montand était trop dense pour lui accorder une heure de liberté. Le dîner chez les Miller a été l'une des rares échappées d'un périple qui ne faisait que commencer. Après Broadway nous avons rallié les grandes villes de la côte Est, puis le Canada et enfin la Californie. Autant dire la Terre promise.

Notre arrivée à Los Angeles reste un souvenir électrisant. Je défie quiconque de ne pas être galvanisé par cette vue de bout du monde.

— On y est, ai-je dit à Montand en pressant mon front contre le hublot de l'avion.

Nous avions embarqué à New York le matin même et allions bientôt atterrir. Comme par un fait exprès – les pilotes survolaient-ils cette zone à dessein ? – nous avons aperçu les fameuses lettres du mot « Hollywood », accrochées au flanc d'une colline.

— On y est *vraiment*, a répété le chanteur.

Hollywood… Voilà tant d'années que nous disions ce mot avec un effroi sacré, comme on n'ose prononcer le nom de Dieu – ou du diable ! – de peur de provoquer son ire. Pour moi, cela représentait tant de rendez-vous manqués, à commencer par mon contrat de 1948, que j'avais déchiré par amour en rencontrant Montand. Pour lui, c'était surtout les images de tous ces films musicaux, de toutes ces chorégraphies, tous ces artistes dont il avait étudié la gestuelle, la technique, parvenant à la sublimer.

— Fred Astaire me voilà ! a-t-il chantonné, tandis que l'avion se posait à grand fracas sur la piste, générant une salve d'applaudissements yankees.

Si Fred Astaire n'était pas de la fête, le soir même, il était bien le seul !

Car c'est en stars hollywoodiennes que nous avons été accueillis, quelques heures après notre arrivée, par Kirk Douglas. Le célèbre acteur était marié à une Belge et le couple mettait un point d'honneur à recevoir les visiteurs francophones et leur présenter le Tout-Hollywood.

— Mes amis, *welcome to Paris*, a fait Douglas en nous recevant dans ce qui était bien un palais.

À Los Angeles, tout était démesuré et la villa des Douglas n'était ni plus grande ni plus luxueuse que les autres ; mais l'Amérique est le pays du « grand format » et nous étions soufflés par cette enfilade de salons, de chambres, de boudoirs, de patios, où chaque recoin était occupé par un buffet, derrière lequel un loufiat en livrée nous tendait des verres de champagne et ce qu'ils appelaient des « canapés ».

— On met quinze Roulotte et cinq Autheuil, dans cette baraque, ai-je murmuré, non sans une pointe d'agacement devant tant de clinquant.

— Signe-nous quelques juteux contrats et on se rachète Chambord…

— Vous n'êtes pas là pour chuchoter, a gloussé Anne Douglas en se glissant entre nous deux pour nous prendre chacun un bras. Venez plutôt saluer nos invités, *vos* invités. Car tout le monde est venu célébrer Paris !

Ce pince-fesses était pourtant loin d'une réunion de Parisiens. De plus en plus éberlués, toujours agrippés à notre hôtesse que la position semblait enchanter, nous avons serré les mains de Judy Garland, Jack Warner, George Cukor, Gregory Peck, Dean Martin… C'était comme lire un générique qui aurait rassemblé les plus grandes vedettes américaines. Renversant !

Anne Douglas s'est alors approchée d'un fort bel homme, au regard acide et à la moustache de séducteur.

J'avais reconnu Walt Disney. L'homme semblait d'ailleurs en retrait, de ce cirque mondain. Mais il était venu parce qu'il avait aimé *Room at the Top* et connaissait certaines chansons de Montand.

— Vous auriez pu répondre à ma lettre, quand même, a baragouiné mon mari, qui n'avait presque rien dit par lui-même depuis le début de la soirée.

Disney l'a regardé sans comprendre et j'ai voulu retraduire la chose mais Montand restait froncé :

— Non non ! Je lui ai vraiment écrit !

Le père de Mickey a plongé dans ses souvenirs et commencé à rougir, car on ne devait pas souvent le prendre en faute.

— Mais je n'ai rien reçu…, a-t-il fini par dire, embarrassé.

Montand a éclaté de rire et donné une tape familière sur l'épaule du dessinateur.

— J'avais quinze ans et je vous ai écrit, de Marseille, après avoir vu *Blanche-Neige*…

Disney est resté interdit et a esquissé un sourire méfiant, avant d'aller bavarder près d'un autre buffet.

J'allais vite m'en rendre compte, si New York était une ville européenne, rompue à l'ironie et au sous-entendu, Hollywood était la capitale du premier degré. Il ne fallait pas trop finasser avec ces gens-là, ne pas jouer sur le double sens des choses. Ici, tout était littéral, sans profondeur, comme un décor de cinéma.

Mais ce cinéma nous accueillait avec trop de faste, trop de bienveillance, pour que nous nous montrions bégueules.

— J'ai envie d'aller me coucher, a fini par bâiller Montand en m'entraînant sur l'une des terrasses, pour respirer la nuit californienne.

La vue était féerique. Les lumières des villas étaient autant d'étoiles qui cascadaient jusqu'au Pacifique, sous le ciel de décembre.

J'ai allumé une cigarette et objecté qu'on avait la vie pour dormir.

— Profite, Montand. Un tel bonheur ne durera pas toujours…

À quoi pensais-je, en disant cela ? À rien, sans doute. Juste le besoin de faire une phrase qui sonnait bien, sous la lune de Los Angeles. À Hollywood, on se croyait toujours dans un film.

Montand s'est figé, comme si je venais de prononcer un oracle.

— Toi et tes répliques…

J'ai ri sans répondre, regardant la fumée de ma cigarette qui se mêlait à la nuit.

29

— Il est temps de reprendre du service ! ai-je dit, dès le lendemain matin, pas mécontente de quitter mon rôle de *Mrs. Montand.*

J'avais perdu beaucoup de temps en repoussant la lecture de tous les scénarios qu'on m'avait envoyés à l'*Algonquin*. Maintenant que j'étais à Hollywood, la vie redevenait enfin concrète et c'était à moi de jouer. Les grands studios s'étaient passé le mot et il n'était pas une heure que je ne sois contactée par un producteur.

— Il va arrêter de sonner, ce téléphone ? a fini par grogner Montand, car les appels commençaient dès six heures du matin. Ce soir je chante !

— Et moi j'existe. Alors mets tes bouchons d'oreilles.

J'étais injuste, car cette série de concerts à L.A. était un nouveau défi pour Montand : les plus grandes vedettes allaient venir l'entendre, durant ces soirées de décembre 1959 ; mais il oubliait que c'est moi qu'Hollywood attendait.

Ainsi se sont enchaînés des déjeuners, des *drinks*, des *breakfasts*, ou de simples rendez-vous dans des bureaux immenses, face à des messieurs séducteurs et maquignons, qui me scrutaient derrière le bout de leurs cigares. Tous ces gars semblaient peu regardants sur la valeur artistique d'un projet : ils avaient l'œil rivé sur le succès des films, les profits, les bénéfices. Et *Room at the Top* avait été un triomphe très profitable, car il n'avait pas coûté cher et avait rapporté une fortune. Autant dire qu'ils me soignaient comme une poule aux œufs d'or.

Pour rester à la basse-cour, je n'étais pas non plus une oie blanche. Durant tous ces « *meetings* », je me montrais indécise, jouissant du plaisir de me laisser désirer. Il faut dire que rien ne m'emballait. Un tournage au Kenya ? Qu'est-ce que j'irais foutre là-bas : j'étais très bien en Californie. Un film avec Bing Crosby ? C'était Montand, le chanteur. Une adaptation de *Justine* de Lawrence Durrell ? Le scénario était bancal et l'ensemble puait le projet fumeux qui ne se monterait jamais.

J'en étais désolée mais rien ne me convainquait. Confiante en mon instinct, je devinais que ces projets étaient des planches pourries depuis longtemps refusées par l'arrière-ban hollywoodien. Parce que j'étais la dernière venue, les producteurs pensaient m'éblouir, mais je n'étais pas idiote. Aussi faisais-je la fine bouche devant ces projets médiocres, sans d'ailleurs passer pour capricieuse. Je pense surtout que ces filous me testaient, vérifiant si j'étais une de ces Européennes prêtes à griller leur carrière en trois navets.

J'étais bien plus intéressée par le saut de puce que je devais faire à San Francisco, quelques jours après notre arrivée sur la côte ouest.

L'été précédent, alors que je suivais Montand pour un concert à La Baule, j'avais reçu un curieux coup de fil. Sachant que je serais aux États-Unis à la fin de l'automne, un certain Ed Murrow me proposait de participer à une émission de télévision.

— Une émission sur le cinéma ?

— Pas du tout. Une émission sur la vie actuelle, sur la politique, sur tous les sujets du moment…

Flattée d'être élue mais toujours circonspecte, j'ai demandé en quoi consistait l'émission. En termes choisis – et malgré la communication à très longue distance ! – Murrow m'a expliqué le « concept » de *Small World* : quatre personnes, dans quatre parties différentes du monde, dialoguent sans voir le visage des autres interlocuteurs. Elles n'entendent que les voix, mais sont filmées, et l'écran de la télévision est divisé en quatre, afin que le spectateur puisse voir toutes les réactions.

Quoique étrange, l'idée m'a semblé séduisante, et j'ai donné un « oui » de principe. Et il me faudrait quelques coups de fil pour comprendre qu'Ed Murrow était *le* journaliste le plus influent des États-Unis ! Il était surtout l'homme qui avait contribué à la chute de Joseph McCarthy après une série d'interviews retorses, cinq ans plus tôt. Et cet homme, qui incarnait l'honneur de sa profession, pensait à moi ? Au tableau de chasse des Montand, cela valait bien deux mois à Broadway !

L'enregistrement avait lieu dans un studio de San Francisco. On était venu m'attendre à l'aéroport et, presque sans un mot, on m'a conduite dans l'étage anonyme d'un immeuble impersonnel.

On m'a fait entrer dans une pièce vide pour m'asseoir face à une caméra.

J'avais beau refouler cette idée, je revoyais des images de films d'espionnage.

— *Are you ready Misses Signoret?*

J'ai sursauté. De l'autre côté de la vitre, j'ai aperçu le sourire du technicien. Enfin un peu d'humanité !

— *Misses Signoret?* a insisté la voix, depuis les haut-parleurs, et j'ai reconnu le timbre chaud d'Ed Murrow.

— *I'm all set!* ai-je répondu en respirant pour rester décontractée.

— *Perfect*, a fait Murrow. *Let's go folks.*

Alors l'émission a commencé.

Qu'il était étrange de dialoguer avec des invités fantômes qui n'étaient que des *voix*. Il y avait d'abord celle, douce et caressante, d'Ed Murrow. Une voix dont des générations d'Américains imiteraient le célèbre «*good night and good luck*», par lequel il achevait son émission. Aujourd'hui, Murrow nous parlait depuis Londres. Il y avait ensuite la voix plus sévère, plus tendue, de la chorégraphe Agnes de Mille, derrière un micro new-yorkais. Enfin, il y avait ce timbre à la fois hautain et traînant, pointu et cassant, d'Hedda Hopper, dans un studio de Los Angeles.

— Tu vas faire une émission avec Hedda Hopper?! s'était épouvanté Kirk Douglas, quelques jours plus tôt.

Au nom d'Ed Murrow il avait paru rassuré, mais Hedda Hopper était l'une des personnalités les plus détestées d'Hollywood.

— Pas détestée, avait corrigé Anne Douglas: elle est *la plus crainte.*

Ancienne star du muet réduite au chômage par l'arrivée du parlant, cette femme aussi brillante que méchante s'était reconvertie dans le journalisme au milieu des années trente. Sa chronique du *Los Angeles Times* était même, depuis vingt-cinq ans, l'un des articles les plus lus des États-Unis.

— Évidemment, avait grogné Douglas: ce ne sont que ragots, bruits de couloir ou pure délation.

Républicaine patentée et farouche anticommuniste, Hopper avait contribué à la disgrâce de Charlie Chaplin avant de devenir le bras armé de McCarthy à Hollywood, n'hésitant pas à dénoncer des artistes, à ruiner des carrières, à pousser des gens au suicide…

— Mais elle continue à écrire, maintenant que McCarthy est mort ?

— Elle est toujours du côté de l'argent, m'avait expliqué Anne Douglas. Elle est l'amie de Hearst, d'Howard Hughes, sans compter tout le Parti républicain qu'elle a dans la poche. Et puis l'anticommunisme et la haine des idées de gauche restent très ancrés dans l'Amérique profonde. Alors elle parle à des convaincus…

— En bref, je vais m'amuser…

Et pourtant, oui : je me suis amusée. C'était même jouissif !

Car malgré toute sa verve, toute sa hargne, Hedda Hopper n'avait aucune prise sur moi. Confite dans sa logique hollywoodienne et le confort de sa vie américaine, que pouvait-elle comprendre au parcours d'une comédienne française ? Certes, j'étais décidée à la combattre pied à pied ; il s'agissait pour moi d'être vive, affûtée et implacable : trois épithètes qui m'ont toujours caractérisée. Ce n'est pas là de la vanité, j'entendais trop souvent dire que j'étais une femme intelligente (par opposition à quoi, d'ailleurs ?) pour ne pas finir par y croire.

Et Murrow se montrait tout aussi renard, ayant bien préparé son coup. J'en venais à me demander s'il ne m'avait pas invitée à son micro dans le seul but de confondre, ridiculiser et neutraliser l'épouvantable Mrs. Hopper. Car le contraste entre nous deux n'était pas à son avantage, et Murrow en jouait. Alors que la septuagénaire se lançait dans son habituelle diatribe sur les dangers du communisme, Murrow m'interrogeait sur mon expérience de la guerre et de l'Occupation. À ce combat-là j'étais forcément gagnante !

Lors, en termes très calmes, très posés, j'ai décrit un quotidien que les Américains n'avaient pas vécu : les restrictions, la peur, les rafles, les otages, les représailles, les humiliations... Autant dire que ces instants de vérité ont coupé tout élan à la punaise Hopper. Elle en est même restée sans voix, ce que n'a pas manqué de souligner l'animateur.

— Misses Hopper, on vous entend peu ?

Les téléspectateurs qui ont pu voir l'émission (rappelez-vous que j'étais seule face à une caméra) m'ont dit que sa bouche s'est ouverte sur du vide et que son visage est devenu une grimace de dépit, conclue par un silence.

Qu'auraient pu être ses rodomontades de salon et ses perfidies de chaisière à côté du récit simple et vibrant de quelqu'un qui avait vécu dans une nation occupée ?

Et lorsque Murrow a lancé son « *good night and good luck* », Hedda Hopper est restée aussi muette qu'une tanche.

— Elle ne te le pardonnera jamais, m'a-t-on dit à Los Angeles, lorsque je racontais l'interview dans les dîners et les cocktails, provoquant un mélange – un peu ridicule – d'admiration et d'effroi ; car tout le monde tremblait devant Hedda Hopper.

— Je m'en moque de son pardon !

— Crois-moi, elle trouvera une manière de se venger.

— L'émission est diffusée en février. C'est dans deux mois : l'eau aura coulé sous les ponts. Et puis que peut-elle contre moi ?

— Pour l'instant rien, mais quand elle va savoir pour Yves, elle va se déchaîner. Que vous le vouliez ou non, Montand et toi faites désormais partie de la famille d'Hollywood...

Il faut dire que tout s'était accéléré.

Alors que je revenais de San Francisco, le lendemain de l'interview, j'ai trouvé Yves assis sur le canapé de notre chambre d'hôtel, le regard perdu.

— Ça ne va pas ? me suis-je inquiétée en posant une main sur son front.

Montand s'est dégagé d'un mouvement brusque et a désigné un document, sur la table basse, devant lui.

— C'est quoi ?

— Regarde…

Ravalant mon agacement – je n'aimais pas ce ton –, j'ai pris le petit paquet de feuilles imprimées. Reconnaissant l'en-tête de la Fox, j'ai glapi :

— C'est un contrat pour moi ?

— Franchement ça m'arrangerait, a répondu Montand, sans le moindre humour.

J'ai eu du mal à masquer ma déception. Et mon dépit ! Sitôt que j'avais le dos tourné c'est à Montand que les producteurs envoyaient des contrats ?! Mais, en feuilletant le document, j'ai reconnu le titre…

— *Let's Make Love* ? Mais c'est le film que…

— Que Marilyn tourne en janvier prochain, oui.

J'étais sidérée !

— Le film pour lequel ils hésitaient entre Cary Grant, Yul Brynner, James Stewart, Gregory Peck, Rock…

— Oui oui oui ! a coupé Montand, de plus en plus irrité. Enfin non, d'ailleurs. La Fox n'a pas hésité : tous ces acteurs ont refusé…

— Refusé ? Mais pourquoi ?

— Est-ce que je sais, moi ? a fait le chanteur en se levant pour marcher dans la pièce.

Il la traversait en deux enjambées puis repartait dans l'autre sens.

— J'entends tout et son contraire : que le scénario est mauvais, que Marilyn est ingérable, que c'est un four assuré, que…

À le voir si désemparé, j'ai senti fondre mes griefs. Il se croyait pris au piège ; pour rien au monde il n'aurait intrigué en vue de se voir proposer ce contrat.

— Je n'y arrive pas, Simone, a-t-il dit, le visage implorant. Je suis incapable de lire le scénario, je comprends à peine ce qu'on me raconte, je ne parle pas un mot d'anglais ! Spyros Skouras, le patron de la Fox, me fait téléphoner cinq fois par jour depuis avant-hier ! Je n'ai pas voulu t'appeler parce que tu avais ton émission, mais là je suis vraiment perdu…

J'ai pris une profonde inspiration et me suis assise à côté de mon homme, sur le canapé. J'ai même tiré sa tête vers mon épaule.

— Ça va bien se passer. Je suis là.

Puis j'ai tendu la main et pris le scénario, sur la table basse.

Il faut avouer que le script était bancal. L'histoire était même franchement idiote : un milliardaire controversé se fait engager incognito par une troupe de théâtre pour jouer son propre rôle, dans une pièce qui le tourne en ridicule.

— Je comprends qu'on refuse ce rôle, ai-je fait, songeuse, en refermant le script.

Pendant deux heures, je l'avais traduit mot à mot et Montand n'en était que plus perplexe.

— Qu'est-ce que je dois faire, à ton avis ?

Le dilemme était de taille : jouer le premier rôle masculin d'une énorme production de la Fox, dans un film de George Cukor avec Marilyn Monroe, était évidemment tentant. Mais l'histoire était médiocre et, s'il restait à Hollywood, Montand devrait annuler deux mois de concerts au Japon.

— Cette tournée est prévue depuis deux ans !

— Il y a beaucoup d'imprévus, dans la vie, ai-je objecté en tâchant de peser le pour et le contre. Tu n'avais pas prévu de venir à *La Colombe d'Or*; on n'avait pas prévu de partir pour l'URSS ; il n'était pas prévu que tu deviennes le chanteur préféré des Américains…

Perdu dans ses pensées, Montand a commencé à sourire. Il souriait à sa femme, à ma bienveillance ; il souriait à ce que cette décision pouvait entraîner : la lumière, le succès, la formidable énergie du cinéma américain.

— Et puis cent mille dollars de cachet, ça n'est pas négligeable, ai-je ajouté, car cet argument pour lui comptait toujours.

Mais si l'idée continuait son chemin, un détail le chagrinait encore.

— Mais toi, Simone, tu en penses quoi ?

J'ai dû m'avouer surprise par la question.

— Tu n'as plus rien à prouver en tant que chanteur et Hollywood te tend les bras. Je pense que tu dois le faire.

Puis, non sans une certaine réticence, j'ai ajouté que si ça pouvait le convaincre, j'estimais que c'était aussi bon pour lui que pour moi.

— Même pour toi ? Tu es sûre ?

— Un couple d'acteurs, le public aime ça. Les Américains me mangent dans la main, depuis *Room at the Top*. Alors si maintenant on est deux…

Montand restait assombri par les doutes.

— Dis-moi ce qui te chiffonne ?

Le chanteur a baissé les yeux, comme un gamin à l'orée d'une bêtise.

— Tu me connais, Simone. Et *je* me connais. Disons que ça n'est pas un film avec n'importe quelle partenaire…

Je jure aujourd'hui qu'à cet instant précis, sans la moindre arrière-pensée, j'ai éclaté d'un rire clair et franc.

— Marilyn ? Oh mais mon coco je n'y avais même pas pensé.

Et j'étais sincère ! Si sincère que Montand s'est raidi, vexé :

— Et pourquoi pas ?

J'ai tapoté l'épaule de mon mari avec une acidité cruelle.

— Je t'aime d'amour, mon petit Montand, mais Marilyn et toi ne boxez pas dans la même catégorie.

Montand a étouffé une grimace irritée mais ma réponse le rassurait. À moins qu'il ne l'ait prise pour un sauf-conduit, un blanc-seing ?

— Très bien, a-t-il dit en ouvrant le contrat. Prête-moi ton stylo.

30

Sitôt son contrat signé, Yves Montand a changé de monde : il n'était plus l'élégant chanteur français mais le nouveau poulain de la Fox. Afin de lancer son entrée dans les célèbres studios, Spyros Skouras a organisé un de ces luxueux cocktails où se pressait le Tout-Hollywood. J'y suis allée en traînant les pieds mais nous n'en étions plus à un pince-fesses près.

— Tu sais que c'est Marilyn qui a soufflé le nom d'Yves à Skouras ? m'a confié Arthur Miller, tandis que le couple-vedette faisait une séance de photos, avec George Cukor, à quelques mètres de nous. Et tu n'imagines pas combien elle est soulagée…

Le dramaturge et moi étions adossés au buffet et sirotions un excellent whisky. Malgré les crépitements des flashs, je croisais le regard de mon mari, lequel semblait un enfant devant un sapin de Noël. Lui et Marilyn prenaient des poses, souriaient, faisaient des clins d'œil, et les photographes les hélaient comme dans une cour de ferme.

Moi, j'étais surprise par la remarque du dramaturge :

— Pourquoi soulagée ?

— La Fox ne lui trouvait aucun partenaire, m'a répondu Miller, non sans embarras. Tous ces acteurs avaient une bonne raison de décliner l'offre. Mais je sais qu'en fait ils ont peur d'elle…

Disant cela, il contemplait son épouse et lui souriait avec nostalgie ; il observait quelqu'un qui n'existait plus vraiment.

— Peur de quoi ?

— Peur d'être avalés, dévorés… Marilyn crève l'écran, on ne voit qu'elle. C'est pour elle seule que le public va voir ses films.

— Tu veux dire que ses partenaires seront toujours des faire-valoir ?

Miller a hoché du chef.

— C'est son talent et sa malédiction. Elle vampirise tout ce qu'elle touche. Et elle n'y peut rien. Toute l'Amérique projette sur elle des fantasmes. Elle n'est qu'un… catalyseur.

— Et Montand, là dedans ? ai-je demandé, vexée à l'idée que mon mari serve de clown blanc à Marilyn Monroe, mais – secrètement – rassurée qu'il subisse une forme de bizutage. Jusqu'à présent, le cinéma, c'était *mon* monde.

— Ton mari s'en tirera très bien, parce qu'il est hors des circuits. Et je vais moi-même réviser le scénario pour faire de son personnage un Français et lui donner plus de consistance. Fais-moi confiance…

— Ah, la confiance…, ai-je répliqué, songeuse, tandis que Spyros Skouras s'avançait vers nous.

La haute silhouette débonnaire du producteur se faufilait entre les invités comme un serpent, et son regard tranchant luisait sur ce visage au teint hâlé, couronné de cheveux d'un blanc éclatant.

— Vous admirez le couple de l'année ?

Il a choqué sa coupe de champagne contre nos verres vides.

— C'est vrai qu'ils vont être très beaux, à l'écran, a concédé Miller en allumant une cigarette que je venais de porter à ma bouche (au registre des séducteurs, le dramaturge n'était pas le dernier !).

J'ai alors regardé le couple avec une circonspection étrange, presque fataliste. Il me semblait à moi aussi contempler une réalité surannée : je ne regardais plus des êtres vivants mais déjà un film. Un film tourné depuis longtemps.

Puis Skouras, du même ton rigolard, a repris en s'allumant un cigare :

— J'ai adoré la réaction de Marilyn quand je lui ai annoncé la décision d'Yves Montand…

Miller et moi avons observé le producteur avec méfiance, ayant compris qu'il allait sortir une énormité.

— Et donc ?

Le patron de la Fox a rosi de plaisir et tété son cigare comme un narguilé.

— Elle m'a confié qu'avec Marlon Brando, et juste après son mari, Yves Montand est l'homme le plus séduisant qu'elle a jamais rencontré…

J'ai senti mes orteils se transformer en griffes. Quant à Miller, il en a perdu sa bonne mine, bredouillant d'un ton qu'il aurait voulu léger :

— Elle dit ça à chaque contrat.

— Ben voyons…, ai-je grogné, sans me donner la peine de le traduire en anglais.

*

Il faut dire que la Fox faisait joliment les choses. Non contente d'accueillir Montand par une fête somptueuse, la production a prolongé sans encombre nos visas (l'argent du cinéma vaut toutes les ambassades) et a choisi de nous loger dans le plus beau palace d'Hollywood : le *Beverly Hills Hotel.*

À cette époque, cet endroit était l'étape incontournable des passionnés de cinéma ; et j'avoue avec un certain dépit qu'il le serait encore plus après le printemps 1960… Dans la mythologie des amateurs de *gossips*, les bungalows 20 et 21 font désormais partie de la légende d'Hollywood, une mythologie dont je me serais volontiers passée…

Outre le bâtiment principal, l'hôtel disposait d'un vaste parc où étaient disséminés des petits bungalows allant par paires, et que l'on destinait aux clients désirant calme et discrétion. Ou bien à ceux qui s'installaient ici pour une durée indéterminée.

— C'est un véritable appartement, ai-je constaté, avec une satisfaction de maîtresse de maison, en découvrant la chambre, le salon, la salle de bains, la cuisine.

— C'est bien mieux comme ça, a fait Montand, qui s'est laissé tomber sur le lit immense. On se fera des bons petits plats, comme à Paris…

Croyez-moi si vous le voulez, mais je songeais déjà au pot-au-feu de la place Dauphine, passant mes mains sur les ustensiles de la cuisine, si neufs, si rutilants.

— L'Amérique…

— Oh ! mais c'est exactement pareil, c'est drôle !

Chacun a déboulé de son côté : Montand depuis la chambre, moi de la cuisine. *Elle* était là, au milieu de notre salon, délicieusement ébouriffée, et nous regardait d'un air joyeux. Nous avons été saisis par la lumière qui se dégageait de cette petite femme, attifée comme l'as de pique, presque racornie sur elle-même et pourtant éblouissante de clarté.

La porte d'entrée était restée ouverte et nous apercevions le second appartement du bungalow, d'où Miller a lancé :

— Marilyn ! Où est mon rasoir ?

La comédienne a éclaté d'un rire de petite fille avant de sautiller jusque chez elle en chantonnant :

— On dîne ensemble, n'est-ce pas ?

*

Une authentique vie de voisinage s'est mise en place, presque une communauté. Les Miller et nous partagions la même maisonnette, les mêmes femmes de chambre, le même escalier, les mêmes horaires… Notre planning était coupé en deux : d'un côté les employés de la Fox, qui obéissaient au *timing* très strict du studio (le matin, une limousine cueillait Marilyn à cinq heures trente et Montand à sept heures trente), de l'autre les conjoints, qui prenaient leur temps et attendaient bourgeoisement le retour de l'épouse et du mari. Miller et moi nous retrouvions sur le coup de onze heures, chez lui ou chez moi, pour partager un café. Je lui parlais des scénarios que j'avais lus sur mon canapé, il évoquait ses travaux d'écriture du matin.

— C'est étrange, ai-je fait, après quelques jours. J'ai vraiment l'impression d'être en vacances.

— C'est le soleil de Californie.

— Pas seulement. J'ai passé des mois entiers comme ça, à Paris, à attendre Montand qui rentrait de récital ou de tournage. Mais ici c'est différent…

Miller a poussé un petit rire las et pris une goulée de café de son mug *BHH.*

— *Tout* est différent, ici.

— C'est-à-dire ?

— Tu as vu ce luxe, cette lumière, ces gens qui n'en finissent plus de sourire et cet argent indécent ? Ce n'est pas la vraie vie. C'est juste Hollywood.

— Nous sommes pourtant vrais, toi et moi, ai-je objecté en cognant mon mug contre celui de Miller.

— C'est bien pour ça qu'on reste dans la coulisse, a rétorqué le dramaturge, d'un ton sombre. Alors qu'Yves et Marilyn sont passés de l'autre côté du miroir, là où l'impossible devient possible, puisque tout n'est que spectacle, *entertainment*…

Je n'ai pas voulu relever, car Miller avait souvent ces pensées noires, qui étaient de la lucidité. Pour lui, Hollywood était un non-sens. Qu'il ait mis la dernière main au scénario idiot de *Let's Make Love* était comme si Sartre avait rafistolé le script de *Pouic-Pouic*. Mais Arthur aurait tout fait pour Marilyn. En mille choses elle horripilait son mari : son tempérament imprévisible, ses retards, ses minauderies, ses manies, ses colères, ses caprices… Pourtant Miller comptait parmi les rares à être allés au-delà de la *cover girl*, à savoir ce que cachaient cette chevelure peroxydée, ce maquillage outrancier, ce décolleté affolant. Il savait que derrière cela se nichait une gamine perdue, vulnérable, dépressive et généreuse. Alors qu'il était attaqué de tous côtés pour ses opinions politiques, alors qu'on voulait détruire sa réputation, alors que les proches de Marilyn lui conseillaient de quitter ce tocard gauchisant, l'actrice s'était dressée. Elle avait même fait preuve d'un courage étonnant, car cette attitude lui avait fermé des portes, l'avait privée de films plus intéressants que *Let's Make Love*. Mais ainsi était Marilyn. Et c'est pour cela que je ressentais une affection instinctive pour cette fille, doublée d'un désir de protection. Palliait-elle l'absence de ma pauvre Catherine, que le séjour hollywoodien avait contrainte de rentrer à Paris pour finir son année scolaire ? Je ne pense même pas.

— Cette petite a besoin qu'on s'occupe d'elle, disais-je parfois à Montand, lequel ne la ménageait pas.

— Marilyn a un mari pour ça. Ce n'est pas toi qui passes tes journées avec elle. Elle est jolie, elle est drôle, elle est sexy, elle est ce que tu veux : mais elle est im-pos-sible !

Il faut dire que le rythme du tournage était réglé sur les états d'âme de Mrs. Monroe. Pour être bien dans sa peau, l'actrice avait besoin de se sentir totalement entourée. Ainsi, lorsque Miller partait travailler quarante-huit heures à New York, elle était toute perdue.

— Je n'aime pas quand Arthur s'en va, m'a-t-elle glissé, un matin de relâche où nous nous faisions décolorer par la même coiffeuse, dans la salle de bains de Marilyn.

— Il revient toujours, non ?

Marilyn n'a pas répondu mais ses yeux se sont ourlés de rouge, car chaque départ était pour elle un abandon.

Par réflexe, je lui ai tendu la main, que l'Américaine a serrée à la broyer.

— On a l'impression qu'elle est toujours au bord du gouffre, ai-je avoué à Montand, un soir qu'elle était venue dîner chez nous, en l'absence de Miller.

Nous avions dû écouter – en bâillant – des souvenirs d'enfance un peu fades, un peu tristes, mais qui prenaient dans la bouche de Marilyn un ton de tragédie.

— Elle est complètement cintrée, oui ! a corrigé Montand, bougon, en se glissant dans son pyjama. Encore aujourd'hui il a fallu qu'on attende une heure et quart sur le plateau parce que *madame* n'était pas contente d'une mèche. Je comprends que tous les autres acteurs aient refusé le rôle : je suis le dindon de la farce. Le pigeon !

Devant ces coups de rogne, je m'efforçais toujours d'apaiser mon mari, imaginant toutes sortes d'excuses à cette diva qui me touchait chaque jour un peu plus. Je craignais surtout que, sur un coup de sang, il ne claque la porte du tournage. Montand était un formidable professionnel et un remarquable technicien de la scène : pour lui, tout était question de *tempo*, de mesure. Et Marilyn bouleversait cet équilibre par ses humeurs imprévisibles.

— Le pire c'est que le studio est au garde-à-vous. Cukor se contente de lever les yeux au ciel et de me taper dans le dos avant de dire : « *Well, let's eat…* » Et on va se manger des bagels au *diner* à côté… Si c'est ça, ton Hollywood.

La mauvaise foi de mon mari avait souvent le don de m'irriter.

— *Mon* Hollywood… On est bien contents d'être là, non ? ai-je dit en désignant notre appartement-bonbonnière.

Montand a croisé les bras d'un ton boudeur.

— Si tu le dis…

Est enfin venu le jour – prévisible – où Marilyn ne s'est pas rendue au studio ; elle s'est enfermée toute la journée dans son appartement, sans qu'on puisse l'en faire sortir. Miller n'était pas là et restait injoignable. Personne n'osait forcer la porte parce qu'à chaque coup de sonnette Monroe répondait d'une voix détendue.

— *Sorry, not today…*

— *Not today*, a hurlé Montand, au bout d'une demi-journée. Je t'en foutrais des « *not today* ».

Il a fini par prendre un bloc-notes du *BHH* pour y écrire, dans un anglais brouillon mais qui m'a surprise par sa clarté, un mot très sec, très tendu, où il la semonçait comme un père engueulerait sa gamine.

Une fois le mot glissé sous la porte, nous avons entendu s'approcher le pas de Marilyn. Bruit de papier froissé. Puis, un long moment, la respiration saccadée de l'actrice qui provenait de son appartement, entrecoupée de couinements de musaraigne.

Enfin, nous avons vu la poignée tourner très lentement.

Alors elle a ouvert la porte…

Montand et moi avons été saisis par cette vision : le visage écarlate, les cheveux en bataille, le rimmel coulant jusqu'à son col, et les yeux rougis par les larmes, ses lèvres tremblantes ânonnaient un « *I'm sorry…* » imperceptible.

Puis elle s'est jetée dans mes bras en sanglotant :

— *I'm bad, I'm bad, I'm bad…*

Cette crise a tout assaini. Dès lors, plus de retard le matin, plus de caprice, plus de « cinéma ».

À la fin d'une journée très efficace, Cukor est même venu voir Montand pour lui demander comment il avait fait.

Le chanteur a haussé les sourcils, charmeur et modeste, et m'a désignée de loin, car j'étais venue passer une heure sur le plateau :

— C'est Simone. Je crois qu'elle rassure Marilyn.

— Je vais demander à Skouras de lui faire un contrat de *baby-sitter*, a plaisanté le réalisateur.

Je pense juste que je savais m'y prendre avec Marilyn. J'avais pour elle une affection sèche et autoritaire : c'est ce qui lui manquait.

— J'ai très peu d'amies, tu sais ? Pour les femmes, je suis toujours une rivale, une menace.

— J'ai connu ça, ai-je répondu, me rappelant les regards jaloux de tant de femmes, lorsque j'entrais au *Flore* ou que j'arrivais sur les plateaux de *Dédée* et de *Casque d'Or*.

Mais comment me comparer à un sex-symbol universel ? Un sex-symbol dont, pour rien au monde, je n'aurais voulu la vie. Car Marilyn était l'esclave de son image, du fantasme qu'elle représentait pour une planète entière ; esclavage qui la retranchait de tous les rôles intelligents, que cette excellente comédienne aurait pu interpréter. Marilyn devait jouer du

Marilyn : telle était sa croix. Tout n'était pourtant qu'artifice, maquillage, angle de vue. Moi je voyais l'actrice au saut du lit. Et sans doute est-ce cela qui plaisait à Monroe. Avec moi, elle se montrait sans filtre, elle-même. Et elle avait réussi à forger cette même complicité avec Montand. *Let's Make Love* ne serait pas un chef-d'œuvre – elle le savait très bien –, mais Marilyn y aurait gagné deux véritables amis.

— Tu sais, m'a-t-elle confié, un soir que Montand était déjà allé se coucher et que nous buvions un dernier verre dans le salon, avec vous je me sens bien, je me sens vraie. Vous êtes un peu comme ma famille…

Cette confession était faite avec tant de sincérité, tant de détresse, que j'en ai eu les larmes aux yeux.

Il est évident que l'absence de toute compétition nous rapprochait. Marilyn et moi avions une relation « à plat » et sans enjeu. Jamais je ne m'imposerais un tel esclavage esthétique.

De toutes les manières c'est trop tard, songeais-je, avec une nostalgie soulagée, dès que je me découvrais une nouvelle ride, dans le miroir de la salle de bains.

Répondant à une interview de *Look*, en janvier 1960, j'ai même expliqué ne pas vouloir devenir une grande star, car je détesterais devoir surveiller constamment mon apparence.

— Je suis une gourmande, que voulez-vous ? C'est peut-être mon côté français.

Ne pas être une star ? Encore fallait-il s'entendre sur ce mot. Si par star on entendait une créature artificielle, réduite à l'état de poupée absolue, alors non, je n'étais pas une star. Mais s'il s'agissait d'une actrice admirée et reconnue, alors je pensais pouvoir prétendre à ce titre. Et la nouvelle – fracassante, impensable ! – que nous avons apprise à la fin du mois de février n'a fait que confirmer la chose.

— Simone ! Simone !

J'ai reconnu la voix de Marilyn, qui tambourinait à la porte.

Encore au lit – nous étions un des si rares jours de relâche au studio –, Montand a regardé sa montre.

— Mais c'est pas vrai ! Elle veut son biberon ou quoi ?

Aussitôt inquiète (lorsqu'elle était seule, Marilyn restait capable des pires bêtises, et Miller était de nouveau en voyage), je suis allée ouvrir.

— *Did you see that?!*

Dans un pyjama très échancré, l'actrice a bondi dans notre salon en brandissant le *Los Angeles Times*. Elle était haletante.

Lorsque j'ai lu l'article, il m'a semblé que le temps s'arrêtait.

— Montand…, ai-je chuchoté, craignant de faire s'envoler un mirage.

Mais j'avais parlé trop bas pour qu'il puisse m'entendre.

— Montand, nom de Dieu !

Le chanteur est arrivé en bâillant, l'air mauvais, accordant un « *Hi* » maussade à Marilyn.

— Qu'est-ce qui se passe ?

Alors mon visage l'a saisi. Voilà longtemps qu'il ne m'avait pas vue si électrique. Mais il ne savait pas encore ce qui me mettait dans cet état : de la joie ? De la peur ? Du doute ?

— Regarde ça…

Il a froncé les sourcils puis a relevé des yeux écarquillés.

— C'est vraiment ton nom, là ?

— Eh ben ouais, ai-je répliqué, tandis que Marilyn opinait avec un dodelinement de la tête.

Il en est tombé de surprise sur le canapé, retrouvant même son accent marseillais :

— Eh ben peuchère !

C'était pourtant vrai. Mon rôle dans *Room at the Top* m'avait propulsée en lice pour l'Oscar de la meilleure actrice !

— Quand je pense que j'étais partie tourner ce film pour me changer les idées.

Montand restait incrédule ; quelque chose grippait la mécanique.

— Mais… tu es française, non ?

Mon mari avait le don de m'agacer ! Pourquoi pinailler ?

— Et alors ? C'est un film britannique où je joue en anglais.

Il restait éberlué, peinant à admettre ce qu'il lisait noir sur blanc.

— Je me doute bien que je ne l'aurai pas, mais ça fait drôlement plaisir. Quand je vais dire ça aux copains !

Aussitôt Montand s'est dressé, affectant un orgueil de commandeur malgré son pyjama froissé et ses cheveux en broussaille.

— Comment ça tu ne l'auras pas ?!

Je préférais cette réaction.

— Tu as vu les autres noms ? Doris Day, Elizabeth Taylor, et puis les deux Hepburn : Katharine et Audrey ? Tu crois que la Signoret fait le poids ?

Tandis que je citais ces vedettes, j'ai vu le visage de Marilyn se faner. Je me suis alors souvenue que l'actrice n'avait jamais reçu le moindre Oscar, à peine une nomination. Il est ici, l'esclavage des vraies stars : on estime tout sauf votre talent.

— Je suis si heureuse pour toi, a fait Monroe en posant un gros baiser sur ma joue. Et j'espère vraiment que tu vas l'avoir.

Après un instant, hésitant à ajouter ce détail, elle a avoué que, si j'avais l'Oscar contre Doris, Audrey et les autres, ce serait comme une revanche.

— Je n'ai pas de revanche à prendre, Marilyn.

— Toi, non. C'est pour moi que ça sera une revanche.

J'étais sur un nuage… mais un nuage aussi grisant que redoutable ! Voilà bien une pression que je n'avais jamais connue.

Un film sort, il marche ou pas, ça s'arrête là. Mais cette compétition factice dans laquelle on me lançait sans que j'aie rien demandé produisait sur ma cervelle un redoutable mélange d'excitation et d'angoisse.

— C'est terrible, confiais-je chaque soir à Montand, au moment de nous coucher. Je voudrais m'en foutre mais je ne peux pas m'empêcher d'espérer.

— Évidemment qu'il faut espérer : c'est un Oscar, bon Dieu !

Oublié, son agacement à chaud. Montand se montrait fier de moi et ne se privait pas de rappeler à chaque dîner, chaque réception, que j'étais en lice.

— Arrête, tu vas me porter la poisse.

— Et quelle poisse ? C'est toi la meilleure, tout le monde le sait.

Et l'assistance de hurler de rire en applaudissant le chanteur, qui en faisait un vrai numéro. C'était sa manière à lui de digérer la chose, d'en faire son propre combat, sa propre gloire. Il avait ce vieil instinct viril et un peu tarte, qui le forçait à tirer la couverture lorsque nous étions en public. Ces gens de scène sont d'indécrottables cabots. Mais c'est aussi pour ça que je l'aimais.

Reste que j'avais peur... Peur d'être déçue, peur que ce faux espoir ne me rende plus aigrie, que de nouvelles rides ne m'en viennent au front.

— Tu as vu qui j'ai en face ? Ils avaient besoin d'un quota de gauche, voilà tout.

Il faut dire que mon pedigree politique était à double tranchant. Sitôt mon nom annoncé, une certaine presse s'est déchaînée : cette étrangère avait été en Union soviétique et avait tourné des films à Berlin-Est. D'aucuns m'ont même surnommée Magda Goebbels !

— Pour une Kaminker, c'est chic, ai-je fait, belle joueuse, sans trop mal le prendre.

Plus sournoisement, la seule journaliste à ne pas parler de moi était la redoutable Hedda Hopper. L'émission de Murrow avait été diffusée quelques jours avant l'annonce de la sélection des Oscars et le Tout-Hollywood avait gloussé de la façon dont j'avais mouché la commère. Pour se venger, Hopper avait décidé de me nier. Dans l'article qu'elle consacrait aux nommées de l'année, Hopper ne me mentionnait pas.

— Oh ! le chameau !

— Au contraire, m'ont rassuré mes amis, Hopper ne se rend pas compte qu'elle joue pour toi. Hollywood n'en peut plus de cette mégère. Voilà des années qu'elle a fait son temps. Son acharnement à t'ignorer est la meilleure façon de séduire les membres de l'Académie des Oscars…

Raisonnement spécieux, mais je n'étais pas d'Hollywood, après tout. Il reste que les deux mois entre l'annonce de la sélection et la cérémonie ont été une torture lente et sournoise. Pas un jour qu'on ne m'aborde dans la rue, que des inconnus ne me disent : « On est avec vous, Simone ! » ou bien : « Vous n'espérez quand même pas l'avoir ?! » Des bookmakers se faisaient même une fortune sur mon dos !

À cette attente corrosive, interminable, s'est ajoutée une grève des studios, étirée sur six semaines. Comme si j'avais besoin de ça ! Du jour au lendemain, Hollywood s'est figé.

— C'est quand même fou, s'est offusqué Montand. Et personne ne vient briser cette grève ?

— Si ton frère t'entendait…

Nous nous retrouvions presque assignés à résidence et Montand tournait comme un lion en cage. Notre joli bungalow du *BHH* semblait une geôle bien étroite. Je ne pouvais même plus distraire mon ennui en allant faire des courses avec Marilyn, car elle avait accompagné Arthur Miller à New York.

— J'ai un mari, quand même.

— Moi aussi…, soufflais-je en regardant Montand qui trompait son désœuvrement en jouant au poker avec Henry Fonda.

Il arrivait même qu'il rentre éméché en bégayant :

— Je… Je crois que… que je vais devoir demander une petite rallonge à la F… à la Fox…

Pas bégueule, je lui arrachais ses chaussures, le poussais dans le lit et allais dormir sur le canapé. Ivresse de la vie conjugale.

31

Dans mon esprit, dans ma mémoire, le jour ne s'est jamais levé, le 4 avril 1960. Dès le réveil, ma tête a semblé enveloppée d'un brouillard ; je percevais les voix, les sons, à travers un ruban de gaze. Un de ces jours où l'on voudrait ne plus parler, ne plus penser ; un jour où l'on voudrait être un poids mort.

C'est d'ailleurs en somnambule que j'ai passé la journée. Dépourvue de volonté, je me suis laissé faire. Comme une poupée ou une demoiselle d'honneur, on m'a habillée, coiffée, manucurée, maquillée. À peine si j'entendais les questions de ces inconnus qui se pressaient à mes côtés.

— *Is it OK?*

— *It's not too dark?*

— *Do you like this color?*

— *Is it tight enough?*

À tous je répondais un « *yes yes* » engorgé, comme ces malades à qui la fièvre autorise un simple « oui » quand on leur demande s'ils vont mieux.

Lorsqu'on a fini par m'apporter un grand miroir, je n'ai pas reconnu cette jolie femme entre deux âges, enrobée dans une robe sombre et hispanisante, qui mettait en valeur les épaules et le décolleté.

Je me rappelle avoir murmuré « elle est jolie », sans savoir si je parlais de la robe ou de l'inconnue, face à moi.

Puis le film a commencé…

Car c'était bien un film qu'on me projetait. Un film dont l'héroïne – l'inconnue du miroir – sautait dans une limousine et rejoignait la foule hollywoodienne au RKO Pantages Theatre. Grand bien lui fasse, à cette créature trop attifée, trop pomponnée. Moi, pour rien au monde je n'aurais voulu rallier une telle cohue. J'étais bien mieux dans le cocon de mon bungalow, devant mon téléviseur, en nuisette et mules de pilou. Depuis mon canapé, je pouvais rire sans honte aux plaisanteries de Bob Hope, qui présentait la soirée. En sirotant mon verre de whisky, je pouvais m'émouvoir de la jolie scénographie concoctée par Vincente Minnelli, grand chambellan des Oscars. Je pouvais même envoyer des baisers à Montand, que Fred Astaire venait d'introduire et qui arrivait sur scène, pour chanter *Un garçon dansait* et l'inévitable *À Paris*. Je pouvais enfin applaudir *Ben-Hur*, qui a reçu tellement d'Oscars que ça en devenait une routine.

Puis, tout à coup, il y a cette silhouette : Rock Hudson, avec sa solide gueule de statue antique, qui arrive au micro et cite les *« nominees »* pour la meilleure actrice. La chambre d'hôtel a disparu, remplacée par les frémissements d'une salle électrique. Lorsque Hudson mentionne mon nom parmi les postulantes, je sens la main de Montand qui saisit la mienne.

— Je t'aime, mon amour…

Et quand Hudson lance *« Simone Signoret, for* Room at the Top *! »* alors je suis là, assise dans cette salle immense, parmi tous ces gens, un peu surpris, souvent heureux, qui me regardent comme on découvre une déesse.

Ensuite ça se passe très vite. Trop vite, sans doute. Je me redresse et me précipite sur la scène. Hudson m'entoure de ses bras et je sens sa bonne odeur d'homme. Puis, émue mais digne, je balbutie « *You can't imagine… you can't imagine…* » et remercie avec sobriété.

Enfin je retourne m'asseoir.

— Ben voilà, ai-je dit, les yeux dans le vide, la statuette posée sur mes genoux encore tremblants : j'ai un Oscar.

*

— Je ne sais plus bien ce qui s'est passé : je pleurais, j'étais incapable d'articuler un mot. Et je me sentais fière d'être française.

Dieu ce que je l'ai répétée, cette phrase, durant le mois d'avril 1960.

— Où veux-tu que je mette ce bazar ? répétais-je également, devant ces gerbes de fleurs qui n'en finissaient plus d'envahir notre salon.

— Il est temps que le tournage reprenne, sinon je ne vais plus entrer dans mon costume, ajoutait Montand, lequel vidait une des innombrables boîtes de chocolats, bonbons, gâteaux, que je ne cessais de recevoir.

Mon époux débordait de fierté, mais lorsque des journalistes venaient m'interroger, il insistait toujours pour être présent.

— Tu es sûr ?

— Le studio est toujours en grève, ça m'occupe…

Il ne pouvait alors retenir des plaisanteries acides, se découvrant un anglais valeureux, lui qui feignait maintenant de parler si mal cette langue.

Mais, je l'ai dit, je connaissais trop bien mon mari pour lui en tenir rigueur. Il était un type du Sud, un Italien, un Méditerranéen. Et puis tant de gloire se partage avec l'homme qu'on aime.

Si le triomphe était enivrant, le chœur était pourtant loin d'être unanime. La presse de droite s'est même fait un plaisir de fustiger cette dangereuse « étrangère » qui avait chipé l'Oscar à la barbe de gloires américaines. Comment osais-je humilier Liz Taylor, Doris Day ou Katharine Hepburn ?

De fielleux articles rappelaient que mon passé politique était plus rouge que les joues de Lénine ; quant à Hedda Hopper – qui tenait enfin sa revanche –, elle s'en donnait à cœur joie pour laminer la « marxiste Signoret ». L'échotière soulignait surtout que cet Oscar était moins une récompense qu'un symptôme : celui de la nette gauchisation d'Hollywood. Ce n'est pas Signoret qu'on avait couronnée, mais la fin du maccarthysme, lequel avait si bien nettoyé les écuries du cinéma.

— Elle n'a sans doute pas tort, ai-je concédé, lorsqu'un journaliste m'a rapporté cette théorie. J'ai eu beaucoup de chance et j'en suis consciente. Mais si je reste dans l'histoire pour être l'actrice qui a marqué symboliquement la fin de cette période atroce, alors je suis tout aussi fière. L'essentiel est de garder la tête froide et de penser au film suivant…

*

Ce film suivant, j'ai été contrainte d'y penser plus vite que je ne le croyais. À force de vivre dans le cocon hollywoodien, de lire des scénarios interchangeables, de répondre à des interviews marathons, de bronzer aux derniers feux de mon Oscar, j'en avais oublié que là-bas, dans cette Europe désertée depuis six mois, il me restait un contrat à honorer. Et c'est avec une vraie surprise que j'ai reçu, à la fin avril, un appel de mon producteur italien.

— Vous vous souvenez quand même qu'on vous attend la semaine prochaine, Simone ?

— PARDON ?!

J'ai eu beau glapir, Antonio Pietrangeli m'attendait en effet à Rome, pour tourner *Adua et ses compagnes*, aux côtés de Marcello Mastroianni.

— J'avais totalement oublié, ai-je avoué à Montand en raccrochant, les jambes en coton.

— Un Oscar, ça tourne la tête.

Cette remarque était-elle bienveillante ? Je ne pense pas. L'ironie de Montand était même revancharde et je l'ai vu s'étaler sur le canapé de notre suite, décidé à jouir de ses aises.

Mais ce n'était pas le moment de prendre la mouche : j'avais un retour à organiser, après six mois d'exil.

La grève des studios ayant tout décalé, les agendas de chacun avaient été modifiés. Le jour même où je rentrais en Europe, Arthur Miller devait rejoindre John Huston, afin de préparer le film qu'ils écrivaient ensemble, *The Misfits*. *Let's Make Love* étant en retard de six semaines, Montand et Marilyn allaient donc se retrouver bloqués à Los Angeles, sans leurs conjoints.

— Tu me laisses en plan ? a grogné Montand, qui se voyait déjà perdu sans l'anglais de son épouse.

— Tu vas t'en sortir. Et puis ça va me faire du bien de me retrouver un peu devant des caméras… même si c'est encore pour jouer une mère maquerelle.

Adua était en effet l'histoire d'une bande d'anciennes prostituées qui ouvraient un restaurant.

Après un temps de réflexion, j'ai même ajouté, avec un fatalisme joyeux :

— J'aurai beau gagner tous les Oscars du monde, je resterai toujours une pute…

— *Don't say that*, a rétorqué Marilyn, à qui j'ai fait la même plaisanterie, mi-figue mi-raisin.

Elle était venue me dire au revoir et m'a même accompagnée jusqu'au lobby de l'hôtel, insistant pour porter un de mes sacs.

Dès que nous sommes arrivées à la réception, une foule de curieux a commencé à la reconnaître et à s'approcher.

— *Look. It's Marilyn Monroe!*

J'avais beau avoir l'Oscar, elle était la vraie vedette. Mais Marilyn n'y prêtait aucune attention ; elle semblait même désemparée de me voir partir.

— On se revoit à Paris, n'est-ce pas ? a-t-elle dit, avec une voix de fillette, avant de me serrer contre ses seins.

— Évidemment, ma chérie ! *Let's Make Love* doit sortir en France début octobre. Vous viendrez avec Arthur et on vous fera visiter *notre* Paris, vous voulez bien ?

À cette idée, Marilyn a eu les larmes aux yeux et battu des mains. Puis elle m'a de nouveau serrée contre elle en murmurant : *« Oh "sis", I'm gonna miss you so much… »*

Lorsque je me suis dégagée de son étreinte, j'ai pensé aux bras de Catherine, tout enfant, qui ne voulait pas me laisser partir et se lovait contre moi.

— Et puis je ne pars pas complètement, l'ai-je rassurée en désignant une affiche du récital de Montand, que le *BHH* avait exposée dans son lobby. Je te laisse le meilleur de moi-même. Tu prendras soin de lui, n'est-ce pas ?

— Tu peux compter sur moi.

Je jure que cette réponse était dénuée de toute ambiguïté.

32

Quel bonheur de retrouver l'Europe ! Sur le chemin de l'Italie, j'ai fait une brève escale par Paris, que j'avais quitté six mois plus tôt. Il faisait un temps délicieux et ma ville avait des airs de carte postale. Le printemps musardait dans les rues et mes marronniers de la place Dauphine étaient gorgés de sève. En sortant du taxi devant la porte de la maison, j'ai ressenti la fierté un peu bravache de ces militaires qui rentrent au pays avec une victoire dans leur besace.

— Bravo Lady Oscar ! m'a dit José Artur, passé m'embrasser en coup de vent alors même que je posais mes bagages à la Roulotte.

— Tu as de la chance de m'attraper : je repars demain pour Rome.

Puisqu'il était là, José m'a aidée à vider ma valise, avec une patience de camériste.

— On voit que Madame a vécu dans un palace pendant six mois, a-t-il persiflé, les bras alourdis par une pile de vêtements.

J'aurais préféré embrasser Catherine, que je n'avais pas vue depuis des mois ; mais c'étaient les vacances de Pâques et « les Julien » l'avaient emmenée à Autheuil, pour la mettre au vert.

Je m'étais d'ailleurs étonnée qu'ils ne fassent pas tous l'aller-retour pour me voir à Paris, mais je m'étais entendu répondre que ça faisait vraiment trop court.

— Pourquoi ne pas rester plus que vingt-quatre heures ?

— Je suis déjà en retard sur le tournage, à Rome.

— À toi de voir tes priorités, Simone, m'avait répondu ma belle-sœur.

Je n'avais rien trouvé à répliquer, car elle avait raison, mais ma fierté en prenait pour son grade. Au téléphone, Catherine n'avait guère semblé émue de me rater.

— On se verra quand tu reviendras d'Italie, maman. Ça n'est que pour deux mois.

— C'est long, deux mois sans toi.

— Question d'habitude…

À cela non plus je n'avais pas eu le cœur de répondre, car la voix de ma fille était si lointaine, si résignée.

Et puis, très égoïstement, je voulais profiter encore un peu de ce petit nuage sur lequel je vivais depuis quelques semaines. Ce passage à Paris était même l'acmé de ce transit étrange entre mes vies, mes films. Et n'y croiser que le cher José Artur, entre deux portes, était parfait.

— Tiens, ai-je dit en lui tendant mon Oscar, comme on range ses commissions, fous-moi ça sur la cheminée.

— Hou là c'est lourd, a fait mon ami en faisant semblant de le laisser tomber sur le tapis du salon.

Puis il l'a placé au-dessus du foyer, à côté de mes autres récompenses et de la photo de mon frère. Croisant le regard d'Alain, je me suis demandé s'il serait fier de moi, songeant qu'il était sans doute le seul dont j'aurais attendu cette validation. Mais on espère toujours plus des morts que des vivants.

— Madame est une star…, a gloussé José, qui n'a pas vu mon regard pensif et a fait mine de lustrer l'Oscar avec le revers de sa veste en velours. Marilyn peut aller se rhabiller.

— Faudrait déjà qu'elle se déshabille, ai-je rétorqué, avec une méchanceté gratuite, mais José excitait toujours mon ire de commère. Je l'ai vue au saut du lit, ça fait moins rêver.

— Toujours aussi peau de vache, ma Simone !

— Un Oscar ne change pas tout, je te rassure.

Puis nous avons éclaté de rire, comme des vieux grognards.

Malgré mon mauvais esprit, j'ai passé là une soirée délicieuse. Un moment juste pour moi. On s'en doute, tout le monde voulait me voir, me féliciter, me congratuler, me bombarder de questions, mais sitôt José parti, j'ai décroché mon téléphone. J'ai même décidé d'aller marcher dans Paris, le long de la Seine, n'ôtant mes lunettes de soleil que lorsqu'il a fait nuit. J'étais si soulagée que personne ne me hèle, ne me reconnaisse, ne quémande un autographe. Et puis le plaisir d'arpenter une vraie ville, avec des trottoirs, des badauds, des petits commerçants, des terrasses, des vagabonds, des curieux. Une ville à taille humaine, où il ne fallait pas faire une heure de voiture pour aller acheter des cigarettes. Une ville où je redevenais moi-même, après six mois dans un monde parallèle. Arthur Miller avait raison : Hollywood était un simulacre ; mais un mirage si puissant, si dévorant, qu'il m'avait convaincue d'être quelqu'un d'autre.

— *Home sweet home*, ai-je soufflé, avec un gros accent français, en me laissant retomber sur mon lit, épuisée par la balade et le décalage horaire.

À cet instant précis, j'étais aussi heureuse qu'on peut l'être.

*

À Rome, tous m'ont accueillie comme une vedette. J'étais même gênée de leur déférence. Mais je connais les Italiens : toujours l'ironie rôde derrière les salamalecs. Et lorsqu'ils me donnaient du *« signora Signoret »* en s'inclinant comme des laquais, ils jouaient aux valets de comédie. L'équipe d'*Adua* était une bande joyeuse, naturelle, simple. Sur le plateau, tous mettaient la main à la pâte ; ici, sans cérémonie, chacun s'entraînait, parfois même on bricolait un décor, un costume, parce qu'il fallait bien se filer un coup de main.

— C'est tellement reposant, par rapport à ces tournages américains, où l'on est menacé d'un procès si l'on outrepasse sa mission.

— Il y a trop d'argent, là-bas, m'a dit Mastroianni en désignant notre plateau, improvisé sur une placette romaine.

Difficile de distinguer la frontière entre l'équipe du film et les passants. Tous se mêlaient joyeusement, dans un brouhaha irrésistible, parlant avec les mains, s'apostrophant, comme sur un marché. Une grosse femme hérissée de cabas pleins de légumes a traversé le plateau en pérorant qu'elle rentrait chez elle, alors même que le réalisateur avait crié « Action ! ». Après un instant de sidération, le cinéaste a fait signe aux acteurs de continuer, car cette matrone valait toutes les figurantes du monde.

Avec un sourire charmeur, Marcello m'a désigné la grosse dame, qui ne s'était rendue compte de rien et disparaissait dans les ruelles en continuant à pester.

— C'est ça, le cinéma, Simone : un regard et des gens…

Comme il avait raison, Marcello ! Et c'est vrai que ça pouvait être si simple, le cinéma. Trois mois à Hollywood faisaient perdre les repères et parfois les pédales. Alors qu'on était si bien, le soir, assis à une terrasse de restaurant, à parler fort et rire sous les étoiles.

À dire vrai, je me sentais libérée d'un carcan ; mon séjour américain m'avait corsetée dans un vêtement qui n'était pas le mien, on avait voulu me faire jouer un personnage qui ne me ressemblait plus. Ce monde si lisse, où l'on jugeait les gens sur leur tenue, leur brushing, avait fini par me peser. Il me fallait ce retour en Europe pour comprendre que je ne serais jamais américaine.

Malgré ses poses de petit gars de Marseille, Montand s'était bien mieux acclimaté à la vie californienne. Ça me chagrinait de l'admettre, mais mon mari avait une admiration instinctive pour ce qui brille ; la revanche sociale était toujours là qui rôdait. Et puis il jouait avec l'actrice la plus connue du monde. Ajoutez à cela que, pendant six mois, je n'avais pas tourné de films.

— Je crois que je m'emmerdais, ai-je confié à Emmanuelle Riva, l'autre actrice française d'*Adua*, alors que nous étions encore sur la petite place, notre journée de tournage depuis longtemps achevée.

Mais nous nous y sentions si bien que nous n'avions pas eu le cœur à rentrer à notre hôtel. Une petite *trattoria* nous tendant les bras, nous nous y étions assises, et le temps avait filé, à coups de pâtes au basilic, de tranches de mortadelle et d'un délicieux petit blanc du Latium…

— L'Oscar, les interviews, les soirées, c'est très bien, mais c'est pas fait pour moi.

— Ça devait quand même être grisant, non ? a objecté Riva, qui se demandait si je ne surjouais pas ma désinvolture.

— Bien sûr que c'était grisant, ai-je concédé en chipant un bout de tomate dans son assiette. Mais je crois que le cinéma doit rester dans les salles. Quand les gens vivent comme s'ils étaient devant une caméra, ça fausse le jeu…

— Donc Marilyn est comme ça.

— Justement pas, et c'est précisément ça qui me touche chez elle.

Emmanuelle a opiné, pensive. Une partie d'elle ne parvenait pas à associer Marilyn à une personne réelle. Après un instant d'hésitation, craignant de se montrer trop curieuse, elle m'a demandé si le tournage de mon mari se passait bien.

— J'imagine…, ai-je fait en soufflant la fumée de ma cigarette, le regard perdu vers le joli clocher baroque qui dominait la petite place.

Que tout était beau, ici ; harmonieux et sincère. Puis j'ai ajouté :

— Enfin j'espère…

Riva semblait étonnée.

— Vous ne vous parlez pas ?

— On vient de passer six mois à la colle. Sans compter les dix heures de décalage, je pense qu'une pause va faire du bien à notre couple.

Puis je me suis resservi un verre de frascati et l'ai tendu vers l'église en riant.

— À la très sainte institution du mariage !

*

Depuis mon retour en Europe, j'avais très peu parlé à Montand. La distance, les horaires, la lenteur des services postaux, le téléphone de mon hôtel romain si souvent en panne : rien ne facilitait la chose. Nous pouvions évidemment nous envoyer des télégrammes. Ce que j'ai fait, une fois, sur un coup de tête. Un simple « Je t'aime » auquel il a répondu d'un rapide « Moi aussi » qui m'a satisfaite.

Je n'avais besoin de rien de plus.

J'étais si bien, sous le ciel italien. Ma folle vie hollywoodienne ne me manquait pas un seul instant ; je savais qu'il faudrait bientôt y retourner, car plusieurs contrats étaient en négociations, mais j'avais cette faculté de m'immerger dans un tournage, comme dans une île.

Et puis il y a eu ce jour de la fin avril.

Ce matin-là, en me levant, je me sentais étrangement jeune. Me regardant dans la glace, je me suis même trouvée embellie. Et lorsque j'ai marché jusqu'au studio – refusant de parcourir le trajet en voiture pour le seul plaisir de trottiner dans Rome –, je me suis autorisée à faire de l'œil aux quelques messieurs qui me suivaient d'un regard insistant. Que voulez-vous, j'aime le Sud. J'aime la spontanéité et ce jeu de séduction qui fait le sel des relations humaines. Toute la journée, l'équipe m'a d'ailleurs fait des compliments.

— Tu es superbe, ce matin, a dit Mastroianni, avec son œil d'oiseau de proie, sitôt que je suis arrivée.

— Je crois que j'ai très bien dormi.

— Tu as fait des rêves érotiques ?

Tout autre m'eût énervée par cette question indiscrète et vulgaire, mais Marcello était irrésistible.

— Et pourquoi pas ? ai-je répondu en gagnant le plateau avec le sourire d'une femme heureuse.

Cette journée était de celles où les choses s'enchaînent avec une harmonie sereine, comme si la vie avait enfin décidé d'être simple : une bonne nuit, une bonne humeur, un bon travail, de bons amis. Que demander de plus ?

Pourtant, vers trois heures de l'après-midi, un curieux vacarme est venu perturber le tournage.

J'étais sur le plateau, en train d'écouter les consignes de Pietrangeli, quand nous avons perçu des voix très fortes.

— *Silenzio!* a finalement gueulé le cinéaste.

Pour toute réponse, nous avons entendu le nom «*Simone!*» avec un gros accent italien. Puis un second appel, un troisième, assortis de crépitements de flashs.

En un instant, le plateau s'est vu envahi par une cohorte de journalistes qui se moquaient bien du tournage et m'ont encerclée, comme du gibier au terme d'une traque.

— *Simone!*

— *Signora Montand!*

D'abord surprise, j'ai vite peiné à masquer une certaine fierté. Il est vrai que j'avais dit à la production «pas d'interview sur les Oscars, j'ai assez donné» et que la presse italienne en avait été vexée.

— Ils vont débarquer sans se faire annoncer, avait prévenu le producteur.

— Je les accueillerai avec un coup de pied au cul.

Mais maintenant qu'ils m'entouraient de leurs yeux gourmands, j'ai choisi de continuer à jouir de cette journée si joliment commencée.

Ils étaient pourtant étranges, ces photographes; ils semblaient surpris que je me montre si souriante. Et lorsqu'ils ont reposé leurs appareils pour laisser la place aux journalistes, armés de petits carnets, j'ai senti monter un sentiment poisseux.

Dès que ce petit bonhomme s'est approché, j'ai vu la photo sur le journal. Le canard avait beau être roulé dans une poche, j'ai reconnu ce regard. Et le plumitif n'a pas réagi quand je lui ai arraché le magazine.

Alors le monde s'est amolli. Comme un fondu au noir, la réalité s'est assombrie pour que la seule clarté qui subsiste soit cette photographie du couple-vedette, enlacé, à l'orée d'un baiser, assorti de cette légende grossière : « *Let's Make Love*, le film dont Marilyn Monroe et Yves Montand ont pris le titre trop au sérieux ».

— *Signora Montand*, croyez-vous que votre mari ait vraiment… ?

— Foutez-moi la paix !

— Et la *signora Monroe*, elle…

— Laissez-moi passer, bon Dieu !

Sans un regard pour une équipe muette et gênée, j'ai quitté le plateau. Et je n'ai rien répondu aux journalistes qui m'ont poursuivie jusqu'à mon taxi.

Hors de question de refaire le trajet à pied !

— *Hôtel d'Angleterre*, vite…

Dans le lobby, il m'a semblé qu'on me regardait bizarrement. Mais je n'avais qu'une obsession : me ruer dans ma chambre, décrocher mon téléphone et comprendre… Avec le décalage horaire, ce serait le milieu de la nuit, Montand serait là. Dans ma tête, il s'agissait encore d'un malentendu, d'un ragot de coulisse. Ça n'était pas possible. Pas *lui*. Pas avec *elle*.

Aucune réponse…

J'ai laissé sonner vingt fois, rappelé pendant deux heures.

Toujours rien.

J'ai alors senti mon ventre se nouer ; la réalité commençait à me remonter à la gorge, à m'en faire vomir.

Une partie de moi refusait encore d'admettre l'évidence. Ma part cynique voulait me convaincre qu'il s'agissait là d'une astuce de la Fox pour assurer le succès du film par un parfum de scandale.

Alors le téléphone a sonné. J'ai sursauté et décroché en tremblant.

— Montand ?!

— Maman ?

J'ai reconnu la voix de ma fille et tenté de me composer un timbre de mère.

— Catherine… ma… ma chérie… tout va bien… ?

À l'autre bout du fil, l'adolescente de quatorze ans semblait perdue.

— Maman, je ne comprends pas, qu'est-ce qui se passe ?

Ma nausée est devenue acide.

— De quoi parles-tu, ma chérie ?

— Je viens de recevoir un télégramme.

— DE QUI ?

— De Los Angeles, a répondu Catherine, qui n'osait pas nommer l'expéditeur.

Mais j'avais compris. Alors, après un long silence, de sa voix encore enfantine, Catherine a ânonné :

— « Ne crois pas ce que tu vas entendre dans les journaux. Je vous aime maman et toi. Je resterai avec vous. »

Je me suis sentie traversée par un éclair doucereux. Je ne savais plus si je pleurais, si je saignais, si je me vidais. Il me semblait devenir une flaque, un petit étang creusé sur ce lit où j'étais assise, téléphone en main, depuis une éternité.

— Maman ? Maman ?! répétait Catherine, de plus en plus fort.

« Je resterai avec vous. »

C'était la phrase la plus terrible, la plus radicale.

Il aurait pu dire : c'est faux, c'est un mensonge, une invention, une calomnie.

Mais non…

Montand a juste dit « je resterai avec vous », d'un ton rassurant, comme il aurait pu dire « je finis de baiser Marilyn et je rentre à la maison ».

33

Comment suis-je parvenue à achever le tournage ? Voilà des années que je me pose cette question…

Chaque être humain possède une réserve de force, d'énergie et d'orgueil qui lui permet d'affronter les plus terribles souffrances. Et c'est bien d'orgueil qu'il s'agissait ici. Voilà longtemps que mon cœur était habitué aux secousses, qu'il était anesthésié par les infidélités de Montand. Mais là, ce n'était plus pareil. Ce que je possédais de fierté était laminé, piétiné, déchiqueté.

On sait combien la presse de caniveau aime à tourmenter les vedettes qui sombrent ; avec moi, elle s'en est donné à cœur joie. C'est bien simple : j'ai été lynchée. Non qu'ils m'aient insultée ou accusée de mille maux ; au contraire, ils redoublaient de commisération, d'empathie, ourlée de cette ironie glacée qui murmurait : « En même temps, il faut comprendre Montand… » Et tous ces articles étaient assortis de photographies tellement injustes, de montages tellement insultants, que je ne pouvais qu'en être meurtrie.

Dans la presse française, une couverture montrait même une photo de Marilyn, d'une beauté aveuglante, à côté d'un cliché volé de moi, fichu sur la tête, visage ridé, clope au bec, ainsi légendé : « L'une est sublime. L'autre... »

Le comble de l'indignité a sans doute été atteint par ce reportage de la télévision italienne, qui avait réussi à me filmer en train de manger du jambon dans un restaurant romain : « Simone Signoret n'a pas de problème avec sa ligne : elle parvient à rendre intéressants ses vingt kilos de plus. »

Ces railleries et ces calomnies se sont étirées pendant les deux mois qu'ont duré les tournages d'*Adua* et de *Let's Make Love*. Autant dire une éternité ! Pas un jour qu'un journal, magazine, follicule, d'un côté ou l'autre de la planète, ne se fasse l'écho de la romance.

Montand et moi avions voulu connaître Hollywood ? Nous rêvions de goûter à l'expérience américaine ? Nous étions servis. Ah il avait bon dos, l'Oscar... On ne vit pas impunément en intimité avec la plus belle femme du monde, dirais-je plus tard, faussement philosophe, une fois la trahison digérée (je ne dis pas acceptée, encore moins pardonnée).

Mais, pour l'heure, j'étais dévastée. Et ce n'était pourtant pas le moment de disparaître dans un trou, loin du regard des autres. Avant d'être la cocue la plus célèbre du globe, j'étais encore une comédienne. La première Française lauréate d'un Oscar n'avait pas d'autre choix que de faire la seule chose dont elle fût sûre : jouer la comédie. Et, en vraie professionnelle, j'ai décidé de bomber le torse et de mener, sans un mot, ce tournage à son terme.

Sur le plateau, personne ne s'autorisait la moindre réflexion. Il était même interdit de me poser aucune question.

L'*omerta* est devenue si asphyxiante que j'ai fini par m'énerver :

— Ne vous donnez pas tant de mal, les amis. Vous êtes gentils, mais ça ne changera rien à l'affaire : j'ai les cornes les plus longues du monde.

*

Mes retrouvailles avec Montand ont été un vrai moment de cinéma. Mais un film médiocre, au dialogue emprunté, où chacun jouerait faux…

Montand est rentré à Paris le 1er juillet 1960. On savait par la presse que les dix derniers jours du tournage s'étaient passés sans Marilyn Monroe. Afin d'avoir un anglais parfait, mon mari avait dû rester à Hollywood pour se postsynchroniser mais la production avait renvoyé l'actrice à New York, n'ayant plus besoin d'elle.

La presse à scandale a soutenu que le couple avait prévu de se voir durant les sept heures de transit que Montand devait passer à l'aéroport de New York. Mais une alerte à la bombe aurait tout décalé, et les amants se seraient ratés. Marilyn aurait attendu seule, dans son hôtel près de l'aéroport, et Montand serait passé d'un avion à un autre. Était-ce vrai ? La presse voulait faire durer une idylle qui n'avait sans doute pas survécu à sa première révélation. Un journal soutenait même que Marilyn aurait été enceinte de Montand…

Au point où j'en étais des infamies, j'étais prête à tout imaginer.

Mais de cette affaire point ne fut question lorsque le traître a posé son pied sur le tarmac français. Aux journalistes, il a même parlé de Monroe comme d'une collègue délicieuse. Longtemps je reverrais son œil égrillard, à la télévision, alors qu'il expliquait au micro de François Chalais que Marilyn était une femme très simple, très directe. Il aurait même pris beaucoup de plaisir à lui enseigner quelques expressions marseillaises :

— Il faut imaginer Marilyn Monroe qui dit : « Oh ! fan de chichourle ! »

Tant d'impunité, d'indécence, confinait presque à la bêtise ! À quoi jouait-il ? Cherchait-il à m'humilier un peu plus, en donnant ces réponses badines à une presse qui se faisait un plaisir de lire entre les lignes ?

Mais que pouvait-il répondre d'autre ? Et c'est cela qui me minait : lui et moi étions prisonniers de ce mensonge à visage découvert, devant continuer à jouer des personnages alors même que nous avions regagné le monde réel…

Aussi singions-nous la félicité conjugale, avec une hypocrisie incompressible.

— Et quel est votre programme, maintenant que vous êtes revenu ? a demandé Chalais.

— Mon premier désir est de retrouver Simone le plus vite possible.

Sur son visage, pas une ombre de gêne…

— Mais elle m'a demandé de ne la rejoindre à Paris que trois jours après son propre retour d'Italie : elle veut se refaire une beauté pour me retrouver. Alors je vais attendre à Autheuil, avec impatience…

Une fois encore, que répondre d'autre ? Notre vie privée avait été suffisamment livrée aux lions pour que Montand ne la drape pas dans un mensonge présentable.

Mais ce qui m'a minée, c'était la joie gaillarde de Montand, lorsqu'il répondait à ces questions. Il n'y avait pas une once d'embarras ni même de dignité dans son attitude. Pis : il gardait la bouille narquoise du potache qui, malgré la punition, reste content de son tour.

Ma descente d'avion, une semaine plus tard, a été d'un autre genre.

Désobéissant à ma seule requête, Montand ne m'avait pas attendue à Autheuil. Au contraire, il était là, flamboyant, superbe, la quarantaine triomphante, au pied de la passerelle, sur le tarmac du Bourget.

Pourquoi avoir fait cela ? Qu'espérait-il en giflant ce qui me restait de fierté ? Pensait-il que des retrouvailles devant les caméras nous feraient glisser dans un monde de faux-semblants et purgeraient tout ce qui s'était passé ? Croyait-il m'amadouer, m'adoucir, faire ployer ma colère en me prenant par surprise, devant un parterre de journalistes ?

— Cette ordure ne m'épargnera donc rien, ai-je sifflé entre mes dents en attaquant les marches de la passerelle sous le brouhaha des reporters.

Étant prise en otage, j'ai fait bonne figure. Les flashs ont même crépité tandis que Montand m'enlaçait avec un sourire hollywoodien. Mais lorsque ma bouche a fait semblant d'embrasser son oreille, j'ai murmuré :

— Si tu crois que je vais te pardonner ça…

— Je suis désolé, a chuchoté sa voix, d'un ton enfantin, je n'ai pas eu le choix.

Je me suis redressée d'un bloc, sans pour autant le repousser. Mais mon regard était chargé de tant de dégoût et de haine qu'il en a perdu tous ses moyens.

« Pas le choix ?! » hurlai-je intérieurement. Comment pouvait-il me faire une réponse pareille ? Montand n'était donc qu'un saltimbanque prêt à marcher sur les mains pour qu'on s'intéresse à lui. Pensait-il que j'allais comprendre et accepter ce cirque ? D'autant qu'il avait poussé l'indécence jusqu'à accepter que des caméras filment notre retour à la Roulotte. Et nous voilà entassés dans un taxi pour rouler jusqu'à l'île de la Cité, avant que tous ces intrus nous suivent dans notre appartement, désireux de capter les regards d'un couple qui retrouvait son foyer. Du cinéma, encore et toujours !

Montand croyait-il que ces charognards voulaient simplement capter quelques instantanés de notre quotidien ? Voilà des années que la télévision s'invitait place Dauphine. Tous ces voyeurs ne guettaient qu'une chose : l'instant où nous allions tomber le masque. Et je ne pouvais pas leur en faire le reproche : cette bassesse est la racine même de leur métier. Mais je n'allais pas leur faire ce cadeau. C'est pourquoi je restais impassible, imperturbable, si neutre dans mes répliques.

— Chéri, tu es passé à la boulangerie ?

Et je dois dire que c'était assez jouissif de voir Montand pris à son propre piège. Il aurait beau sauter toutes les vedettes de la planète, je resterais meilleure actrice qu'il ne le serait jamais. Et il fallait le voir tourner vers l'objectif un œil anxieux, comme un comédien qui sent poindre le trou de mémoire. Tocard, va !

Je sentais qu'il redoutait l'instant inévitable où le dernier reporter aurait quitté la place Dauphine. Toute cette pantalonnade était surtout une absurde diversion pour repousser l'instant des *vraies* retrouvailles.

— Au revoir et merci encore, l'ai-je entendu dire, dans l'entrée, alors qu'il congédiait un reporter de *France-Soir* resté plus longtemps que les autres, et qu'il avait presque fallu mettre dehors.

Puis, je n'ai plus perçu le moindre son.

Montand était-il figé à la porte du salon, n'osant entrer, tel un gamin sur le seuil du bureau paternel, le jour d'un bulletin piteux ?

Lorsqu'il a fini par revenir, j'étais assise sur le canapé, bras croisés, un léger sourire aux lèvres. Croyez bien que je devais dompter tous mes muscles pour ne pas me jeter sur lui et desquamer sa jolie gueule de queutard, mais cette froideur valait toutes les gifles.

Je l'ai senti geler sur place.

Toute sa bonhomie de camelot, si efficace devant la presse, a fondu comme un esquimau de patronage, et son visage s'est mis à trembler. Sa bouche s'est ouverte sur du vide et il a commencé de tripoter par réflexe le moindre objet qui lui tombait sous la main. Un cendrier, une médaille, les franges d'un coussin, jusqu'à mon Oscar, sur le manteau de la cheminée, contre lequel il a fait mine de s'adosser, espérant y gagner un peu de contenance.

Navrée par ce spectacle, j'ai inspiré.

Montand s'est alors apprêté à parler, mais je l'ai arrêté d'un geste.

— Non.

— Comment ça ?

— Non.

— Mais il faut bien qu'on…

— Tu crois vraiment ?

— Mais enfin Simone…

— Oui, tu as raison : *Simone*, ai-je fait en me redressant pour replacer l'Oscar, sur le manteau de la cheminée. Maintenant c'est *Simone* qui décide. Elle décide quand on en parlera, où on en parlera et comment on en parlera…

Montand était si frappé par ma sévérité qu'il a baissé la tête.

— Une chose est sûre, ai-je ajouté en serrant la ceinture de ma combinaison, c'est qu'une partie de moi est morte.

— Morte ?

— Oui, morte. Morte pour toi. Et comme je n'ai pas tes… (j'ai grimacé pour articuler ce mot)… tes *besoins*, elle est sans doute également morte pour moi…

Montand ne savait quoi répondre. Dans sa tête tout se bousculait. Il ne s'attendait pas à ce type de confrontation. Sans doute espérait-il des cris, des pleurs, des objets brisés, un début de réconciliation : bref, tout ce qu'une scène de ménage demande au cinéma. Mais non. J'étais neutre, presque douce.

— On va continuer, ai-je repris.

— Continuer ?

— Oui : continuer la famille, les maisons, le cinéma. On ne va rien changer du tout. Mais rappelle-toi que tu as ma mort sur la conscience.

Il a tressailli, car il a lu dans mon visage quelque chose d'inéluctable ; quelque chose de très lointain, de très profond. En me regardant vider d'une traite un grand verre de whisky avant de m'allumer une cigarette, Montand a compris qu'il était devant une lente agonie.

— Tu m'as trahie avec une beauté, je vais te faire vivre avec une vieille dame…

34

Jamais je n'avais envisagé la vie sans Montand, mais l'épisode Marilyn m'a prouvé que je savais respirer sans lui. Bien que nous restions mari et femme, désormais nous coexistions. Une coexistence pacifique, parfois affectueuse, mais à jamais sans flamme.

Il n'en fallait pas moins reprendre des vies et des carrières qui ne s'étaient jamais arrêtées. Dès la mi-juillet 1960, Montand est reparti pour Hollywood afin d'y tourner *Sanctuaire*, d'après William Faulkner. Il faut bien avouer que ses succès à Broadway et son affaire avec Marilyn avaient fait de lui la coqueluche des studios californiens ; sur les décombres de notre propre couple, Yves Montand était devenu le « *Frenchie* » du moment.

Bien que tout le monde me l'ait déconseillé, j'étais décidée à boire jusqu'à la lie la coupe de l'humiliation et l'ai rejoint un mois plus tard à Los Angeles. Ce séjour a été une vraie torture.

Malgré mes grandes déclarations d'indifférence, j'ai d'abord passé un mois, à Paris, à me demander si Marilyn n'était pas tous les soirs dans le lit de mon mari. Et sitôt que je me suis retrouvée en Californie, je sursautais à chaque coup de fil et lisais des sous-entendus dans le moindre compliment de nos amis américains.

— Simone tu es impossible ! a fini par dire Montand, tandis que nous rentrions d'un dîner où l'un des convives avait eu le malheur de poser des questions sur *Let's Make Love*.

Passablement éméchée (un pinot noir de Californie dont j'avais vidé, à moi seule, une pleine bouteille), je m'étais lancée dans une manière d'éloge perfide de Marilyn, sa beauté, ses formes, sa douceur, sa générosité, devant une tablée de plus en plus embarrassée.

— Tu as raison, ai-je concédé, je n'aurais pas dû te rejoindre ici…

Je m'apprêtais à ajouter « il fallait pourtant bien que je sache… » mais Montand a devancé mes pensées.

— Non, a-t-il dit, fermement.

— Non quoi ?

— Je ne l'ai *jamais* revue. Je ne lui ai même pas parlé.

Je me suis dressée maladroitement, car l'alcool me donnait maintenant des nausées. Et je lui ai demandé comment Marilyn et lui comptaient faire pour la première du film, dans trois semaines.

Mon mari a étouffé un rictus agacé. Il n'en finissait pas de marcher sur des œufs, avec moi. Il redoutait le moindre faux pas, la moindre réponse maladroite.

— C'est elle la vedette. Tu m'as suffisamment répété que j'étais son faire-valoir…

Je gardais les yeux fixés devant moi.

— C'est plus fort que moi. Revenir ici, dans cette ville, dans ces rues… tout remonte.

Montand était perdu. Il ne savait quel geste faire, quel mot employer.

— Oh mais ne t'inquiète pas, j'ai de la ressource, je vais m'y habituer.

Puis, d'une voix où se mêlaient embarras et espoir, Montand a demandé si j'avais pris ma propre décision, pour le 5 septembre.

Un rien perfide, j'ai fait mine de ne pas comprendre.

— Bah oui : la première du film…

Je me suis mise debout, bras croisés, face à lui, comme une surveillante de lycée.

— Avoue que tu es terrifié à l'idée que je vienne, et que je *vous* regarde ?

— Mais, je… non… au contraire…

— Pas à moi, Montand. Je sais que la Fox adorerait encore un peu de scandale. Mais il me reste un lambeau de dignité. Je ne viendrai pas à *votre* première.

Si vous aviez pu voir le soulagement dans le regard de Montand !

— Tu respires mieux, hein ?

Montand a tenté de balbutier des phrases sans suite et j'ai conclu avec aigreur qu'il aurait beau sauter toutes les Marilyn du monde, de nous deux, c'est moi qui avais des couilles.

*

La vie d'une actrice déteint-elle sur ses rôles ? À dater de l'automne 1960, j'ai changé de registre. Pendant quinze ans, la sulfureuse Simone avait joué des catins vénéneuses et manipulatrices. Puis est venu *Room at the Top*, où la fille de joie s'est muée en femme mûre à la dérive. Et voilà qu'à trente-neuf ans Casque d'Or se spécialisait dans les épouses trompées. Mon destin artistique se mêlait à la fatalité de ma vie intime.

Dès l'été, mon amie Marguerite Duras m'a envoyé le texte de sa pièce de théâtre *Les Viaducs de la Seine-et-Oise*. L'histoire réelle d'un vieux couple d'assassins, dont l'époux est une sorte de vieux Don Juan qui a toujours trompé sa femme. Au texte, Duras avait ajouté ce commentaire : « Après ce que tu as vécu, j'ai pensé que ça pouvait t'intéresser. »

J'étais furieuse ! De quoi se mêlait cette crapaude ?!

Avec un mot acide, j'ai renvoyé le texte à son auteur.

Mais Duras n'était que l'avant-poste d'une tendance qui n'allait hélas plus me lâcher. Car mon rôle dans *Les Mauvais Coups* de François Leterrier, tourné à l'automne 1960, était du même tonneau. Et le plus étrange, c'est que ce personnage de femme trompée avait été envisagé bien avant notre séjour à Hollywood…

Le tournage, à Auxerre, a viré au cauchemar. Un cauchemar pour moi, et surtout pour les autres, car j'étais atroce ! À ma décharge, il correspondait à la sortie française du *Milliardaire* (le titre français de *Let's Make Love*). J'avais cru échapper au battage médiatique, mais l'Yonne n'est pas bien loin de Paris. Aussi, alors que j'interprétais le rôle de l'épouse bafouée qui sombre dans l'alcoolisme, le tournage était-il perpétuellement interrompu par les paparazzis.

— Simone, que pensez-vous du *Milliardaire* ?

— Madame Signoret, pourquoi n'étiez-vous pas à la première du film, à Paris, hier soir ?

— Pourquoi M. Miller et sa femme étaient-ils absents ?

— Pensez-vous qu'Arthur Miller vous en veuille à tous les deux ?

— Croyez-vous qu'Yves Montand continue à voir Marilyn Monroe ?

Les techniciens avaient beau renvoyer les intrus, on me harcelait dans la rue, dans mon hôtel, au téléphone, parfois à cinq heures du matin.

— Je n'en peux plus, disais-je à Leterrier, certains matins où il me voyait arriver cernée, épuisée, parce que le téléphone n'avait cessé de sonner.

— Laisse-le décroché, voyons…

— Je ne peux pas ! Sinon c'est Catherine qu'ils appellent, à Paris. À moi d'assumer…

J'hésitais parfois à ajouter que tout était ma faute, car j'avais laissé faire, car j'avais épousé le plus grand cavaleur de Paris. Sans doute. C'est d'ailleurs pour cela que j'étais si crédible dans mon personnage des *Mauvais Coups*, car j'abolissais les frontières entre ce que je jouais et ce que je vivais.

La malheureuse Alexandra Stewart en a d'ailleurs fait les frais, qui jouait la maîtresse de mon mari. Par un transfert malsain, et sans forcément m'en rendre compte, je me suis complu à la martyriser. Il m'arrivait même de débouler dans sa chambre d'hôtel, après une journée de tournage, pour lui dire combien elle avait été exécrable…

La jeune actrice canadienne n'avait pourtant aucun rapport avec Marilyn, mais je confesse sans fierté en avoir fait mon bouc émissaire ; quelqu'un devait payer pour mes souffrances.

Et c'était d'autant plus terrible pour elle que l'équipe prenait toujours ma défense.

— Il faut comprendre Simone, après ce qu'elle vient de vivre…

— Mais je n'y suis pour rien !

— Simone est malheureuse, très malheureuse.

35

Pourquoi sommes-nous restés ensemble ? Pourquoi ai-je préféré avaler une vie de couleuvres plutôt que rendre mon mari à ses maîtresses ?

La fierté, encore et toujours... Ce besoin vital de ne pas tout perdre, d'affronter chaque jour son regard ; j'étais l'œil accusant Caïn, un œil muet mais implacable, dont la seule présence imposait un ordre nouveau.

De Marilyn, il ne serait plus jamais question. C'est même un nom que tout le monde évitait de prononcer, lorsque nous recevions des amis, à Autheuil ou à la Roulotte. *Le Milliardaire* avait été un succès plus que modeste et la presse s'était complu à ajouter que ce film n'était pas à l'honneur de ses interprètes : tous les deux avaient fait bien mieux. Et je sentais dans ces articles une question implicite : « Tout ça pour ça... ? »

La seule fois où Marilyn Monroe est revenue dans notre vie sera ce triste jour de l'été 1962. J'étais à Toulouse, en train de tourner *Le Jour et l'Heure* de René Clément. Mon personnage de Thérèse Dutheil était celui d'une bourgeoise parisienne dont le mari est prisonnier en Allemagne et qui s'improvise résistante pour les beaux yeux d'un pilote américain. Après la hargne douloureuse du personnage des *Mauvais Coups*, simple femme trompée, celui du *Jour et l'Heure* transcende sa souffrance dans l'aspiration à quelque chose qui ressortit au bien commun, à un idéal, et à un juste désir de liberté.

Nous voilà donc à Toulouse, aux premiers jours d'août, par une chaleur accablante.

Au beau milieu d'une prise, un assistant est venu parler à l'oreille de Clément qui, avec une grimace agacée, a lancé : « Coupez ! »

Je ne comprenais pas.

— Il y a un problème ?

Levant les yeux au ciel, le cinéaste a désigné son assistant, qui trépignait.

— Téléphone pour vous, madame Signoret.

— Mais enfin je suis en pleine prise.

— C'est M. Montand, a-t-il répliqué, enfonçant sa tête entre ses épaules (on connaissait mon caractère).

J'ai effectivement vu rouge et esquissé un geste de dédain.

— Eh ben il attendra, M. Montand. Il adore ça…

L'ensemble du plateau a forcé son rire, mais tout le monde était gêné, d'autant que l'assistant gardait son visage suppliant et embarrassé.

— Il a dit que c'est *vraiment* important.

J'ai soufflé, aiguisant déjà ma colère si jamais je répondais à cet appel. Et René Clément a lâché, complaisant :

— Vas-y, Simone. C'est peut-être *vraiment* important…

J'ai suivi l'assistant au pas de charge avant d'arracher le récepteur qu'il me tendait.

— Tu ne pouvais pas attendre ce soir ?!

Mon aboiement n'a provoqué aucune réaction. Je n'entendais rien au bout du fil.

— Allô ? ai-je fait, cognant l'index sur l'écouteur.

Toujours rien.

— Et en plus il a raccroché ce con…

— Simone ?

La voix de Montand m'a glacée. Un timbre très plaintif, terriblement triste.

— Tout va bien ? ai-je demandé, sentant monter l'inquiétude. Il y a un problème avec Catherine ?

— C'est Marilyn…

Tous mes muscles se sont raidis. Voilà deux ans que je n'avais pas entendu ce nom dans la bouche de mon mari.

— Quoi, Marilyn ?

— On l'a retrouvée morte, ce matin.

Je suis aussitôt passée par mille sentiments contradictoires.

— Morte ? Mais qui l'a tuée ?

Après un petit hoquet de chagrin, Montand a expliqué que personne ne l'avait tuée ; elle avait juste avalé des barbituriques.

— Un suicide…, ai-je murmuré, sentant monter en moi une profonde et douloureuse compassion.

En un instant, j'ai revu le petit elfe bondissant qui déboulait dans notre salon ; je me suis rappelé nos tête-à-tête dans les rues de L.A. ; le rire éclatant de cette femme, sa désarmante gentillesse, et cette fragilité maladive. L'espace d'une seconde, tous mes griefs et toute ma haine se sont estompés pour faire place à une tendresse étrange, presque acide, avec le violent besoin de l'étreindre, de la rassurer. J'ai revu la créature hirsute, perdue, désemparée, qui s'était jetée dans mes bras en criant « *I'm bad* ». Trop de lumière, trop d'artifices, trop de fantasmes : Marilyn avait été tuée par son personnage.

J'étais si perdue dans mes pensées, dans ces souvenirs déchirants, que j'en avais oublié Montand.

J'ai alors entendu sa voix, si lointaine :

— Je ne devrais pas te dire ça, mais à qui d'autre je peux le dire ? Je suis triste, Simone. Tellement triste.

Et dans cette confession si sincère, j'ai retrouvé le premier Montand ; celui qu'une partie de moi aimait encore et ne cesserait sans doute jamais d'aimer. J'étais fière que mon mari m'ait appelée, moi. S'il est une épaule sur laquelle il s'était toujours posé, c'était celle de sa femme. Et je lui en savais gré, tout comme j'admirais le courage d'aller se confier à la première victime de son inconstance.

— Je sais que tu es triste, mon chéri, ai-je dit d'une voix tendre. Je suis triste aussi. Je suis triste pour vous deux.

Après un moment d'hésitation, j'ai corrigé :

— Je suis triste pour nous trois.

Note de l'auteur

À dater de 1962, Simone Signoret ne cesse plus de tourner et sa vie se confond avec ses films. Tout son amour, toute sa passion, sont désormais consacrés à son métier. Yves Montand va quant à lui délaisser le music-hall pour devenir le grand acteur que l'on sait, chez Gavras, Melville, Sautet… Son parcours sentimental continue d'être virevoltant.

S'il reste emblématique, leur couple est un partenariat professionnel, politique et amical. Ils se retrouvent à la Roulotte, à Autheuil, mais vivent souvent éloignés l'un de l'autre par le planning de leurs tournages, souvent à l'étranger pour Simone.

Au début des années soixante-dix, Simone Signoret devient la grande dame du cinéma français, assumant son vieillissement précoce dans *Le Chat* ou *La Veuve Couderc*. Outre ses combats idéologiques et ses fréquentes indignations, elle se découvre une passion pour l'écriture avec le triomphe, en 1976, de ses remarquables Mémoires *La nostalgie n'est plus ce qu'elle était*. Deux ans plus tard, elle obtient le César de la meilleure actrice, pour son dernier grand rôle : Madame Rosa, dans *La Vie devant soi*, d'après le roman d'Émile Ajar.

Les années quatre-vingt la voient décliner, perdre la vue, et l'écriture est sa bouée de sauvetage. En janvier 1985, elle publie son unique roman, *Adieu Volodia*, écrit alors qu'elle était presque aveugle. Le 30 septembre, elle meurt d'un cancer du pancréas, dans sa maison d'Autheuil. Elle n'avait que soixante-quatre ans.

Repères biographiques

5 mars 1921 : naissance de Simone (SS) Henriette Charlotte Kaminker, à Wiesbaden, fille aînée d'André Kaminker (1888-1961) et de Georgette Signoret (1896-1984).

1923 : les Kaminker s'installent à Neuilly, rue Jacques-Dulud.

1928 : SS entre au lycée Pasteur en classe de dixième.

28 septembre 1930 : naissance d'Alain Kaminker.

Août 1932 : naissance de Jean-Pierre Kaminker.

1934 : André Kaminker effectue pour la radio française une traduction simultanée d'un discours de Hitler à Nuremberg.

1939-1940 : Mme Kaminker et ses enfants s'installent dans le Morbihan. SS passe son Bac à Vannes.

Août 1940 : retour de la famille à Paris tandis que le père est à Londres.

1940-1941 : SS travaille pour Jean Luchaire, directeur du journal collaborationniste *Les Nouveaux Temps*.

Mars 1941 : Claude Jaeger introduit SS dans la faune artistique de Saint-Germain-des-Prés.

Printemps 1941 : sans ressources, Georgette Kaminker accepte d'être lingère à l'hôpital de Valréas, où elle part avec ses deux fils. SS s'installe dans une chambre rue du Cherche-Midi.

Septembre 1941 : première figuration au cinéma, dans *Le Prince charmant* de Jean Boyer. Elle choisit pour nom de scène celui de sa mère.

Mai-juin 1942 : figurante dans *Les Visiteurs du soir*, de Marcel Carné, tourné au-dessus de Nice.

Juillet 1942 : SS incarne une femme du peuple dans *Dieu est innocent*, de Lucien Fabre, au Théâtre des Mathurins et rencontre Daniel Gélin, son premier flirt.

Hiver 1942-1943 : avec ses camarades du groupe Octobre, elle rencontre le réalisateur Yves Allégret.

Automne 1943 : Yves Allégret et SS emménagent au 7, rue du Dragon.

Juin-septembre 1944 : Allégret entraîne SS, Reggiani, Delorme et quelques autres dans sa propriété de famille de la Marne, où ils passent la Libération.

Automne 1944 : Allégret et SS s'installent 56, rue Vaneau. Simone est enceinte d'Yves.

Printemps 1945 : SS accouche d'un enfant, qui meurt neuf jours plus tard d'une négligence du corps médical.

16 avril 1946 : naissance de Catherine Allégret.

12 juin 1946 : début du tournage de *Macadam*, de Marcel Blistène, premier grand rôle de SS. Elle remplace Sophie Desmarets au pied levé, qui était enceinte.

Janvier 1947 : à un concert à l'ABC, SS entend Montand (YM) pour la première fois.

Hiver 1947 : SS part pour l'Angleterre tourner *Les Guerriers dans l'ombre*, de Charles Crichton.

8 octobre 1947-17 janvier 1948 : tournage de *Dédée d'Anvers*, d'Yves Allégret.

3 septembre 1948 : sortie de *Dédée d'Anvers,* interdit aux moins de seize ans. Trois millions d'entrées.

1948 : mariage avec Yves Allégret.

3 mai-18 juin 1948 : tourne *Impasse des deux anges*, de Maurice Tourneur.

10 janvier 1949 : début du tournage de *Manèges.*

Août 1949 : se repose à *La Colombe d'Or* avec Catherine et Gilles, le fils d'Allégret.

19 août 1949 : rencontre coup de foudre avec YM.

18 novembre-31 décembre 1949 : triomphe de YM au Théâtre de l'Étoile.

25 janvier 1950 : sortie de *Manèges*, d'Yves Allégret, interdit aux moins de seize ans. Effet de scandale.

Février 1950 : tournage de *La Ronde,* de Max Ophüls.

19 mars 1950 : Appel de Stockholm, pétition contre la bombe atomique, signée par SS et YM, Aragon, Thomas Mann, Picasso, Prévert, Piaf…

Printemps 1950 : grâce aux cachets de l'Étoile, achat d'une vieille librairie avec un appartement, au 15, place Dauphine.

Printemps 1950 : SS accompagne YM en tournée en Afrique du Nord, Belgique, Suisse…

Juillet 1951 : pour YM, début du tournage du *Salaire de la peur*, d'Henri-Georges Clouzot.

24 septembre-22 novembre 1951 : tournage de *Casque d'Or*, de Jacques Becker.

Fin novembre 1951 : arrêt de tournage du *Salaire de la peur,* par manque de fonds.

22 décembre 1951 : mariage avec YM à la mairie de Saint-Paul-de-Vence.

Été-automne 1952 : reprise du tournage du *Salaire de la peur*, achevé le 3 novembre.

6 octobre 1952 : YM et SS signent une pétition « contre les lettres de cachet » dans *Les Lettres françaises*, pour protester contre l'arbitraire pendant les guerres d'Indochine et de Corée.

2 mars-28 avril 1953 : tournage de *Thérèse Raquin*, de Marcel Carné.

25 juillet 1953 : *Le Canard enchaîné* dit que SS envoie sa femme de chambre vendre *L'Huma* sur les marchés.

5 octobre 1953-5 avril 1954 : six mois de triomphe de YM à *l'Étoile*.

Printemps 1954 : SS et YM achètent une propriété à Autheuil-Authouillet, en Normandie, à quatre-vingt-neuf kilomètres de Paris.

Automne 1954 : tournage des *Diaboliques*, d'Henri-Georges Clouzot.

Octobre-décembre 1954 : répétitions des *Sorcières de Salem*, d'Arthur Miller, au Théâtre Sarah-Bernhardt.

16 décembre 1954 : première des *Sorcières de Salem*.

29 janvier 1955 : sortie des *Diaboliques*, de Clouzot.

Été 1955 : tournage en Allemagne du film inachevé *Mère Courage*, de Wolfgang Staudte.

Juillet 1955 : mort de Gilles Allégret, fils d'Yves, d'un accident de voiture.

Septembre-Noël 1955 : reprise des représentations (triomphales) des *Sorcières*.

15 mars-15 juin 1956 : tournage au Mexique de *La Mort en ce jardin* de Luis Buñuel.

Été 1956 : tournage en RDA des *Sorcières de Salem*, de Raymond Rouleau.

16 décembre 1956-fin mars 1957 : grande tournée de YM dans les pays de l'Est : URSS, Pologne, Hongrie…

26 avril 1957 : sortie des *Sorcières de Salem*, de Raymond Rouleau.

Printemps 1958 : SS tourne en Angleterre, à Bradford, dans le Yorkshire, *Room at the Top*, de Jack Clayton.

6 octobre 1958-8 mars 1959 : nouveau récital de YM à l'Étoile.

Novembre 1958 : sortie (triomphale) de *Room at the Top* en Angleterre.

10 décembre 1958 : Alain Kaminker, jeune frère de SS, meurt à vingt-huit ans par noyade, près de l'île de Sein, alors qu'il tourne le documentaire *La Mer et les Jours*.

Fin février 1959 : YM part en tournée en Israël, SS l'accompagne.

Mai 1959 : SS prix d'interprétation féminine du Festival de Cannes pour *Les Chemins de la haute ville (Room at the Top)*.

29 mai 1959 : sortie française des *Chemins de la haute ville.*

10 septembre 1959 : arrivée des Montand aux USA.

21 septembre 1959 : première du récital de YM au Henry Miller's Theatre «*An Evening with Yves Montand*».

Décembre 1959 : arrivée des Montand à Los Angeles.

Janvier 1960 : début du tournage du *Milliardaire*, de George Cukor, avec YM et Marilyn Monroe.

Mars 1960 : grève de six semaines des studios hollywoodiens.

4 avril 1960 : SS Oscar de la meilleure actrice pour *Room at the Top*.

Avril 1960 : début du tournage d'*Adua et ses compagnes*, d'Antonio Pietrangeli, en Italie.

1er juillet 1960 : YM revient en France.

8 juillet 1960 : SS rentre à Paris.

15 juillet 1960 : YM retourne à Hollywood tourner *Sanctuaires*.

15-30 août 1960 : SS à Hollywood pour deux semaines. Puis elle rentre seule à Paris.

5 septembre 1960 : SS signe – seule – la « Déclaration sur le droit à l'insoumission dans la guerre d'Algérie », dite *Manifeste des 121* et apportée par Claude Lanzmann.

8 septembre 1960 : sortie américaine du *Milliardaire*.

Octobre-décembre 1960 : SS tourne *Les Mauvais Coups*, de François Leterrier.

4 octobre 1960 : première parisienne du *Milliardaire*, au palais de Chaillot. Sans Miller, ni YM, ni SS.

12 février 1961 : mort d'André Kaminker.

Printemps 1961 : tournage en Irlande du *Verdict*, de Peter Glenville, avec Laurence Olivier.

Octobre 1961 : YM chante à Broadway au Golden Theatre. SS le rejoint et ils logent à nouveau à *L'Algonquin*.

Été 1962 : tournage de *Le Jour et l'Heure*, de René Clément.

4 août 1962 : mort de Marilyn Monroe.

Novembre 1962 : YM à l'Étoile.

Décembre 1962-juin 1963 : SS traduit et joue *Les Petits Renards*, de Lillian Hellman, au Théâtre Sarah-Bernhardt.

Hiver 1964 : SS enregistre *La Voix humaine*, de Cocteau.

22 juin-8 septembre 1964 : tournage de *La Nef des fous*, de Stanley Kramer, à Hollywood.

Hiver 1964-1965 : tournage de *Compartiment tueurs*, de Costa-Gavras.

Mars 1966 : tournage, à Londres, de *The Deadly Affair*, de Sydney Lumet, d'après Le Carré, avec James Mason.

Octobre-novembre 1966 : SS joue Lady Macbeth dans *Macbeth* de Shakespeare, au Royal Court Theatre de Londres, avec Alec Guiness.

Décembre 1966 : tournage à Hollywood de *Le Diable à trois*, de Curtis Harrington.

Mai 1968 : SS est à Saint-Paul-de-Vence, au calme, loin des « événements ».

Juillet-septembre 1968 : tournage en Suède de *La Mouette*, de Sidney Lumet.

19 septembre 1968 : Montand triomphe à l'Olympia.

Décembre 1968 : SS accompagne YM à Hollywood où il tourne *Melinda*, de Vincente Minelli.

Mars-avril 1969 : tournage de *L'Armée des ombres*, de Jean-Pierre Melville.

Mai-juin 1969 : tournage de *L'Américain*, de Marcel Bozzuffi.

12 septembre 1969 : sortie de *L'Armée des ombres*, de Jean-Pierre Melville.

25 septembre-15 décembre 1969 : tournage de *L'Aveu*, de Costa-Gavras.

Printemps 1970 : tournage de *Comptes à rebours*, de Roger Pigaut.

28 mars 1970 : naissance de Benjamin Castaldi, petit-fils de SS.

29 avril 1970 : sortie de *L'Aveu*, de Costa-Gavras. Succès et polémique.

Automne 1970 : tournage de *Le Chat*, de Pierre Granier-Deferre, avec Jean Gabin.

26 mai-27 juillet 1971 : tournage de *La Veuve Couderc*, de Pierre Granier-Deferre, avec Alain Delon.

Printemps 1972 : à la demande de Sartre, SS va soutenir les grévistes de la faim chez Renault dans une chapelle de Billancourt. L'un des manifestants, Pierre Overney, est tué d'une balle par un vigile.

Printemps 1972 : YM et SS signent dans *Le Monde* un « Appel contre les bombardements des digues du Vietnam par les avions U.S. ».

27 décembre 1972-14 février 1973 : tournage des *Granges brûlées*, de Jean Chapot.

22 janvier 1973 : YM et SS signent un télégramme pour Richard Nixon accusé d'avoir des méthodes hitlériennes.

7 mai-23 juin 1973 : tournage de *Rude Journée pour la reine*, de René Allio.

Juin 1973 : YM et SS signent un appel contre le décret de dissolution de la Ligue communiste et exigent la libération de Krivine et Rousset.

19 novembre 1973 : *Radioscopie* avec Jacques Chancel.

12 février 1974 : YM improvise en dix jours un récital à l'Olympia pour que les recettes servent aux 10 000 réfugiés chiliens.

Printemps 1974 : poussée par Chris Marker et Régis Debray, SS décide d'écrire ses souvenirs.

22 juillet-24 septembre 1974 : tournage de *La Chair de l'orchidée*, de Patrice Chéreau.

9 décembre 1974 : début du procès Goldman, auquel SS assiste en voisine.

Octobre-novembre 1975 : tournage de *Police Python 357*, d'Alain Corneau à Orléans.

4 mai 1976-1977 : tournage, la série *Madame le Juge*, pour la télévision.

5 novembre 1976 : *Apostrophes*, pour *La nostalgie n'est plus ce qu'elle était*, autobiographie de SS.

11 novembre 1976 : nouvelle *Radioscopie* avec Jacques Chancel.

12 novembre 1976 : sortie de *La nostalgie n'est plus ce qu'elle était*, au Seuil. 600 000 exemplaires.

Printemps 1977 : tournage de *La Vie devant soi,* de Moshé Mizrahi.

10 mai 1977 : émission de France Inter où Anne Gaillard et Jean Edern mettent en doute qu'elle soit l'auteur de ses Mémoires.

2 novembre 1977 : sortie de *La Vie devant soi.*

Hiver 1978 : tourne *Judith Therpauve*, de Patrice Chéreau, à Metz.

4 février 1978 : César de la meilleure actrice pour *La Vie devant soi.*

1978 : tournage de *L'Adolescente*, de Jeanne Moreau.

1979 : sortie de *Le lendemain, elle était souriante…*, au Seuil.

22 juin 1979 : invitée d'*Apostrophes*, pour *Le lendemain.*

27 septembre 1979 : enterrement de Pierre Goldman au Père-Lachaise.

19 avril 1980 : obsèques de Jean-Paul Sartre.

Mai 1980 : À trois jours du tournage de *L'Étoile du Nord*, tombe gravement malade.

1981 : sortie au Seuil d'*Une saison à Bratislava*, de Jo Langer, traduit par SS.

5 juin 1981 : *Apostrophes,* pour le livre de Jo Langer.

Octobre 1981 : tournage de *L'Étoile du Nord*, de Pierre Granier-Deferre.

7 octobre 1982 : première de Montand à l'Olympia.

31 mars 1982 : sortie de *L'Étoile du Nord*, de Pierre Granier-Deferre.

14 avril 1982 : sortie de *Guy de Maupassant*, de Michel Drach.

1983 : diffusion de *Thérèse Humbert*, série télévisée de Marcel Bluwal.

Avril 1983-septembre 1984 : rédige *Adieu Volodia*, presque aveugle, à Autheuil.

7 septembre 1983 : se joint à trente-neuf personnalités pour s'indigner de l'arrivée du FN à Dreux.

1984 : mort de Georgette Kaminker.

Janvier 1985 : sortie d'*Adieu Volodia*, aux Éditions Fayard.

1er février 1985 : passe à *Apostrophes*, avec Patrick Modiano.

3 février 1985 : invitée à *7 sur 7*, d'Anne Sinclair.

2 mars 1985 : présidente de la cérémonie des César. YM lui glisse à l'oreille le nom des *Ripoux* de Claude Zidi, meilleur film de l'année.

7 août 1985 : atteinte d'un cancer du pancréas, elle subit une dernière intervention chirurgicale.

30 septembre 1985 : SS meurt à 7 h 30 à Autheuil-Authouillet. YM apprend sa mort sur le tournage de *Jean de Florette.*

2 octobre 1985 : obsèques de SS au Père-Lachaise.

1986 : diffusion du téléfilm *Music-Hall*, de Marcel Bluwal.

9 novembre 1991 : mort de YM.

Orientations bibliographiques

Catherine Allégret, *Les souvenirs et les regrets aussi*, Fixot, 1994

Emmanuel Bonini, *Le Véritable Yves Montand*, Pygmalion, 2021

Huguette Bouchardeau, *Simone Signoret*, Flammarion, 2005

Benjamin Castaldi, *Dans les yeux de Simone*, Albin Michel, 2010

Catherine David, *Simone Signoret ou la Mémoire partagée*, Robert Laffont, 1990

Nathalie Grzesiak, *Yves Montand Simone Signoret, une passion engagée*, Acropole, 2001

Hervé Hamon et Patrick Rotman, *Tu vois, je n'ai pas oublié*, Seuil/Fayard, 1990

Jean-François Josselin, *Simone. Deux ou trois choses que je sais d'elle,* Grasset, 1995

Joëlle Monserrat, *Simone Signoret*, PAC, 1983

Maurice Périsset, *Simone Signoret*, J'ai Lu, 1988

Jorge Semprun, *Montand, la vie continue*, Denoël, 1983

Simone Signoret, *La nostalgie n'est plus ce qu'elle était*, Seuil, 1976

Simone Signoret, *Le lendemain, elle était souriante…*, Seuil, 1979

Simone Signoret, *Adieu Volodia*, Fayard, 1985

Le site de l'INA comporte les très nombreux passages, reportages, interviews, documentaires sur et avec Simone Signoret, notamment ses deux *Radioscopie*, ses trois *Apostrophes* et son *7 sur 7*.

On ne saurait aussi faire l'économie du très touchant documentaire *Mémoires pour Simone Signoret*, de son ami d'enfance Chris Marker, réalisé en 1986.

Remerciements

Cette évocation de Simone Signoret n'aurait pas vu le jour sans :

– la complicité gourmande de Philippe Robinet ;

– le regard bienveillant (et implacable) de Caroline Lépée ;

– la relecture attentive de Thaïs Blocus ;

– la précision érudite de René Clémenti ;

– l'efficacité gaillarde des Éditions Calmann-Lévy ;

– la générosité affectueuse de Sophie de Ségur, grâce à qui ce livre est né au coin du feu ;

– la curiosité de mes fils, Valentin et Victor, qui ont délaissé *Fortnite* et *One Piece* pour *Les Granges brûlées* et *La Vie devant soi* ;

– la douce présence d'Emma, qui m'a vu « Simoner » d'arrache-pied, au petit jour, des mois durant.

Composition et mise en pages
Soft Office
Achevé d'imprimer en août 2025
sur Roto-Page par l'Imprimerie Floch à Mayenne
pour le compte des Éditions Calmann-Lévy
21, rue du Montparnasse 75006 Paris
commercial@calmann-levy.fr

PAPIER CERTIFIÉ

CALMANN LÉVY s'engage pour l'environnement en réduisant l'empreinte carbone de ses livres. Celle de cet exemplaire est de :
600 g éq. CO_2
Rendez-vous sur www.calmann-levy-durable.fr

N° d'éditeur : 5924847/01
N° d'imprimeur : 107523
Dépôt légal : septembre 2025
Imprimé en France